Hans-Erhard Lessing

Das Fahrradbuch

Radfahren mit Know-how
Fahrradtechnik
Tunen – Touren – Trimmen
Fahrrad und Öffentlichkeit

rororo
Rowohlt

1.–18. Tausend Dezember 1978
19.–30. Tausend Mai 1979

Umschlagentwurf: Manfred Waller
(Foto: Tom W. Krausz)
Redaktion: Jürgen Volbeding
Layout: Christa Petersen

Originalausgabe
Veröffentlicht im Rowohlt Taschenbuch Verlag GmbH,
Reinbek bei Hamburg, Dezember 1978

Satz Times (Linotron 505 C)
Gesamtherstellung Clausen & Bosse, Leck
Printed in Germany
880-ISBN 3 499 17178 3

Inhalt

Anhang

Professor Karl Drais von Sauerbronn konstruierte 1817 das erste lenkbare Laufrad. Hatte in Heidelberg neben Mechanik und Mathematik aus Standesrücksichten Forstwirtschaft studiert, ließ sich aber nach wenigen Jahren von seinem Forstinspektoramt beurlauben und erfand noch Typenhebel-Schreibmaschine, Periskop, Fleischwolf, Dampfkochtopf und die Schienendraisine. Sein französisches Patent trägt die Unterschrift des Naturforschers Gay-Lussac.

Aufregung gab es 1965 in Mailand, als man bei der Restaurierung der eingeklebten Blätter des Codex Atlanticus von Leonardo da Vinci (1452–1519) auf der Rückseite die unten abgebildete Skizze eines Fahrrads fand. Hatte Leonardo da Vinci auch das Fahrrad vorausempfunden? Kurbel- und Kettenantrieb sind erst seit 1880 bekannt. Die Meinungen sind geteilt: echt, aber von einem Schüler (L. Reti «LEONARDO, Künstler – Forscher – Magier», S. Fischer Verlag, Frankfurt 1974) oder Ende des 19. Jahrhunderts hineinmanipuliert (A. Ledoux, L'officiel du cycle, no. 16 (1976) S. 64).

1
Warum Radfahren?

Auf dem Fahrrad zu besserer Gesundheit

Daß das Fahrrad wieder in unser Blickfeld gerückt ist, wird dem amerikanischen Mediziner Paul Dudley White zugeschrieben. Der Hergang ist schnell erzählt: Als Eisenhower noch Präsident der Vereinigten Staaten war, bekam er seinen ersten Herzinfarkt. White verschrieb seinem prominenten Patienten das Radfahren, und dadurch kam das Fahrrad in die Zeitungen. Das wiederum löste den beispiellosen Fahrrad-Boom in den USA aus, dem mit gebührendem Abstand der deutsche folgte.

Welche gesundheitlichen Auswirkungen hat regelmäßiges Radfahren? Die folgende Aufzählung Whites ist recht beeindruckend:

- fünf Jahre länger leben
- besser denken
- besser schlafen, ganz allgemein sich entspannter fühlen
- Abhärtung und Widerstandsfähigkeit gegen Infektionen
- geringere Anfälligkeit gegen degenerative Gefäßveränderungen, die zu hohem Blutdruck, Herzinfarkt und Schlaganfall führen.

Allerdings liegt die Betonung – wie übrigens bei jedem Bewegungstraining – auf *regelmäßig*.

Das Wunderbare am Radfahren ist, daß es den angenehmen Trainingseffekt mit einem nützlichen Ziel verbinden läßt – mit der Fahrt zum Arbeitsplatz und zurück oder mit dem Sonntagsausflug.

Gegen solche Einsichten wehrt sich erfahrungsgemäß unser auf einfachen Lustgewinn gerichtetes «anderes Ich»: «WAS? Ich soll morgens aufstehen und zehn Kilometer abspulen? Und nach einem anstrengenden Arbeitstag dasselbe noch mal? Nein danke, ohne mich!» Dabei gibt es kein besseres Gegenmittel gegen abendliche Erschöpfung und die gefürchtete permanente Mattigkeit als eben dies. Selbst nur bescheidenes Training macht das Leben nicht schwerer, sondern *leichter*. Warum? Weil es unsere Leistungsfähigkeit derart erweitert, daß die Tagesarbeit nur mehr ins Mittelfeld und nicht mehr auf den Höchstwert unseres Leistungsspektrums fällt. In anderen Worten: Tagsüber brauchen wir dann nur noch halbe Kraft voraus zu laufen. Es ist wie der Unterschied zwischen einem kleinen Flugzeug und einer Verkehrsmaschine: Bei 500 km/h muß das kleine Flugzeug mit vollen Touren fliegen, während der Jet noch nicht mal Reisegeschwindigkeit erreicht hat.

Da die Gefäßkrankheiten, besonders die der Herzkranzgefäße, für die

Hälfte aller jährlichen Todesfälle der Erwachsenen in der BRD verantwortlich sind, verdient dieser Punkt noch nähere Betrachtung. Zu dieser traurigen Statistik tragen verschiedene Faktoren bei, die wichtigsten sind: Fettsucht, Rauchen und Bewegungsarmut.

Die Hauptursache ist der sitzende Arbeitsstil von 85 % der Erwachsenen in den Industrieländern. Das Auto und die übrigen Verkehrsmittel, der Aufzug, der Rasenmäher zum Draufsitzen und auch das Motorrad haben jede Aktivität der Beine aus unserem Tagesablauf verdrängt. Untersuchungen an verschiedenen Berufsgruppen haben die Wichtigkeit ausreichender Bewegung zur Vermeidung des Herzinfarkts erhärtet. Die Londoner Busschaffner etwa, die in den Doppelstockbussen treppauf, treppab im Einsatz sind, haben ein Drittel weniger Herzkrankheiten als ihre Kollegen auf dem Fahrersitz. Die Erklärung liegt in der Hilfsfunktion der Beinmuskulatur beim Zurückpumpen des Bluts, indem die Venen mit ihren eingebauten Ventilen zusammengedrückt werden. Man schätzt, daß allein schon einfaches Gehen das Herz zu einem Drittel entlastet, für das Radfahren dürfte dasselbe gelten.

Wichtiger als dieser Entlastungsaspekt ist die erhöhte Durchströmung des ganzen Gefäßsystems während des Bewegungstrainings. Das Herz pumpt gewöhnlich etwa sechs Liter pro Minute um, während des Bewegungstrainings werden dagegen bis zu 36 Liter pro Minute erreicht. Bei zu langsamem Blutstrom droht dem Gefäßsystem langfristig Verstopfung, vor allem durch Arterienverkalkung: Die Gefäßwände verlieren ihre Elastizität, und es lagern sich Cholesterinkristalle und schließlich Kalk ein. Dadurch verringert sich die lichte Weite der Gefäße, und da der Strömungswiderstand vom Gefäßdurchmesser abhängig ist, muß das Herz wesentlich stärker pumpen, um denselben Durchsatz zu erreichen. Also wird der Blutdruck höher. Die verengten Gefäße sind wiederum anfälliger gegen totale Verstopfung, die bei den Herzkranzarterien zum Herzinfarkt, bei den Hirnarterien zum Schlaganfall führt.

Radfahren setzt also unseren Blutkreislauf vermehrt in Gang. Dazu wird der Herzmuskel trainiert, der dadurch stärker und leistungsfähiger wird, also mehr Sauerstoff pro Herzschlag transportiert. Und schließlich wird die Kapazität der Lungen günstig beeinflußt. Kein Wunder, daß die Radrennfahrer zu den Sportlern mit der größten durch Sauerstoff-Nachlieferung gewährleisteten Ausdauer zählen. Sportler anderer Disziplinen benutzen das Fahrrad daher auch zum Konditionstraining.

Allerdings soll man sein Fahrrad-Training langsam anlaufen lassen: Die ersten Wochen genügen fünf gemütlich gefahrene Kilometer am Tag vollauf. Später wird sich das Tagespensum zwischen zehn und fünfzehn Kilometern einpendeln, ganz nach Lust und Laune.

Besteht Grund zu Mißtrauen gegenüber dem «anderen Ich», ist es besser, sich an einen vorgegebenen Plan zu halten, wie ihn zum Beispiel

Walter Noder in seinem Buch «Leistungsfähig über 40» (rororo Sachbuch Nr. 7083) vorschlägt:

- trainingsgerecht anziehen
- Sattel höher einstellen bzw. überprüfen
- Puls zählen und aufschreiben
- langsam losfahren
- die Belastung allmählich so steigern, daß Sie nach etwa 5 Minuten Ihre Trainingsfrequenz (= 180 minus Lebensalter) erreicht haben (Einfahrphase)
- fahren Sie noch etwa 1 Minute voll weiter
- reduzieren Sie dann die Belastung allmählich so, daß Ihre Pulsfrequenz immer im Bereich der Trainingsfrequenz plus/minus 10 Pulsschläge bleibt (Leistungsphase)
- Fahren Sie insgesamt etwa 10 Minuten im Bereich der Leistungsphase, wenn Sie täglich trainieren. Trainieren Sie nur viermal pro Woche, dann sollten Sie die Leistungsphase auf je 20 Minuten ausdehnen.
- Reduzieren Sie jetzt die Belastung allmählich, so daß Sie nach etwa 5 Minuten im «Bummeltempo» fahren. Dann sollte Ihre Pulsfrequenz um mindestens 20 Schläge in der Minute abgefallen sein (Ausfahrphase)
- Teilen Sie sich Ihre Trainingsstrecke so ein, daß Sie am Ende der Ausfahrphase wieder zu Hause sind. Sollten Sie nach der fünfminütigen Ausfahrphase noch nicht zu Hause sein, ist es wegen der Erkältungsgefahr (auch im Sommer schwitzen Sie) besser, das Tempo wieder zu steigern, anstatt länger zu «bummeln».
- nach dem Training sofort ausgiebig warm duschen, kaltes Wasser unter allen Umständen meiden, vollkommen umkleiden, zumindest aber frisches trockenes Unterzeug anziehen.

Der Puls kann an der linken oder rechten Halsseite erfühlt werden, er bleibt selbst bei Wegnahme der Belastung noch 1–5 Minuten konstant. Man zählt fünfzehn Sekunden lang die Zahl der Pulsschläge und multipliziert die Zahl mit vier. Das Ergebnis ist die Pulsfrequenz.

Noch eine Bemerkung zum Abnehmen durch Trainieren. Radfahren und anderes Bewegungstraining verbessern zwar die körperliche Erscheinung, aber *wenn jemand abnehmen will, sollte er weniger essen.* Beim Radfahren in der Ebene werden etwa 1200 Kilojoule pro Stunde verbraucht und bergauf etwa 2400 Kilojoule in der Stunde. Der Körper verbraucht sowieso seinen Grundumsatz von 600 Kilojoule pro Stunde, so daß also Radfahren in der Ebene zusätzliche 600 Kilojoule/Stunde verzehrt. Da ein Kilogramm Körpermasse den Gegenwert von 29000 Kilojoule darstellt, müßte man 48 Stunden radfahren, um soviel abzunehmen. Weniger zu essen ist da viel einfacher. Ein Trost ist die Beobachtung, daß regelmäßiges Training den Cholesteringehalt des Blutes

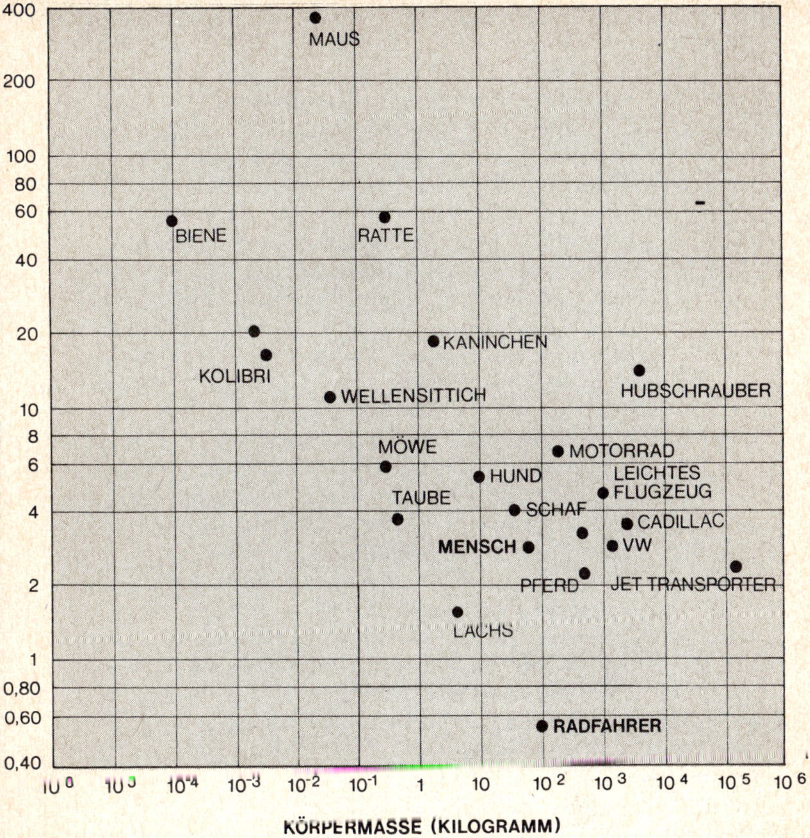

Mit dem Fahrrad hat der Mensch die biologische Evolution überflügelt. Selbst die Möwe erweist sich dagegen als schlechterer Futterverwerter, wenn man die Energiekosten für den Transport eines Kilogramms über einen Kilometer berechnet. Die linke senkrechte Spalte bezeichnet die verbrauchte Energie pro Kilogramm Körpergewicht für einen zurückgelegten Kilometer in Kilojoule (nach V. A. Tucker, American Scientist 63, 412, 1975)

senkt und insofern gegen das Dickerwerden hilft. Ansonsten gilt nach dem amerikanischen Fahrrad-Spezialisten E. Sloane fürs Abnehmen als zweitwichtigste Übung nach dem Radfahren: beide Hände fest gegen die Eßtischkante stemmen – und kräftig zurückschieben.

Umweltfreundlicher Landverkehr

> Das Fahrrad und das Motorfahrzeug sind von derselben Generation erfunden worden, aber sie sind die Symbole für zwei gegensätzliche Anwendungen modernen Fortschritts. Das Fahrrad erlaubt es jedem, den Gebrauch seiner metabolischen Energie zu kontrollieren, das Motorfahrzeug rivalisiert mit dieser Energie. (Ivan Illich)

Europa erreicht allmählich den amerikanischen Lebensstil, bei dem jedesmal, wenn jemand ein Gebäude verläßt, ein Benzinmotor angelassen wird. In den Städten ist die Verbrennungskraftmaschine inzwischen für 80% der Luftverunreinigung durch Kohlenmonoxid, Stickoxide und Kohlenwasserstoffe verantwortlich. Unter Sonneneinstrahlung bildet sich daraus der in den Augen beißende, bräunliche Smog. In einer Großstadt zu leben kommt heute dem Rauchen von täglich zwei Packungen Zigaretten gleich.* Wie es sein könnte, wenn mehr Bewohner auf Fahrrad oder öffentliche Verkehrsmittel umstiegen, haben die autofreien Sonntage während der sogenannten «Energiekrise» gezeigt, und man kann es heute noch erleben, wenn mal stark Schnee fällt: keine Autos, kein Lärm, klare Luft – eine bessere Welt. Holland und China leben es uns vor.

Zu Fuß gehen, Rollschuhfahren oder Radfahren ist natürlich wesentlich ökonomischer und umweltfreundlicher als Autofahren. Mit dem Energiegegenwert in Nahrungsmitteln für 1 l Benzin kommt der Radfahrer 500 Kilometer weit, das Auto schafft gerade 10 bis 15 Kilometer. So betrachtet ist es mit Kanonen nach Spatzen geschossen, wenn eine einzige Person von 75 Kilogramm mittels einer Tonne Stahlblech und einer Maschine von 70 Kilowatt ein paar Kilometer bewegt wird. Aber wie sieht die individuelle Rechnung aus?

* Barry Commoner, Energieeinsatz und Wirtschaftskrise, rororo aktuell Nr. 4193

• Fahrräder sind am wirtschaftlichsten

Ein Fahrrad macht sich in einem Jahr bezahlt, selbst wenn es nur mäßig genutzt wird. Nehmen wir einmal an, statt der öffentlichen Verkehrsmittel oder des Autos wird für die Fahrt zur Arbeit ein Fahrrad benutzt. Die öffentlichen Fahrtkosten seien 3 Mark pro Tag. Sagen wir, es regne einmal die Woche, und von Dezember bis Februar werde das Fahrrad eingemottet. Dann bleiben 4 Tage × 4 Wochen × 9 Monate × 3 Mark = 432 Mark, wofür man sich ein sehr passables Fahrrad kaufen kann. Ein Pendelweg von 14 Kilometern (nationaler Mittelwert) kostet mit dem Auto DM 4,20 pro Tag, wenn Kilometerkosten von 30 Pfennig angesetzt werden. Wenn an vier Tagen in der Woche das Fahrrad benutzt wird, beträgt die Minderausgabe dann 600 Mark im Jahr, und wenn man die ganze Woche Fahrrad fährt, 750 Mark. Das ist noch vorsichtig geschätzt, denn hier wurde über alle Verkehrsbedingungen, wie stehenden Verkehr, gemittelt. Wer noch Parkgebühren zahlen muß, gibt wesentlich mehr aus. Für siebenhundertundfünfzig Mark bekommt man zwei bis drei Fahrräder, jedes mit einer Garantie von fünf Jahren oder mehr. Bei doppelter Lebensdauer gegenüber dem Auto kann man daraus jährliche Kosten für das Pendeln mit dem Fahrrad zwischen 25 und 40 Mark ableiten.

Wenn es am Arbeitsplatz eine Dusche gibt, kann man die Anfahrt mit seinem Herz-Kreislauf-Training verbinden. Frische Kleidung kann man in einer der neuen attraktiven Nylon-Lenkertaschen mitnehmen. Das ist der Vorteil gegenüber dem Dauerlaufen, man müßte da mit Rucksack zum Arbeitsplatz traben, ganz abgesehen davon, daß es meist doch zu weit ist. Ansonsten ist ein Regentag pro Woche eine großzügige Einlassung. Wirklich unmöglich ist Radfahren an 14 Tagen im Jahr – statistisch gesehen. Regen zwischen 7.00 und 8.00 und 16.00 und 17.00 Uhr sagt die Statistik nur für zehn Tage im Jahr voraus. Im übrigen sagt Noder: «Es gibt kein schlechtes Wetter, sondern nur unpassende Kleidung, und: Wo ein Wille ist, ist auch ein Weg. Meist sind ‹Wetter› und ‹Straßenverkehr› nur ein willkommener Vorwand, aus Trägheit das Radfahren hin und wieder bleiben zu lassen.» Wer absolut kein Morgenmensch ist, kann das Training auf den Nachhauseweg legen, wobei sich das Duschenproblem von selbst erledigt.

Die Fahrt von und zur Arbeit ist aber nur eine Möglichkeit von vielen. Fahrräder sind einfach ideal, um schnell etwas zu besorgen, Bekannte aufzusuchen, zum Schwimmen, Tennis oder Kino zu flitzen. Jedesmal wird Geld gespart, wobei das Fahrrad eigentlich ein Wert an sich ist, weil das Fahren obendrein ungeheuer Spaß machen kann. Wieso?

• Fahrräder sind außerordentlich praktisch

Man kommt im Ort schneller vorwärts, bei dichtem Verkehr im Schnitt mit etwa 15 km/h, bei leichtem Verkehr mit 25 km/h. Die Strecke vom Ludwigkirchplatz zur Technischen Universität in Berlin war mit dem Fahrrad in 10 Minuten spielend zu schaffen, während mit Bus oder U-Bahn 15 bis 20 Minuten draufgingen. Bei den heutigen weitmaschigen Verkehrsnetzen ist es ein leichtes, Kollegen, die mit Bahn oder Bus zum selben Arbeitsplatz streben, nach Punkten zu schlagen. Mit Umsteigen wird es schon fast unfair – es ist überall dasselbe. In vielen Städten haben Zeitungen Wettläufe von Fahrrädern gegen Busse, Stadtbahnen und Sportwagen veranstaltet, und in den meisten bekanntgewordenen Tests haben die Fahrräder gewonnen.

Der Grund für die Behendigkeit des Fahrrads ist natürlich, daß man sich durch die heutzutage unsere Ortschaften charakterisierenden Verkehrsstaus gut durchschlängeln kann. Und dann verkehrt es eben von Haus zu Haus! Beim öffentlichen Verkehrsmittel geht man erst mal zur nächsten Haltestelle, steht herum, bis Bus oder Bahn kommen, steigt gar einmal um mit zusätzlicher Wartezeit und geht dann von der Haltestelle zum eigentlichen Ziel. Für Autos muß man einen Parkplatz suchen. Beim Fahrrad geht man vor die Tür und steigt auf – ohne Warten und ohne Parkplatzprobleme.

• Das Fahrrad gibt neue Freiheit

Mittagspause: des Kantinenessens oder der Wurstbude um die Ecke überdrüssig? Zur 2 km entfernten Gartenwirtschaft sind es nur ein paar Minuten. Oder wie wär's mit einem Sprung ins Wasser?

Viel zu besorgen? Mit dem Fahrrad geht's schneller als zu Fuß, die mehrmalige Parkplatzsuche mit dem Auto wäre zu zermürbend. Wozu man sonst eine Stunde braucht, schafft das Fahrrad in 15 Minuten. Und wenn's viel zu tragen gibt, lastet das auf dem Fahrrad und nicht auf einem selbst. Der United Parcel Service (UPS), der private Paketdienst, der gegenwärtig der Bundespost zu schaffen macht, hat mit fünf Fahrrädern angefangen.

Schnell zum Briefkasten oder noch kurz entschlossen ins Kino in die Spätvorstellung? In zehn Minuten ist man dort, bevor der nächste Bus überhaupt erst fährt. Für Nachtmenschen ist das Fahrrad von unschätzbarem Vorteil. Busse und Bahnen fahren ja immer seltener, je später es wird. Und welch ein Unterschied zwischen der abgeschlafften Atmosphäre in einem Spätbus oder -zug und der nächtlichen Fahrt auf einem Fahrrad, dessen Dynamo leise vor sich hinsurrt.

Fahrradtrimm in der Mittagspause in einer Großstadt

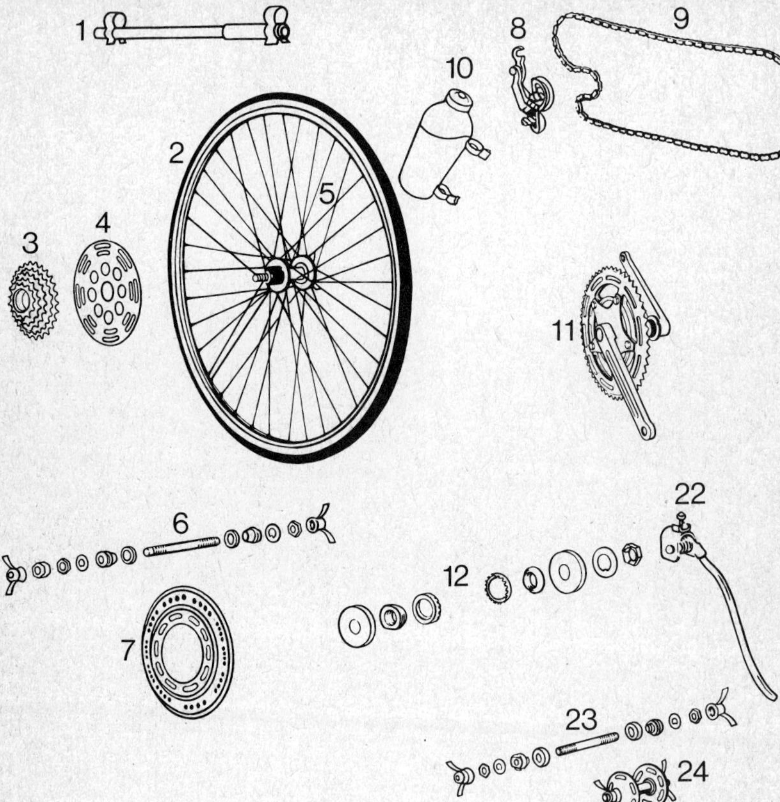

Ein Fahrrad besteht aus mehr als tausend Einzelteilen, wobei allerdings der Löwenanteil in der Kette steckt.

1 Luftpumpe
2 Hinterreifen: Schlauch und Decke
3 Zahnkranz
4 Speichenschutzscheibe
5 Hinterrad (hinteres Laufrad)
6 Hinterachse
7 Kettenschutzscheibe
8 hinterer Umwerfer
9 Kette
10 Trinkflasche (Labeflasche)
11 Kettenblätter mit Tretkurbeln («Tretlager»)
12 Tretlager
13 Pedale (Pedalen)
14 Sattel
15 Sattelstütze (Sattelkerze)
16 hintere Felgenbremse
17 Sattelstütz-Klemmbolzen
18 Rahmen
19 Kettenblatt-Umwerfer
20 vorderer Schaltzug
21 hinterer Schaltzug
22 Seitenstütze
23 Vorderachse

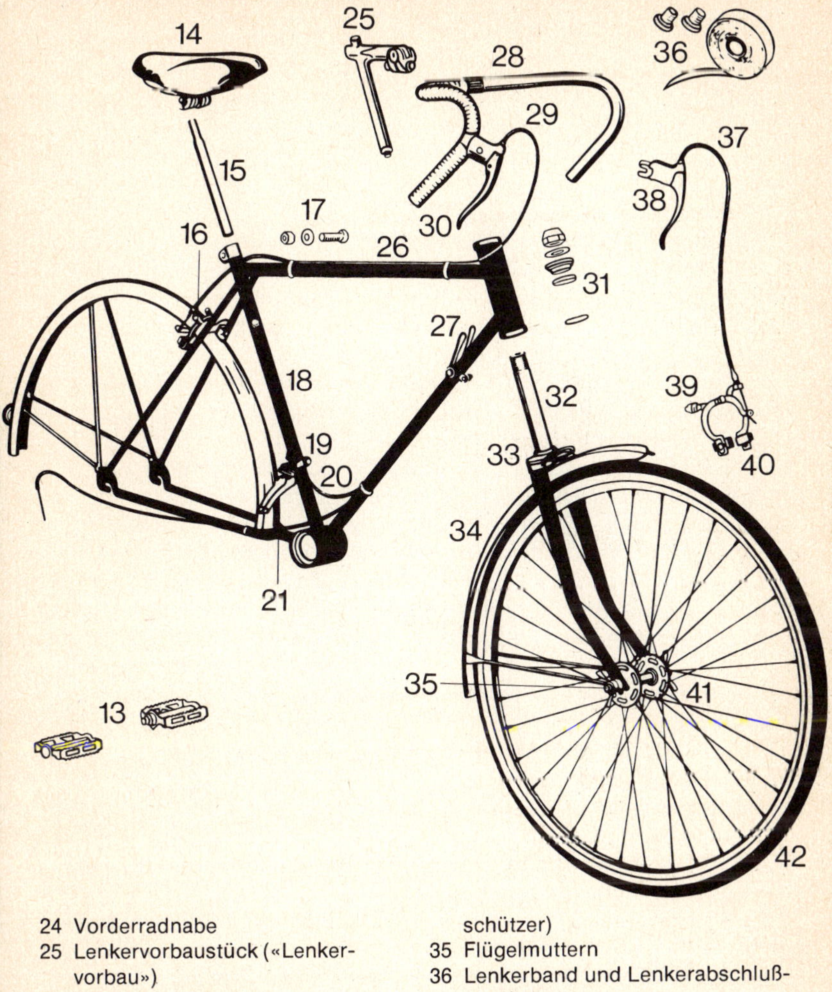

24 Vorderradnabe
25 Lenkervorbaustück («Lenkervorbau»)
26 hinterer Bremszug
27 Schalthebel (Schaltgriffe)
28 Lenkerbügel
29 vorderer Bremszug
30 Handbremshebel (Bremsgriff)
31 Steuersatz
32 Gabelschaft
33 Vordergabel
34 vorderes Schutzblech (Kotschützer)
35 Flügelmuttern
36 Lenkerband und Lenkerabschlußstopfen
37 vorderer Bremszug
38 Handbremshebel (Bremsgriff)
39 vordere Felgenbremse
40 Bremsschuhe mit Bremsgummis
41 Vorderrad (vorderes Laufrad)
42 Vorderreifen: Schlauch und Decke

(in Klammern: Rennfahrer-Jargon)

Technik-Baukasten für die Jugend

Das Fahrrad war für die Vorkriegsgeneration die natürliche Fortsetzung des Metallbaukastens, nur das Werkzeug wurde größer. Schrauben hatten auf einmal Sechskantköpfe, an einigen Stellen gab es – verdammt! – Linksgewinde, die Reifen konnte man nicht mehr einfach so von den Rädern herunterdrücken, und wenn man Lager zerlegte, fielen einem nun kleine Kügelchen entgegen. Das Fahrrad ist der ideale Gegenstand, um technische Erfahrungen zu sammeln. Eine Fülle von Erscheinungen und Beobachtungen bereichern den Erfahrungsschatz desjenigen, der sich mit ihm beschäftigt: Gleichgewicht, Kraft, Beschleunigung, Geschwindigkeit, Verzögerung, Luftwiderstand, Reibung, Pneumatik, Vulkanisierung, elastische Spannung, Stromerzeugung, elektrische Leitung, Lichtbündelung, -reflexion und -filterung. Die Mädchen und Jungen der Nachkriegsgenerationen sollen jetzt in der Schule an das menschenfreundliche Experimentiergerät herangeführt werden: Im Unterrichtsfach Technik aller zehnten Klassen in Baden-Württemberg sind zum Beispiel acht Stunden Umgang mit dem Fahrrad vorgesehen. Schwerpunkt: ein Fahrzeug warten, instand setzen und seine Gebrauchseigenschaften beurteilen können. Andere Bundesländer werden folgen.

Die Erwachsenen sind keineswegs ausgeschlossen. Es gibt keine Maschine, die mit dem Menschen so intensiv wechselwirkt wie das Fahrrad. Das erklärt auch die ungebrochene Faszination der Designer für das Fahrrad. Jede vorgenommene Veränderung kann sofort am eigenen Körper erfahren werden. Und Veränderungen, vor allem im Sinne einer Verbesserung der Fahreigenschaften, sind möglich, ohne daß sich der TÜV einschaltet. Mit kreativem Tunen hat man mehr von seinem Fahrrad.

In Landstrichen, wo Raffinerien und Überlandleitungen unbekannt sind, ist das Fahrrad noch einmal Wegbereiter der Technik. In dem Maße, wie in der dritten Welt Fahrräder von den Städten in die Dörfer vordringen, kommen zugehöriges technisches Wissen und Ersatzteile nach. Die Fahrrad-Technologie dient so der technischen Bildung, auf der die Menschen der dritten Welt ebenso aufbauen können, wie es die Industriestaaten vor erst 70 bis 100 Jahren getan haben. Dreschmaschinen und handwerkliche Vorrichtungen aus Fahrradteilen sind an vielen Orten entstanden. Dieser Weg zur Selbstentfaltung über das Kleinhandwerk erscheint in vielem plausibler als eine von außen herangetragene Entwicklungshilfe mit komplizierten Fertigungsmaschinen.

2
Fahrradtypen
oder
Welches Fahrrad paßt zu mir?

Die Frage ist nicht schnell beantwortet. Bei dem großen Angebot an einheimischen und Importrädern wird es immer schwieriger, eine Marktübersicht zu bekommen. Die Auswahl an Fahrrädern ist jetzt größer als bei Autos – und vom Autoangebot vermittelt die wöchentliche Motorseite der Tageszeitungen wenigstens einen ungefähren Überblick. Auf der anderen Seite stehen die höchst unterschiedlichen Bedürfnisse der Radkäufer, die sich dazu mit der Zeit ändern. Zu einem perfekten Gespann Mensch-und-Maschine zu werden, braucht man Zeit, Erfahrung, Blick für unauffällige Details und ein bißchen sensibles Tunen (Fachbegriff aus dem Motorsport = die Leistung eines Motors nachträglich erhöhen, einen Motor frisieren). Am besten, man fängt mit einem Exemplar der Mittelklasse an und sammelt seine Erfahrungen. Wer schon lange nicht mehr auf dem Fahrrad gesessen hat, sollte dem wohlmeinenden Rat mißtrauen, sich auf das nächstbeste Primitivrad zu klemmen und ein paar Runden zu drehen. Es könnte sein, daß er den Spaß verliert, ohne jemals die befreiende Wirkung der Fahrt auf einem wirklich perfekten Fahrrad kennengelernt zu haben. Die meisten Menschen haben noch Klappräder aus den sechziger Jahren – sie sollten sie ihren schlimmsten Feinden schenken und einen Neuanfang machen.

Das oft entscheidende Kriterium beim Auto, der Benzinverbrauch auf hundert Kilometer, hat beim Fahrrad kein Gegenstück: Wieviel Gramm Traubenzucker braucht der Radfahrer mit dem angebotenen Fahrrad auf hundert Kilometer? Fahrrad-Daten werden von der Industrie nicht gemessen, und das hat auch seinen Grund: Mit dem Menschen als aktivem Bestandteil ist das Gespann viel komplizierter als etwa ein Auto und daher technisch schwieriger in den Griff zu bekommen. Nun ist natürlich jedes im Handel verkaufte Fahrrad in der Lage, einen Menschen von einem Ort zum andern zu bringen, wenn er nur schwer genug arbeitet – wie das Beispiel des Klapprads zeigt.

In der Werbung hat die Bezeichnung **«Leichtlaufrad»** Eingang gefunden, aber der leichte Lauf wird nicht in meßbaren Größen nachgewiesen. Welches Leichtlauf-Fahrrad in der Auslage des Fahrradhändlers läuft nun leichter, das grüne oder das rote? Man könnte das einfach prüfen, indem man beide, einschließlich der Fahrer, gleichschwer belädt, eine

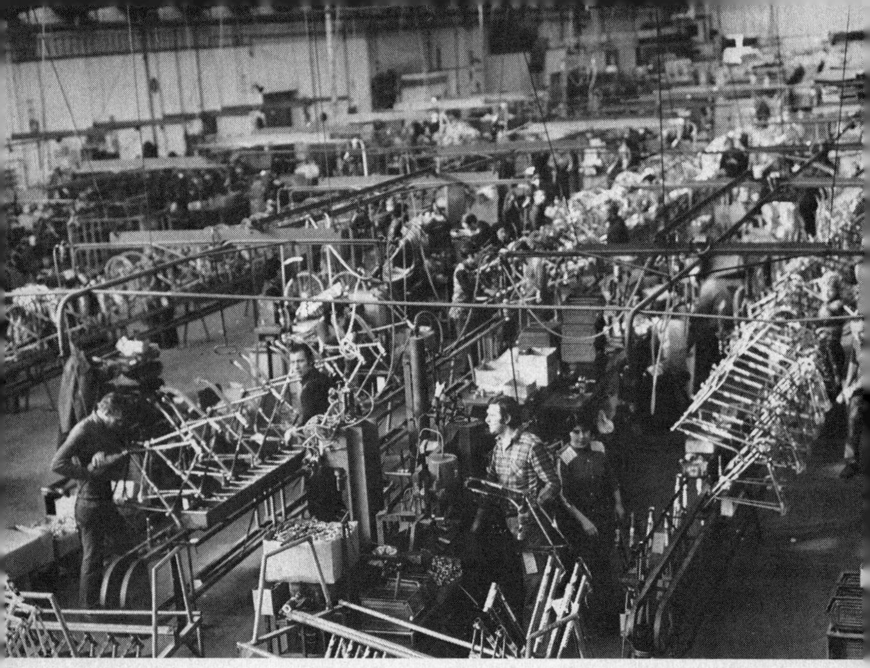

Fahrrad-Montage bei der Otto Kynast GmbH & Co KG in Quakenbrück

Steigung hinabrollen läßt und feststellt, welches in der Ebene weiterkommt – das Ganze natürlich ohne zu treten. Aber das Testergebnis hinge noch ab von Luftwiderstand und Gewichtsverteilung auf Vorder- und Hinterrad, also von der Sitzhaltung der Fahrer und vom Rollwiderstand und damit vom Luftdruck der Bereifung und zusätzlich von der Einstellung der Achslager. Kein Hersteller macht solche Messungen, und nicht jeder Händler ist bereit, eine längere Probefahrt einzuräumen. So bleibt dem Interessenten nur übrig, sich ein Bild zu machen, ob die optimistische Bezeichnung «Leichtlaufrad» durch die Qualität der Fahrradkomponenten gerechtfertigt erscheint.

Denn ein Fahrrad beurteilt man anhand seiner Komponenten, seiner Einzelteile. Die Massenfertigung des Fahrrads ist heute so arbeitsteilig geworden, daß man nur noch Komponenten wie aus einem Baukasten fabrikmäßig zusammenzusetzen (konfektionieren) braucht.

Genau das tun die Konfektionäre, ihre Endprodukte sind die **Konfektionsräder**. Die besseren Konfektionäre erkennt man daran, daß sie sich nicht genieren, ihren Namen oder einen daraus abgeleiteten Markennamen auf ihre Erzeugnisse zu setzen. Steht dagegen «Markenfahrrad» auf dem Rahmen neben einem Phantasienamen, ist Vorsicht geboten – daß dies extra betont werden muß, ist verdächtig. Die Branche selbst unterscheidet zwischen Konfektionsrädern und **Industriemarkenfahrrädern**,

das sind solche, deren Rahmen von der Firma noch selbst hergestellt wird. Bei den Markenfirmen gibt es noch Unterschiede zwischen Firmen, die Rahmen auch an andere Firmen liefern, und solchen, die das nicht nötig haben. Die Unterschiede zwischen Konfektionsrädern und Industriemarkenfahrrädern sind fließend. Gute Konfektionäre sind oft wendiger und machen oft ein gefälligeres Styling als die Markenfirmen.

Angesichts dieses Wirrwarrs von Bezeichnungen ist die Beurteilung eines Fahrrads anhand seiner Komponenten zuverlässiger und exakter. Die wenigen Fahrradteile-Hersteller mit Weltgeltung lassen sich einfacher merken als die 1001 Kombinationen von Fahrrädern, die man daraus zusammenstellen kann. Auf den Seiten 181–241 sind die wichtigsten Informationen und ein Qualitätswegweiser hierzu zu finden. Qualitätsbeurteilungen anhand der Komponenten führen zu etwas länglichen Steckbriefen für Fahrräder, die aber den Vorteil haben, jetzt verschiedene Modelle besser vergleichen zu können als aufgrund des optischen Eindrucks allein. Als Beispiel für einen solchen Steckbrief wird hier das Fahrrad-Datenblatt des Alu-Rennrads von Kettler gezeigt. Die Notwendigkeit, so weit ins Detail zu gehen, wird nach dem Vorbild der Nachbarländer neuerdings auch von der seriösen einheimischen Fahrradwerbung erkannt.

POSITRON PPS 10-GANG

Fahrrad-Datenblatt
(Kurzform)

Markenname: Kettler — Hersteller: Heinz Kettler Metallwarenfabrik

Modellbezeichnung: Alu-Rennrad-Alpha
Rahmenhöhe: 590 mm
Zahl der Gänge: 10
Kettenblätter vorn: 42 und 52 Zähne
Zahnkränze hinten: 14-17–19–21–24 Zähne
Raddurchmesser: 675 mm
Entfaltung: 3,70 bis 7,87 Meter
Übersetzungsbereich: 2.12
Masse: 10,9 kg
Bereifung: Hochdruck-Drahtreifen (25–630), Schwalbe «Skin 25»
Felgen: Aluminium, poliert und gepunzt
Naben: Aluminium-Hochflanschnaben, mit Schnellspanner
Aluminium-Speichenschutzscheibe
Speichen: 36 Stück, Nirosta
Rahmen und Gabel: Aluminium-Speziallegierung, geschweißt
3-Schichten-Einbrennlackierung: silber-metallic
Steuerkopfsatz: schwarz eloxiert
Tretlager: Sakae, geschraubt
Kurbeln: Sakae, Leichtmetall, keillos, 170 mm, Fünf-Arm
Kettenblätter: Sakae, Leichtmetall, mit Kettenschutzscheibe
Zahnkranz: Shimano, fünffach
Kette: Shimano «Uniglide», 2,38 mm
Pedale: Aluminium-Rennpedale, mit Fußhaken und Lederriemen
hinterer Umwerfer: Shimano Positron, einrastende Gänge
Schalthebel: Shimano Positron, mit Ganganzeige am Steuerkopf
vorderer Umwerfer: Shimano «400»
Sattelstütze: Aluminium, Horizontal- und Neigungsverstellung stufenlos an zwei Inbusschrauben
Sattel: Kalbsleder, aufgerauht
Lenkervorbau: Sakae, Aluminium poliert, oxidationsgeschützt
Lenkerbügel: Sakae Rennbügel (420 mm breit), Aluminium poliert und oxidationsgeschützt, schwarzes Baumwoll-Lenkerband
Bremsen: vorn und hinten Weinmann 605, Leichtmetall-Seitenzugbremse mit Schnellauslöser und Feineinstellung «Semi-Automatic»
Zubehör: Rennpumpe, großvolumig
Seitenstütze
Inbusschlüssel für Pedale, Lenker und Sattel

etwa DM 550,–

Fahrradbezeichnungen des Handels

Trotz der Vielfalt der Möglichkeiten, ein Fahrrad auszustatten, haben sich Kategorien herausgebildet, die historisch bedingt von Land zu Land verschieden sind. Der Handel in der BRD unterscheidet die folgenden Typen, die vom einfachen Tourenrad bis zur sogenannten Rennmaschine reichen. Innerhalb dieser aufsteigenden Typenreihe vollzieht sich ein Wechsel zwischen zwei Konstruktionsphilosophien des Fahrrads: vom schweren, rundum verkleideten Gebrauchsrad mit Rücktrittbremse und Nabenschaltung zum Leichtfahrrad mit nur spärlicher Verkleidung, Kettenschaltung und Felgenbremsen. Jede Variante hat ihr Für und Wider; die Entscheidung für die eine oder andere hängt letztlich von den individuellen Vorstellungen des Fahrers ab.

Die Umwandlung eines vorhandenen Fahrrads in den anderen Typ ist nur mit teurem Aufwand möglich, da praktisch das ganze Kraftübertragungssystem ausgewechselt werden muß. Denn die Rücktritt-Fahrräder haben eine innen 3,17 mm breite Kette, die Kettenschaltungs-Fahrräder eine 2,38 mm breite. Die angesprochene Umwandlung bedeutet daher auch den Ersatz der vorderen Kettenblätter mit den Kurbeln. Bevor man sich also hier festlegt, sollte man schon genau wissen, was man jetzt und in Zukunft haben will.

Tourenrad: Wer kennt es nicht aus den Jugendjahren, das schwere, schwarze, gutmütige Monster, ohne alle überflüssigen Zutaten. Der Lenker ist hoch, die vordere Bremse eine Gestängebremse, bei der ein Gummiklotz von oben auf das Vorderrad drückt. Hinten hat man die Rücktrittbremse in der Nabe. Die Rahmenrohre sind aus einfachstem Stahl, teilweise eigens hierfür aus Altmetall erschmolzen. Besonders simpel ist auch die Radbefestigung: die Rohre sind hierfür einfach plattgedrückt und mit einem Schlitz versehen. Der Hinterradausbau ist dadurch wenig elegant, immerhin gibt es Kettenspanner, die beim Einbau das Zentrieren erleichtern. Ein weiteres Detail: Die Hinterradstreben sind mit dem Sitzrohr nicht verschweißt, sondern durch den Sattelklemmbolzen verbunden.

Geringes Gewicht darf man hier nicht erwarten. Es darf deshalb auch bezweifelt werden, ob das Tourenrad im bergigen Gelände wirklich zu erquicklichen Radtouren verhilft. Fünfzehn Kilogramm, meist mehr, bringt es auf die Waage. Wegen seines schlichten Adels, niedrigen Preises und seiner Unverwüstlichkeit findet es immer noch Anhänger, zum Beispiel als Rad für den Strand, da es der Korrosion durch Salzwasser seiner dicken Rohre wegen lange standhält. In den USA ist es als Zweitrad für den Stadtverkehr beliebt, weil es niemand stehlen will. Eine Schweizer Variante ist das **Militärrad**, aus verständlichen Rücksichten ganz ohne blinkende Chromteile. In Deutschland haben die meisten

Das Damentourenrad von Kynast, Modell 201. Die großen 700-mm-Räder haben Ballonreifen 47-622, Rahmenhöhe 550 mm, 16 Kilogramm. Charakteristischer Schwanenhalsrahmen. Fahrradnetz. Etwa DM 180, .

Wienora-Tourensportrad von Wiener – noch bequemer Durchstieg im Schwanenhalsrahmen, aber schon übliche Radbefestigung in Ausfallenden. Rahmenhöhe 520 mm. 15,5 Kilogramm. Etwa DM 250,–.

Firmen die Herren-Tourenräder aus dem Programm gestrichen, während Damen-Tourenräder eher zu haben sind. Sie sind auch nicht mehr die billigsten Fahrräder. Ab 200 Mark.

Tourensportrad: So werden von vornherein nur Damenräder bezeichnet, die zwar noch den Schwanenhals-Rahmen haben, aber andere Radbefestigung. Der «Sport» zeigt sich hier also beim Radausbau. In die Hinterrohre und Gabelenden sind geschmiedete Ausfallenden eingeschweißt, eine frühe Errungenschaft des Radsports. Dadurch können hinten die Kettenspanner wegbleiben, und die Radachse fällt, wenn man kräftig nachhilft, von selbst aus dem Schlitz. Diese Ausfallenden sind inzwischen der Standard im Fahrradbau, alle Räder haben sie, nur eben die reinen Tourenräder nicht. Sagen wir's anders herum: Das Tourensportrad ist ein Damensportrad, aber noch mit dem bequemen, weil tieferen Schwanenhalsrahmen des Damen-Tourenrads.

Hollandrad: Jetzt kommt ein echter Knick in der Systematik, denn in Deutschland wird als Hollandrad alles bezeichnet, das einen vernünftigen Kettenschutz und auch Spritzwasserschutz ums Hinterrad hat. Die Feinheiten beim Radausbau sind hier vergessen, man könnte zwar noch Holland-Tourenrad und Holland-Sportrad unterscheiden, aber kaum jemand macht's. Die Holländer selbst nennen ihre Fahrräder weiterhin Tourenräder und Sporträder – je nach Achsbefestigung. Der Kettenschutz ist entweder ein geschlossener Blechkasten oder ein Wachstuchgebilde (Moleskin) mit umlaufendem Spiralverschluß. Hosenklammern und ähnliche Hilfsmittel kann man vergessen und die Kleider bleiben wirklich sauber. Die Mantelschoner aus Kunststoff schützen gegen Sprühwasser, was Fahrradnetze nicht leisten können. Auffallend auch die starke Neigung der Lenkerachse, auf die die gute Manövrierbarkeit zurückgeführt wird. Schlimm wird allerdings der Hinterradausbau bei Plattfuß: Der Stoffkettenschutz muß entspannt und nach dem Wiedereinbau neu gespannt werden – eine Arbeit, bei der man sich schon überlegt, ob man das platte Fahrrad nicht gleich zum Händler in die Werkstatt schiebt. Aus dem gleichen Grund kann man das Hollandrad praktisch nur unzerlegt transportieren, es sei denn, es paßt schon nach Abnahme des Vorderrads in den Kofferraum.

In anderen Ländern wurden dem Hollandrad entsprechende Typen entwickelt, stets ausgezeichnet durch wirksame Verkleidung der Kette. Dazu gehört in Frankreich der «Porteur Parisien», der von den Zeitungsboten in Paris benützt wird. Auch in Großbritannien gibt es Einkaufsräder für Frauen, wie etwa das Raleigh «Shopper», das aber mit zwanzig Kilogramm nicht eben leicht ist.

Sportrad: Das ist die Standardform der Fahrräder ohne Rennlenker. Ihr Kennzeichen sind, wie gesagt, die heute üblichen, geschmiedeten Ausfallenden ohne Kettenspanner. Bei den Herrenrädern ist die Rahmen-

Ein Aristokrat unter den Tourenrädern: Raleigh «Touren» (in der Schweiz vertriebenes Modell). 700-mm-Räder, 3-Gang-Nabe und geschlossener Kettenkasten. Rahmenhöhe 560 oder 600 mm. Eingebautes Schloß im Gabelkopf. Etwa 450 Franken. Unten: Nostalgie auch bei den Fahrrädern: Hollandrad der Pantherwerke AG. 700-mm-Räder, Wachstuch-Kettenkasten und -Mantelschoner und der zuverlässige Klappständer. Von Sudbrack auch als Jugendrad mit 600 mm-Rädern erhältlich. Etwa DM 300,–.

form die gleiche wie bei den Tourenrädern, allerdings sind die Hinterradstreben jetzt an das Sitzrohr angelötet. Damen-Sporträder haben den Rahmen mit zwei parallelen Unterrohren, der einen etwas höheren Durchstieg bedingt. Die Gestängebremse vorn ist durch eine Felgenbremse ersetzt. In dieser Kategorie gibt es neben einfachen Rücktrittnaben, Zweigang-Naben, Dreigangnaben auch die Fünf- und Zehngang-Kettenschaltungen. Große Variationen zeigt die Ausstattung, die durch Vorsilben, wie Leichtlauf-, Luxus-, Spezial-, Super-, Qualitäts-, usw. angedeutet werden, der Phantasie sind da keine Grenzen gesetzt.

Leichtsportrad: Eine Bezeichnung, an die sich nur wenige Hersteller halten. Ursprünglich war damit ein Damensportrad gemeint, dessen Unterrohre nicht parallel, sondern winklig und ganz ohne Krümmung verlaufen, wodurch der Durchstieg etwas höher wird. Noch höher wird der Durchstieg bei den geraden-Doppelrohr- oder Mixte-Rahmen, die es neuerdings auch mit Nabenschaltungen gibt.

Rennsportrad: Rennlenker und Kettenschaltung, aber noch Schutzbleche und Beleuchtung – das ist die Kurzcharakterisierung der Rennsporträder. Bis auf den Schwanenhals kommen alle Rahmenformen vor. Große Unterschiede in Gewicht und Qualität des Rahmens und der Ausstattung. Der Kettenschutz ist auf eine Kettenschutzscheibe am vorderen Kettenblatt reduziert. Der Sattel ist ungefedert. Die Reifen sind schmal, um den Rollwiderstand zu senken. An Importrädern unter 400 Mark findet man hier schon Schnellspann-Naben. Die französischen Spitzenmodelle für Tourenfahrten haben Gepäckträger und werden «Randonneur» genannt, wofür in Deutschland die Bezeichnung «Touristikfahrrad» erfunden wurde, um ihn vom biederen Tourenrad zu unterscheiden. Der jetzt historische «Halbrenner» war ein Fahrrad mit Flügelmuttern und leicht auswechselbaren Kettenrädern, als in Deutschland die Kettenschaltung noch nicht populär war.

Rennmaschine oder Rennrad: Das Fahrzeug der Radrennfahrer wird ausschließlich auf seine Funktion hin konstruiert und ausgestattet: Keine Schutzbleche, Beleuchtung, Kettenschutzscheibe oder Seitenstütze mehr, dafür Schnellspann-Naben und Rennhaken an den Pedalen. Sie haben durchweg 675-mm-Räder, da das Renn-Reglement dies vorschreibt. Die Bereifung sind aufgeklebte Schlauchreifen, obgleich neuerdings die Hochdruck-Drahtreifen im Kommen sind. Die Rahmen sind aus dünnwandigen Rohren zusammengelötet, daher ultraleicht und in verschiedenen Rahmenhöhen zu erhalten. Ohne Beleuchtungsanlage sind sie im Straßenverkehr nicht zugelassen. Sind an den Ausfallenden keine Ösen vorgesehen, kann man nachträglich keine Schutzbleche mit Streben anbringen. Im Gegensatz zu den Bahnmaschinen wird auch von Straßenmaschinen gesprochen. Neuerdings bieten im Zeichen des Fahrrad-Booms selbst Konfektionäre Straßenmaschinen an.

Sportrad für Damen, erkenntlich an den beiden parallelen Unterrohren. 650-mm-Räder, Dreigangnabe ohne Rücktritt, dafür zwei Felgenbremsen, vorn und hinten. (Kynast) Übersetzungsbereich 1,86. Etwa DM 250,–.

Sportrad für Herren von Kalkhoff. 650-mm-Räder, Dreigang-Rücktrittnabe, Schutzbleche, Felgen und Speichen aus rostfreiem Edelstahl. Übersetzungsbereich 1,86. Etwa DM 300,–.

Leichtes Sportrad 111 von Rixe. 650-mm-Räder (wahlweise 700 mm), Fünfgang-Kettenschaltung, Lenker, Vorbau, Felgen, Kurbeln und Gepäckträger aus Leichtmetall. Rahmenhöhe 580 mm. Übersetzungsbereich 1,71. Auch mit Dreigangnabe, 10-Gang-Kettenschaltung und als Damenrad erhältlich. Etwa DM 350,–.

Damen-Leichtlaufsportrad von Kalkhoff, 675-mm-Räder und Fünfgang-Kettenschaltung. Leichtlauf sagt nicht unbedingt etwas über das Gewicht aus. Übersetzungsbereich 1,71. Etwa DM 330,–.

Leichtsportrad von Wiener, charakterisiert durch die winklig verlaufenden Unterrohre ohne Biegung. 650-mm-Räder und Fünfgang-Kettenschaltung, Rahmenhöhe 550 mm, Übersetzungsbereich 1,71. 15 Kilogramm. Etwa DM 330,–.

Sporträder von Staiger mit Doppelrohrrahmen. Links gebogene Doppelrohre, rechts der Mixte-Rahmen mit geradem Doppelrohr. 700-mm-Räder und Dreigang-Nabenschaltung. 550 mm Rahmenhöhe, 17 Kilogramm. Übersetzungsbereich 1,86. Auch mit Kettenschaltung oder 650-mm-Rädern. Etwa DM 330,– bis 370,–.

Rennsportrad «Toledo» von Hercules. 675-mm-Räder mit Hochdruck-Drahtreifen 25-622 und Schnellspann-Naben, Rahmenhöhen 570 und 600 mm, 12,1 Kilogramm. Felgenbremsen mit Schnellauslöser und Rücklicht an der Hinterstrebe, um Schutzblech einfach abnehmen zu können. Übersetzungsbereich 2,3. Um DM 650,–.

Straßen-Rennrad «Professional» von Kalkhoff, lieferbar in Rahmenhöhen von 520 bis 600 mm, in Stufen von 20 mm. Die 675-mm-Räder tragen Schlauchreifen. 9,9 Kilogramm. Übersetzungsbereich 1,95. Etwa DM 1800,–.

Bahnmaschine: Für kurze Sprints auf Rennbahnen gebaut, sind die Bahnmaschinen die Außenseiter in der Fahrrad-Typologie. Keine Schaltung, nicht mal ein Freilauf, beeinflussen die direkte Kraftübertragung von den Beinen auf die Bahn. Wie beim Dreirad der Kinder muß man durch Langsamertreten bremsen. Der kurzgebaute Rahmen wirkt auf unebener Straße sehr hart. Es gibt zwar in den USA Fans, die trotzdem damit auf der Straße fahren, aber dort ist ja auch keine Lichtanlage vorgeschrieben. Schutzbleche sind an den Ausfallenden dieses Typs nicht anzubringen, auch die nachträgliche Anbringung einer Kettenschaltung ist aufwendig, da die Kraftübertragung auf die 3,17-mm-Kette abgestellt ist.

Bahn-Rennrad von Motobécane. Die hinteren Ausfallenden sind nach hinten geöffnet, damit die Hinterachse durch den gewaltigen Zug der Kette bei einem Sprint nicht nach vorn verrutschen kann. Wird nach Maß angefertigt. 675-mm-Räder mit Schlauchreifen. Etwa DM 1900,–.

Portable: Eine britische Spezialität sind tragbare Klappräder mit extrem kleinen Rädern bis herab zu 350 mm Durchmesser. Anlaß für diese Entwicklung war der Umstand, daß bis vor kurzem die britische Eisenbahn den halben Erwachsenentarif für die Mitnahme eines gewöhnlichen Fahrrads verlangte. Der Rolls-Royce unter den Portables, das Bickerton Portable, wiegt neun Kilogramm und läßt sich mit einigen Handgriffen in einer Tragetasche verstauen, die sonst am Lenker hängt. Da Lenker und Sattel mit Schnellspannern in weitem Bereich verstellbar sind, ist das Bickerton Portable auch als Kinderrad, das mitwächst, geeignet. In der Bundesrepublik ist das Bickerton bei der Firma gpi-Gesellschaft für Produkt-Innovation mbH, Saarlandstr. 110, D-4600 Dortmund 1 erhältlich. Die Lieferung erfolgt direkt.

Das Bickerton-Portable mit 350-mm-Vorderrad und 400-mm-Hinterrad, Aluminium-Rahmen. Zusammengefaltet verschwindet es in der Tragetasche, die sonst am Lenker hängt. Mit Sturmey-Archer-Dreigangnabe, 10,4 Kilogramm. Übersetzungsbereich 1,78. Lenker in weitem Bereich verstellbar, daher auch für Kinder geeignet. Deutsche Version mit Beleuchtung und Kettenschutz. Incl. Frachtkosten etwa DM 650,–.

Das Zusammenfalten des Bickerton-Portable, hier mit Kindersattel, ist besonders einfach: sämtliche Verstellungen sind mit Schnellspannern ausgerüstet. Bei Erwachsenen wird das Sattelrohr herausgenommen. Die Lenkertasche dient auseinandergefaltet als Tragetasche.

Klappräder mit 500-mm-Rädern waren vor zehn Jahren sehr gefragt. Heute hat sich die Erkenntnis herumgesprochen, daß der Einrohrrahmen zu schwer und die Bereifung zu anstrengend ist.

Kompaktrad oder Klapprad: Wer nicht muß, sollte nicht damit fahren. Ein Rahmen aus einem einzigen Rohr verlangt dickere Rohrwände und ist damit unweigerlich schwerer (20–25 Kilogramm) als die üblichen Rahmen, die eine lange Evolution hinter sich haben. Die meist kleineren Räder bis herab zu 500 mm haben einen höheren Rollwiderstand – also zwei unangenehme Eigenschaften in einem Fahrrad. Weite Jeans-Hosen verheddern sich mit dem Schraubverschluß der Klappräder. Vor der Anschaffung sollte man ernsthaft prüfen, ob nicht ein leichteres Fahrrad, das zerlegt werden kann, dieselbe Funktion erfüllen kann.
Kinderräder: Fahrräder mit bis zu 500 mm Radgröße. Darüber spricht man von **Jugendrädern**, die es praktisch in allen Varianten der Erwachsenenräder gibt, mehr darüber im Kapitel 7: Kind und Fahrrad.

Tandem und Dreirad

Im Frankreich der Vorkriegszeit galt das **Tandem** als das Gefährt der Liebespaare. Ohne vergleichbare Vergangenheit hat es das Tandem in Deutschland nicht zu der Verbreitung als Touristikmaschine gebracht, die es eigentlich verdient, wie ja auch der Radtourismus bei uns nicht die ungebrochene Kontinuität des französischen besitzt. Ein Urteil über das Tandemfahren sollte man sich nicht bilden, bevor man nicht einige hundert Kilometer auf einem Tandem zurückgelegt hat. Vor einer Anschaffung sollte man also bei jemand anderem mitfahren und eigene Erfahrungen sammeln. Dabei wird man schnell erkennen, daß die schweren Promenadengefährte von über 40 Kilogramm genauso unerquicklich zu fahren sind wie die schweren Klappräder. Gute Tandems sind so leicht gebaut wie Rennräder, haben große Räder mit schmaler Bereifung und wiegen demgemäß nur bis 20 Kilogramm. Die Vorzüge des Tandemfahrens sind offenkundig: Es muß weniger Luftwiderstand, Rollwiderstand und zu Tal ziehendes Gewicht überwunden werden, als wenn die beiden Fahrer auf getrennten Fahrrädern touren würden. Die Konversation ist ungetrübt durch die ständige Sorge vor einem Zusammenstoß wie bei einzeln fahrenden Gesprächspartnern. Auf Familienfahrten gibt es keine Nachzügler, auf die man warten muß. Auf Tourenfahrten ist das Tandem mit seiner Beschleunigung wie eine Lokomotive, der die Solofahrer nur mit Mühe folgen können. Bergab fällt das Tandem wie ein Stein und läßt die Sololeute weit hinter sich. Man muß das aber auch ausnützen, denn bergauf ist das Tandem langsamer als das Solofahrrad.

Zu den Nachteilen gehört, daß Aufsteigen, Anfahren, Anhalten und Absteigen vom Fahrerteam erstmal eingeübt werden müssen, bevor es sich auf die Straße trauen kann. Auch dann können die unerwartetsten Dinge passieren, wenn nicht jeder der beiden seine geplanten Aktionen verbal ankündigt, so daß der andere sich darauf einstellen kann. Denn die Tretkurbeln sind über eine Kette starr verbunden. Der hintere Fahrer übernimmt hierbei eine ziemlich passive Rolle. Er darf auf keinen Fall versuchen wollen, wie gewohnt auf Kippbewegungen des Fahrrads mit Ausgleichbewegungen zu reagieren, sondern muß blindlings darauf vertrauen, daß das der vordere Fahrer regelt – und er muß treten. Kann er seine Balancierinstinkte nicht beherrschen, und agieren vorderer und hinterer Fahrer beim Balancieren gegeneinander, so ist ein Sturz unvermeidlich. Das Positive an der hinteren Position ist, daß man die Verantwortung für die Fahrzeugführung los ist und in aller Ruhe umherblicken und die Landschaft genießen kann. Der vordere Fahrer hat zwar den aktiven Part, muß aber den hinteren ständig einbeziehen. Er muß dem hinteren Fahrer ankündigen, wenn er ohne treten rollen, wenn er ganz anhalten, wenn er eine Wendung machen und wenn er bremsen will. Er darf nur dann schalten, wenn der Hintermann den Gang mittreten kann, und muß vor Steigungen rechtzeitig zurückschalten. Ein einmal eingespieltes Team versteht sich dagegen fast ohne Worte. Es versteht sich, daß die Plätze von Vorder- und Hintermann periodisch getauscht werden sollten, um die ungleichen Rollen nicht zu verewigen. Wer nicht immer einen Tandempartner findet und sein Fahrzeug wirklich beherrscht, könnte sich auch an das örtliche Deutsche Blindenwerk wenden. Blinde können sich als Tandempartner voll entfalten und genießen jede Ausfahrt und ihre sensorischen Wahrnehmungen, die so ganz anders sind als bei einer Autofahrt.

Die Überlegungen zum Tandemkauf sollten schon beim Autokauf beginnen: Leichte Tandems sind nicht klappbar, also sollte mit dem Maßband ein Karavan-Modell ausgesucht werden, in das oder auf dessen Dach das Tandem paßt. Fachhändler-Treue ist noch wichtiger, da die überlangen Schalt- und Bremszüge schwierig nachzubekommen sind. Die Bremsen müssen beim Tandem die doppelte Bremskraft erbringen. Oft gibt es zwei Felgenbremsen, die mit einem Handhebel bedient werden, und zusätzlich eine Nabenbremse. Keillose Kurbeln sollte man vorziehen, da die Keile von Keilkurbeln unter der erhöhten Beanspruchung erfahrungsgemäß abscheren. Wegen der Langsamkeit am Berg und Schnelligkeit bergab sind Kettenschaltungen mit möglichst großem Übersetzungsbereich vorzuziehen. Bei Rücktrittnaben muß auch noch jeder Bremsvorgang mit dem Hintermann abgestimmt werden – in Gefahrensituationen ist das schier unmöglich.

Für die Mitfahrt kleiner Kinder gibt es ein in der Höhe verschiebbares Kindertretlager fürs Sitzrohr (siehe: Kind und Fahrrad).

Spezialist für Tandemzubehör ist Andrew Hague, CWM DRAW, Ebbw Vale, Gwent, Wales, Großbritannien.

Das einzige leichtere deutsche Tandem: Sport-Tandem von Gudereit. 650-mm-Räder mit Bereifung 47-559, handgefertigter Rahmen, Rahmenhöhe 570 mm, 25 Kilogramm. F & S Dreigang-Rücktrittnabe, Stahlkurbeln. Übersetzungsbereich 1,86. Etwa DM 750,–.

Promenaden-Tandem für schwergewichtige Fahrer, von Rixe. 575-mm-Räder mit Mofa-Bereifung. Mofa-Teleskopgabel, Trommelbremsnabe vorn, Fichtel & Sachs-Dreigang-Rücktrittnabe, 41 Kilogramm. Übersetzungsbereich 1,86. Etwa DM 900,–.

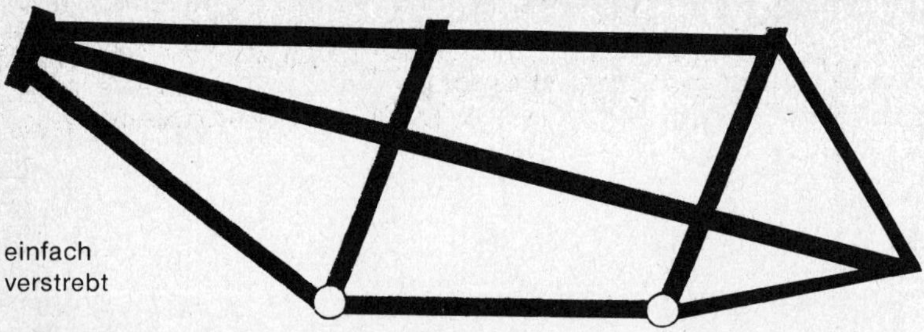

einfach
verstrebt

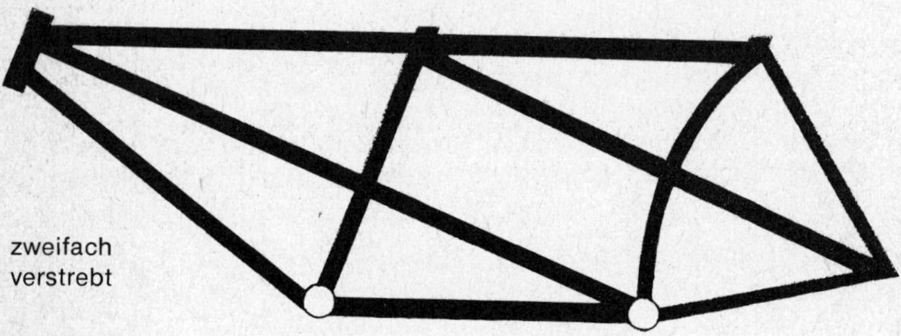

zweifach
verstrebt

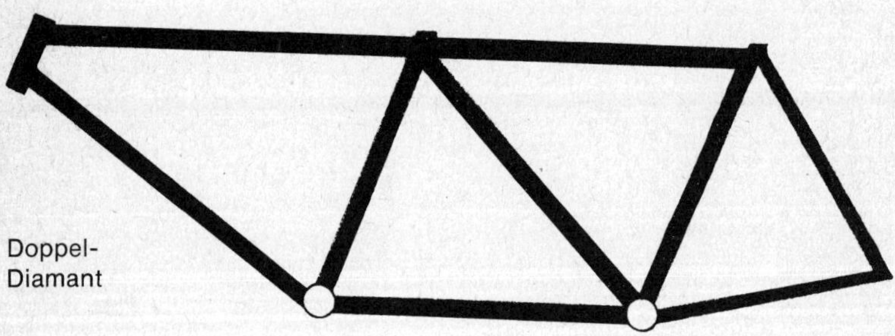

Doppel-
Diamant

Das Vorne-Herren-hinten-Damen-Tandem ist in den USA im Zuge der Emanzipation verpönt – die Frauen wollen nicht mehr von vornherein auf die Rolle des passiven Hintersassen festgelegt werden. Hier drei alternative Rahmenformen.

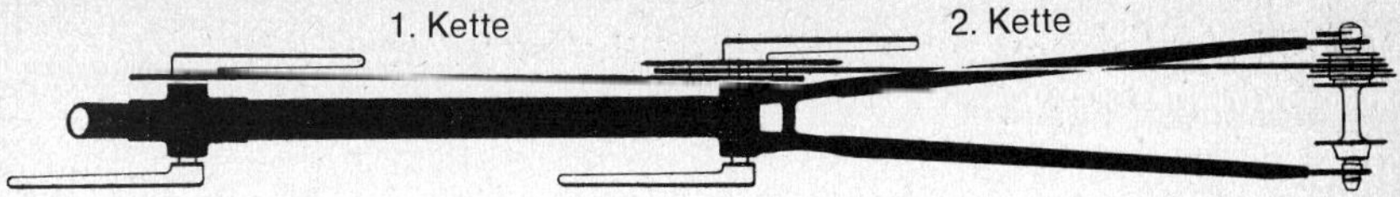

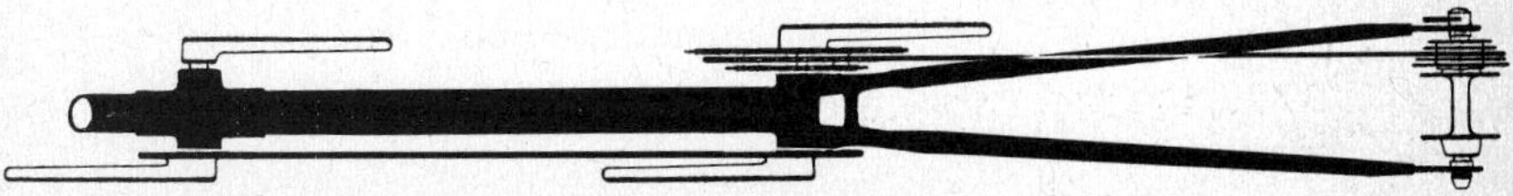

Beidseitiger (unten) und einseitiger Antrieb beim Tandem. Die 1. Kette verbindet die beiden Tretkurbeln starr miteinander, mit der 2. Kette wird geschaltet. An der hinteren Kurbel sind hierfür 3 (unten) bzw. nur noch 2 Kettenblätter (oben) frei. Ein großer Übersetzungsbereich ist für Tandems mit ihrer langsamen Bergfahrt, aber schnellen Talfahrt wichtig.

Mit dem **Dreirad** werden in England heute noch Rennen gefahren, während in den Vereinigten Staaten die pensionierten Bürger damit zum Supermarket radeln. Das Fahrgefühl ist wieder ein ganz anderes als auf dem Zweirad – dem auf einem Motorrad mit Beiwagen vergleichbar. Keinesfalls sollte man sich damit in den Verkehr begeben, ohne vorher an einem stillen Platz geübt zu haben. Bei der ersten Kurve wird's gefährlich: Unwillkürlich legt man sich *in* die Kurve, weil man meint, sonst zu kippen. Ganz falsch: Das Dreirad weicht entgegengesetzt zur beabsichtigten Richtung aus – und wehe, jetzt kommt ein Auto. Beim Dreirad muß man sich bei langsamen bis mittleren Geschwindigkeiten etwas *aus der Kurve heraus* legen, damit das äußere Hinterrad belastet wird, da es sonst vom Boden abhebt. Nach kurzer Übungszeit ist aber die Fahrtechnik des Dreirads genauso ans Unterbewußtsein zu delegieren wie beim Zweirad und Tandem. In den USA liefern sich jährlich Siebzig- und Achtzigjährige fröhliche Rennen, ohne Schaden zu nehmen. Für Trimmer, die auch bei Eis und Schnee nicht unterbrechen wollen, ist das Dreirad mit finnischen Spikesreifen das ideale Gefährt. Skifahrer, die mit den Skiern in Skihaltern stehend zum Lift radeln, sind dann schon warm, wodurch das Risiko von Muskel- oder Bänderrissen bei der nachfolgenden Abfahrt vermieden wird. Und es ist eine wirklich andere Erfahrung, eine Kurve in voller Fahrt im Power Slide zu meistern.

Die besten Fahreigenschaften haben Dreiräder, deren beide Hinterräder über ein Differential angetrieben werden – das Differential wurde ja tatsächlich fürs Dreirad von Starley erfunden. In allen anderen Dreirädern wird nur ein Hinterrad, meist das linke, angetrieben, während das rechte leerläuft. Dadurch wird es schwierig, hinten Bremsen unterzubringen, so daß diese Dreiräder zwei unabhängige Bremsen am Vorderrad besitzen. Der Spezialist für leichte Touristik- oder Renndreiräder ist Ken R. Rogers in Großbritannien. Von ihm stammt auch die Hinterachse, mit der man sein bisheriges Kettenschaltungs-Solorad oder -Tandem in ein Dreirad umwandeln kann, wodurch auch zerstrittene Tandem-Partner wieder versöhnt werden können. Die Dreiradfreunde sind zusammengeschlossen in The Tricycle Association, Anvil Cottage, Sawrey, Ambleside, Westmorland, Großbritannien, die eine eigene Zeitschrift herausgibt. Drei- oder Vierrad sind oft auch die einzige Alternative für Invalide, die sich aus eigener Kraft fortbewegen möchten. Spezielles Zubehör, auch fürs Standardrad und für Bewegungstherapie, gibt es bei den Firmen:

Friedrich Hauenstein GmbH & Co KG, Postfach 2146,
8000 München 66

Walter Haverich, Postfach 3726, 4800 Bielefeld 1

Johann Thodt, Schwanenwik 12/14, 2000 Hamburg 76

Karl Wulfhorst, Postfach 3410, 4830 Gütersloh 1

Shopping-Rad «Europa» (von Kynast). 600-mm-Räder mit Bereifung 47-507. Rahmenhöhe 480 mm, Rahmen teilbar, 28 Kilogramm. Shimano-Dreigang-Rücktrittnabe und Antrieb beider Hinterräder über Differential. Einkaufskorb abnehmbar. Übersetzungsbereich 1,78. Etwa DM 500,–. Unten: Zerlegbares Dreirad von Kawe. 500-mm-Räder mit Bereifung 47-406. Freilauf oder Zweigang-Rücktritt-Nabe, Übersetzungsbereich 1,36. Trommelbremse und Felgenbremse vorn. Vom gleichen Hersteller gibt es ein Dreirad mit 600-mm-Rädern und Dreigang-Rücktritt-Nabe, Übersetzungsbereich 1,86. Etwa DM 500,–.

Mit dem Dreirad auf Tour – leichte Dreiräder von Ken Rogers, wie sie in England noch gefahren werden. Ganz links der «Clubman» aus Reynolds-Rohr.

Die Dreirad-Achse von Kynast paßt an sich in jedes Fahrrad, weil alle Verstärkungsmaßnahmen in die Hinterachskonstruktion integriert wurden. Das Kettenrad auf der Dreigangnabe treibt das gekapselte Differential an. Leider kann die Achse nicht einzeln gekauft werden.

Projekt: Umwandlung in ein Dreirad

Wenn man auch bei Schnee und Eis mit seinem Solofahrrad trimmen will oder mit dem Tandem nicht zurechtkommt oder älteren Mitmenschen ein Dreirad schmackhaft machen will, sollte man den Umbau des vorhandenen Rads ins Auge fassen. Zunächst muß festgestellt werden, ob das vorhandene Fahrrad die breite 3,17-mm-Kette (Rücktritt-Naben) oder die 2,38-mm-Kette (Kettenschaltung) hat. Für Fahrräder mit breiter Kette wäre die Hinterachse des Europa-Dreirads von Kynast ideal.

Für Kettenschaltungs-Fahrräder ist die leichte Hinterachse von Ken Rogers (Ken G. Rogers, 71 Berkeley Avenue, Cranford, Hounslow, Middx. TN 4 6LF, Großbritannien) geeignet. Der Umwandlungssatz enthält die Hinterachse mit den Naben und zwei Streben bis zum Sattelklemmbolzen. Die Streben enden in Schellen, die auf der Hinterachse in beliebigen Positionen festgeschraubt werden können. Dadurch können verschiedene Rahmengeometrien angepaßt werden. Für Solo-Fahrräder bestellt man die 700 mm breite Achse (26,5"), für Tandems die 813 mm breite Achse (32"). Wenn man nicht die Ausführung mit Shimano-Scheibenbremse vorzieht, muß am Vorderrad eine zusätzliche Bremse installiert werden. Zum Einbau ist die Kette zu verkürzen, außerdem sind die Naben in passenden Felgen einzuspeichen. Wer es sich nicht selbst zutraut, geht damit am besten zum Händler. £ 27.

Ken-Rogers-Umbausatz (unten) eingebaut in ein Solofahrrad (links).

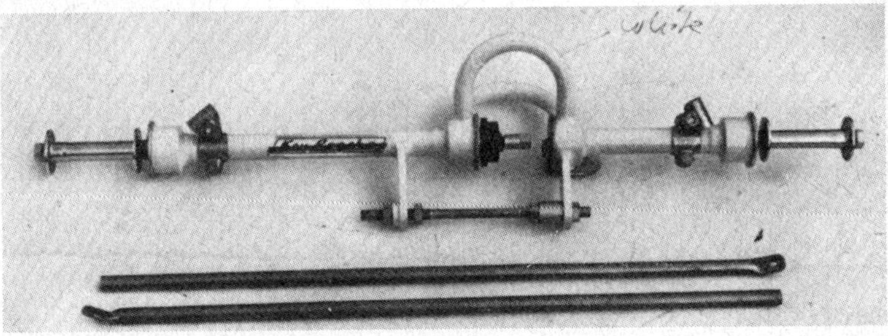

3
Tips zum Fahrradkauf ... Tips zum Fahrradkauf ... Tips zum Fahrradkauf ... Tips zum

«Wenn ein Mensch ein Fahrrad kauft, erwirbt er etwas, aus dem er entweder das größte Vergnügen oder den größten Verdruß zieht. Sein Fahrrad bringt ihm Gesundheit, Spannkraft und Befriedigung oder es erweist sich einfach als eine Art von Tretmühle, auf der er seine Zeit und gute Laune verschwendet, ganz abgesehen von der Energie, die er hineinsteckt, um es vorwärts zu treiben. Von wie großer Wichtigkeit muß es mithin für ihn sein, darauf zu achten, daß er eine Maschine auswählt, die zur Quelle von Freude und nicht von Ärger wird; und von wie geringer Bedeutung ist vergleichsweise das bißchen Geld mehr, das den ganzen Unterschied im Endergebnis seiner Investition ausmacht» (aus dem Katalog der britischen Marke Sunbeam, Anfang des Jahrhunderts).

Die Fahrradpreise sind gestiegen, trotzdem ist die Bundesrepublik immer noch das billigste Fahrradland der europäischen Wirtschaftsgemeinschaft. Wo sonst bekommt man für den Preis einer Sackkarre ein Zehngangrad? Rationelle Massenfertigung, jahrelanger Preisdruck der Einkäufer auf die Industrie, Überkapazitäten der letzteren und zurückhaltende Nachfrage haben dies Wunder erreicht. Man hat sich an diesen unwirklichen Zustand gewöhnt und nimmt jetzt erstaunt zur Kenntnis, daß bislang verständige Mitmenschen plötzlich den Gegenwert eines Mofas ausgeben, nur um ein Fahrrad zu erwerben. Ohne auf die tiefenpsychologischen Hintergründe solchen Tuns einzugehen, soll es mit Vorbehalt befürwortet werden: Auch in der Fahrradindustrie hat jedes Ding seinen Preis, und bei sorgfältigem Vorgehen erhält man auch den angemessenen Gegenwert. Der Hoffnung, in einem Anlauf das Traumfahrrad für den Rest des Lebens zu finden, sollte man sich aber nicht hingeben. Es braucht Zeit und viele Fahrradkilometer, bis man sich selbst und sein Gefährt kennengelernt hat. Vielleicht stellt man nach den ersten Erfahrungen eine ganz andere Güterabwägung an als jetzt. Die Möglichkeit, dann das Fahrrad zu wechseln, sollte man sich nicht dadurch verbauen, daß man sich jetzt ohne Erfahrungen für das totale Fahrrad verausgabt.

Fahrräder sollte man unbedingt beim Fahrrad-Fachhändler kaufen. Fahrräder werden nämlich vom Hersteller zerlegt versandt, und derjenige, der sie zusammenbaut, bestimmt den Verlauf der Fahrrad-Erfahrungen des Käufers entscheidend. In Discounthäusern sind das meist die Angestellten, die auch die Gartenabteilung abwickeln. Ein gelernter

Zweiradmechaniker macht es einfach besser, ersetzt schadhafte Teile, stellt die Lager richtig ein und ist auch nach dem Kaufabschluß ansprechbar. Wegen Ersatzteilen braucht man sich zum Discountgeschäft gleich gar nicht zu bemühen. Die (meist versiegelten) Fertigpackungen, die es dort gibt, enthalten nur die allergeläufigsten Verschleiß- und Zubehörteile. Schließlich gibt es dann auch echte Reparaturfälle, etwa an der Dreigangnabe, die man nur in der Werkstatt in kurzer Zeit repariert bekommt. Der Verband des Deutschen Zweiradhandels (VDZ) hat ein VDZ-Service-Abkommen aufgezogen, in dem sich die beitretenden Händler gegenseitig verpflichten, bei einem Umzug von Fahrradkunden am neuen Ort den Kundendienst zu übernehmen. Die Firmen sind im VDZ-Wartungs- und Reparaturverzeichnis zusammengefaßt. Hört sich so an, als ob man mit dem defekten Discountrad an der Hand in jenen Werkstätten keine gute Zeit hat. Wer gleich beim Einkauf dies oder jenes am ins Auge gefaßten Fahrrad verändern oder umtauschen will, sucht zweckmäßigerweise einen Händler, dessen Schaufensterauslage mit hochwertigen Bauteilen von Campagnolo oder Shimano usw. ihn als radsportorientiert ausweist. Dort kann man dann auch vielleicht am ehesten mal ein Tuning-Gespräch führen.

Wer nicht tiefer in die Fahrradtechnik eindringen will, kann sich auf die Integrität einer Markenfirma verlassen und aus deren Programm nach seinen eigenen Kriterien sein Fahrrad aussuchen. Dennoch sind wenigstens drei Hauptpunkte hierbei zu beachten:

Beim Fahrradkauf besonders beachten!

1. **Rahmenhöhe** ungefähr gleich Schrittlänge minus 250 mm, aber bei Herrenrahmen Oberrohr nicht zu hoch.
2. **Raddurchmesser** möglichst groß, 700 mm oder 675 mm
3. **Gewicht** möglichst klein, 13 kg und weniger ab 500 Mark

Rahmenhöhe: Der Rahmen muß zur Körpergröße des Fahrers, genauer zu seiner Schrittlänge passen; gleichgroße Sitzzwerge und Sitzriesen brauchen also verschieden große Rahmen. Die Gefahr, daß man einen zu großen Rahmen nimmt, ist gering, denn das macht sich beim Herrenrahmen sofort unangenehm dadurch bemerkbar, daß man auf dem Oberrohr reitend mit den Fußspitzen nicht mehr den Boden erreicht. Im Straßenverkehr würden sich damit beim Anhalten gefährliche Situationen ergeben.

Ein zu kleiner Rahmen ist dagegen an der Tagesordnung. Der Handel war bislang an diesem Problem wenig interessiert, da die Bereitstellung verschiedener Rahmengrößen die Lagerhaltung der Fahrräder beträchtlich kompliziert und das Risiko groß ist, daß er auf ausgefallenen Rahmengrößen sitzenbleibt. Das Zehngangfieber hat hier einiges gebessert, aber erst kürzlich forderte in einer internen Umfrage noch ein Händler allen Ernstes, daß die Hersteller nur noch Fahrräder mit einheitlicher Rahmenhöhe von 570 Millimetern herstellen sollten. Nun gibt es als Ersatzteile für die Klappräder recht lange Sattelstützen und Lenkervorbauten mit langen Schäften. Aber es gibt sie nur in wenigen Durchmessern, die nicht in jeden Rahmen passen. Es kommt hier auf Zehntelmillimeter an, wenn man sich nicht auf Pfuschlösungen einlassen will. Außerdem verschiebt sich mit immer höher herausgezogenem Sattel der Schwerpunkt zur Hinterachse. Im Extremfall hat man ein Artistikrad, das an jedem Berg wie ein scheuendes Pferd vorne hochgeht. Also Hände weg von zu kleinen Rahmen. Die besseren Leichtmetall-Komponenten, wie verstellbare Lenkervorbauten oder solche mit verschiedener Länge, und die feinverstellbaren Sattelstützen gibt es nur in kurzen Schaftlängen. Wenn man schnell entschlossen kauft und die Beute nach Hause transportiert, um dort die Anpassung vorzunehmen, ist man mit einem zu kleinen Rahmen schnell am Ende seines Lateins. Deshalb ist eine erste Anpassung gleich beim Einkauf dringend anzuraten. Die Rahmenhöhe wird in Deutschland von Tretlagermitte bis zum oberen Ende des Sitzrohrs gemessen, wo die Sattelstütze eingesteckt ist. Zum Fahrradkauf ein Maßband mitzunehmen, kann nicht schaden und demonstriert ohne Worte die Absicht, einen wirklich passenden Fahrradrahmen zu finden. Übergrößen und Untergrößen der menschlichen Spezies müssen sich darauf gefaßt machen, mehr als 500 Mark für einen passenden Rahmen auszugeben, denn nur die Spitzenmodelle der Importräder haben Rahmenhöhen bis 650 mm und unter 530 mm. Darüber hinaus hilft nur der Weg zum Rahmenbauer oder die Suche bei den Jugendrennrädern, die es bei Gitane und Flandria mit 500 mm bzw. 480 mm Rahmenhöhe gibt – und dennoch mit 675-mm-Rädern. Bei Untergrößen kann man noch 20 bis 30 mm gewinnen, wenn man den Sattel mit seiner Schelle direkt auf dem Oberrohr befestigt.

Wo dieses Positionsmeßgerät in einem Fachgeschäft steht, ist man in guten Händen, was die Anpassung an die Körpermaße betrifft. Die bestmögliche Rahmenhöhe und Länge des Lenkervorbaus können an Skalen abgelesen werden.

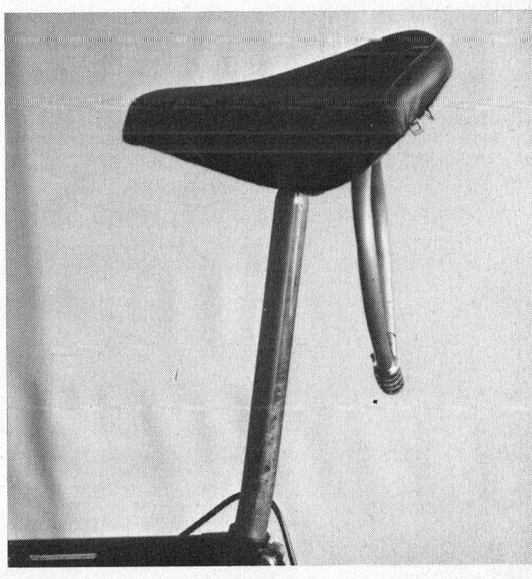

Auf einen kleinen Rahmen wurde eine zu lange Sattelstütze montiert. Nach dem ersten Knick nach hinten vom Eigentümer nach vorn gedreht. Abzusehen, daß die Sattelstütze bald wegen Materialermüdung brechen wird.

Projekt: Rahmen nach Maß

Es gibt zwei Situationen, in denen ein Maßrahmen ins Auge gefaßt wird: extreme Über- oder Untergröße des Fahrers, oder sein Wunsch, technische Vorstellungen in einem individuellen Fahrrad zu realisieren, das es so auf dem Markt nicht gibt. Da die Rahmenbauer, von denen es ein halbes Dutzend in Deutschland gibt (siehe Anhang), meist nur hochwertige Stahlrohre verarbeiten, muß man mit Preisen ab 500 Mark für einen handgefertigten Rahmen rechnen. Dazu kommen noch die Kosten für Räder und die anderen Komponenten, um das Fahrrad zu komplettieren. Oder man sendet das bisherige Fahrrad mit ein und läßt die Komponenten übertragen. Wer das selbst machen möchte, sollte wenigstens das Tretlager und die Gabel einpassen lassen, da dazu Spezialwerkzeuge erforderlich sind.

Die Rahmenbauer folgen meist einem Rezept, das von der italienischen Zentralen Sportschule (C.O.N.I.) in Rom vorgeschlagen worden ist. Aus drei Körpermaßen, die man aufrechtstehend abnehmen lassen sollte, wird der Rahmen konstruiert, ein Straßenrennrahmen. Dieses Vorgehen ist kein Dogma; andere Gesichtspunkte, etwa beim Experimentieren mit der Tretkurbellänge, können zu einem ganz anderen Ergebnis führen.

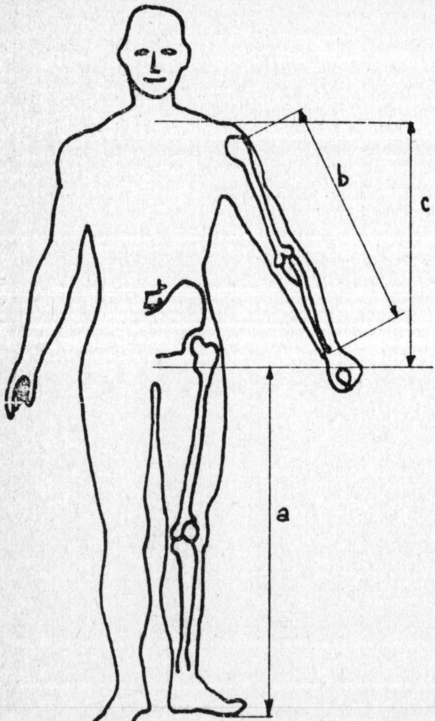

Meßschema der Rahmenbauer; a) barfuß vom Boden bis zum Schambein, b) bei ausgestrecktem Arm von Oberkante Schulterblatt bis Handgelenk, c) vom Grübchen zwischen den Schlüsselbeinen bis zum Schambein. Wenn diese Zeichnung benutzt wird, kann man schließen, daß der Rahmenbauer die C.O.N.I.-Dimensionierung anwendet.

Raddurchmesser: Rahmengröße und Raddurchmesser sind zwei Paar Stiefel; die populäre Verwechslung der beiden Maße stammt aus Zeiten, als auch noch Rahmenhöhen in Zoll gemessen wurden. Während die richtige Rahmenhöhe zu einer ergonomisch günstigen Sitzposition mit standardisierten Bauteilen verhelfen soll, geht es bei der Radgröße direkt um die Schweißtropfen: Der Rollwiderstand der Reifen und damit die vom Fahrer geforderte Leistung wird um so größer, je kleiner die Räder sind. Nun sind die größten Räder die 700-mm-Räder, gefolgt von den 675-mm-Rädern. Nur Ballonreifen 47-622 und 37-622 erreichen den größten Durchmesser und federn dabei auch noch schön wegen ihrer Dicke. Alle schmäleren Reifen erreichen nur 675 mm, dafür kann man sie stärker aufpumpen, wodurch der größere Rollwiderstand wieder zurückgeht. Die Entscheidung zwischen 700-mm-Rädern und 675-mm-Rädern ist also nicht kritisch. Aber man sollte dem Trend der Hersteller Widerstand leisten, die vermehrt Fahrräder mit 650-mm- und 600-mm-Rädern anbieten, um den Leuten die Scheu vor den großen Fahrrädern zu nehmen. Wer sein Fahrrad nur zu Fahrten zum nächsten Kiosk benutzt, kann natürlich auch kleinere Räder verkraften.

Für Familienausflüge und Fahrradtouren ist es außerdem wichtig, daß alle Teilnehmer gleiche Reifendurchmesser, -breiten und auch -typen haben, damit keiner benachteiligt ist. Die Jugendrahmen für 675-mm-Räder machen das möglich. Vor allem wird es so sinnvoll, ein fertig bereiftes Ersatz-Vorderrad und -Hinterrad zu kaufen, um sie in Keller oder Kofferraum für Pannenfälle zur Hand zu haben. Bei verschiedenen Radgrößen der Familienmitglieder müßten dagegen für jedes Fahrrad zwei Ersatzräder da sein, einigermaßen unpraktisch!

Reifengrößen nach DIN 7800

Während die USA, Großbritannien, Kanada und Australien zum metrischen System übergehen, hat sich im deutschen Fahrradhandel das Zollsystem zäh gehalten – keine tausend Kilometer vom Pariser Urmeter entfernt.

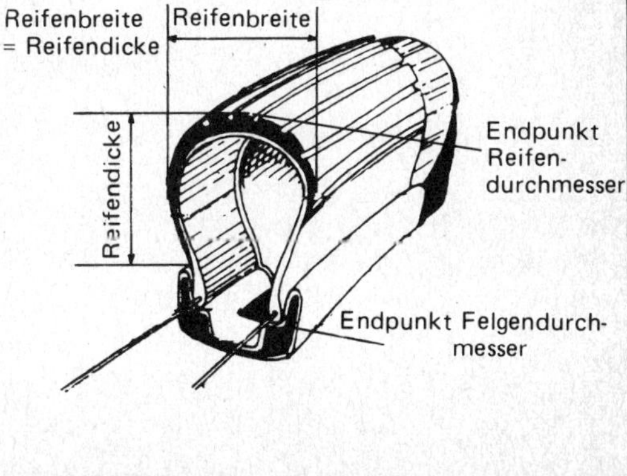

Aber nicht jeder hat ein gutes Verhältnis zu seinem letzten Daumenglied, dem Prototyp des Inch oder Zoll. Wieviel Daumenglieder passen auf den Durchmesser des größten Fahrradreifens? 28 Stück. Und wie groß ist nun der Durchmesser wirklich? Über den Daumen gepeilt: 700 Millimeter, wenn man den Zoll zu 25 Millimetern rechnet. Tatsächlich hängt der genaue Durchmesser vom Reifendruck ab, aber Genauigkeit ist da nicht wichtig. Wichtiger ist, daß der Reifen auf die Felge paßt, und ein 700-mm-Reifen braucht, je nach Dicke, ganz verschiedene Felgen. Deshalb lautet die DIN-Reifenkennzeichnung nach internationaler Vereinbarung jetzt

Reifenbreite, Bindestrich, Felgendurchmesser

und zwar in Millimetern. Ein Beispiel:

37–622

Den Reifendurchmesser erhält man daraus erst mit etwas Kopfrechnen: Zweimal die Reifendicke zum Felgendurchmesser addiert, $2 \times 37 + 622 = 696$, gibt ungefähr 700 Millimeter. Zollfreunde teilen durch 25 und erkennen freudig einen 28"-Reifen.

Gewicht steht absichtlich an dritter Stelle. Beim Fahren in der Ebene spielt es kaum eine Rolle, wohl aber bergauf. Ein Kilogramm am eigenen Bauch wegzunehmen, kommt aber wesentlich billiger, als es am Fahrrad einzusparen. Leichtgängige Kraftübertragung und Achslager, sichere Bremsen, Reifen mit kleinem Rollwiderstand und ein stabiler Rahmen sind wichtiger als der gegenwärtige Leicht-Fetischismus, der nur noch in Titan-Komponenten sich ausleben kann. Beim Hieven aufs Autodach oder Tragen in der Tragetasche zählt dagegen jedes Kilo, und unter diesem Aspekt ist ein möglichst geringes Gewicht sinnvoll.

Dreigang oder Zehngang?

Sonderlich aufschlußreich sind die Handelsbezeichnungen nun auch wieder nicht. Wenn man im Fahrradgeschäft steht, sind die Rahmenunterschiede schnell mit dem Auge sortiert, und es bleibt als wesentliche Entscheidung die Frage der Kraftübertragung. So betrachtet gibt es

- Fahrräder mit Rücktrittbremse ohne Schaltung
- Dreiganggräder. So sollen salopperweise alle Fahrräder mit Nabenschaltungen bezeichnet werden, also auch Zweiganggräder, ob nun mit oder ohne Rücktrittbremse. Auch eine Fünfgangnabe gibt es, von Sturmey-Archer, allerdings ohne Rücktritt.
- Zehngangräder. So sollen alle Fahrräder mit Kettenschaltung heißen, es läßt sich einfach kürzer aussprechen, und oberflächlich sehen ja auch alle gleich aus.

  Das Fünfgangrad hat vorne nur ein Kettenblatt, aber fünf Ritzel im Zahnkranz hinten; das Zehngangrad hat vorne zwei Kettenblätter, also zwei mal fünf gleich zehn Gänge. Inzwischen gibt's Zahnkränze mit 6 und 7 Ritzeln, und vorne auch mal drei Kettenblätter; man kann sich die Zahl der Gänge selbst ausrechnen. Aber die populärste Kettenschaltung ist nun mal die Zehngangschaltung.

Ohne der Sache Abbruch tun zu wollen, müssen zunächst ein paar heilige Kühe geschlachtet werden, es gibt in Radfahrerkreisen eine ganze Reihe davon. Am zähesten hält sich der Glaubenssatz von der Überlegenheit des Zehngangrads. Für den uninformierten Fahrradkäufer stellt sich die Frage Dreigang oder Zehngang gleich gar nicht. Er will natürlich ein Zehngangrad, nachdem es doch das handwerklich beste, leichteste, schnellste und schnittigste sein soll. Nun, das braucht heute überhaupt nicht mehr zu stimmen, nachdem die Fahrradumsätze in die Höhe geschnellt sind. Was das Handwerkliche betrifft, fällt da natürlich viel Glanz von den Primadonnen auf die unteren Ränge. Aggressive Werbung wird heute für teure Rennräder gemacht, nicht für Dreigang-Leichtsporträder. Man muß zugeben, die Silhouette des Rennrads ohne Schutzbleche sieht faszinierend aus, aber nach der ersten Heimfahrt im Regen werden Schutzbleche gekauft. Abgesehen davon kann man auch bei einem Dreigangrad die Schutzbleche entfernen, und man bekommt die gleiche Optik.

Scharfe Konkurrenz für Fünf- und Zehngangräder mit Standard-Übersetzung: die leichten Dreigangräder von Kettler. 650-mm-Räder mit Bereifung 37–590, Aluminium-Rahmen, Rahmenhöhe 500 mm, 13 Kilogramm. Übersetzungsbereich der Torpedo-S-Nabe 1,86. Etwa DM 450,–.

Die Rennräder haben meist Rohre mit kleinerem Durchmesser als die Sporträder. Aber das Gewicht hängt auch von der Wandstärke ab, und die sieht man nicht. Während die ultraleichten Spitzenräder unter 10 Kilogramm Wandstärken bis herab zu 0,3 mm haben, gibt es ein paar schwarze Schafe, die dickwandige Stahlrohre zu Billig-Zehngangrädern verarbeiten, die ihre 18 Kilogramm und mehr auf die Waage bringen – aber hübsch lackiert von den anderen nicht zu unterscheiden sind. Dreigangräder fangen in derselben Gewichtsklasse an, aber sie bringen es nur zum Mittelgewicht. Ein Gegenstück zu den dünnrohrigen Zehngangrädern wird nicht angeboten, man kann es sich aber zusammenstellen lassen. Wenn die Finanzen dann aber doch nur zu einem Mittelgewicht von Zehngangrad reichen, ist das Gewichtsargument hinfällig.

Kettenschaltungsrad für Leute ohne Feinmechaniker-Gesellenbrief: Multi Cycle Tour 500 der holländischen Bieleveldt B. V. 700-mm-Räder mit Hochdruck-Drahtreifen 37-622, Stahlrohrrahmen, Rahmenhöhe 580 mm und 610 mm (Herren), Shimano Front-Freilauf und Positron-Fünfgang-Schaltung mit Daumenschalter. Übersetzungsbereich 2. Etwa Gulden 660,–. Das Zehngang-Rennsportrad der Firma kostet etwa Gulden 710, mit Schnellspann-Naben Gulden 770.

Dreigangnaben mit Rücktrittbremse sind weitgehend wartungsfrei und einfach zu bedienen. Der Schnellgang ist bei der Torpedo-S-Nabe 1,86 mal schneller als der Berggang, sie hat also einen Übersetzungsbereich von 1,86.

Standardausstattung der Nabenschaltung: der Klick-Schalter, mit dem rechten Zeigefinger zu bedienen. Der Druckpunkt beim Herunterschalten aus dem 3. Gang ist so hoch, daß Ungeübte dann gleich im 1. Gang landen.

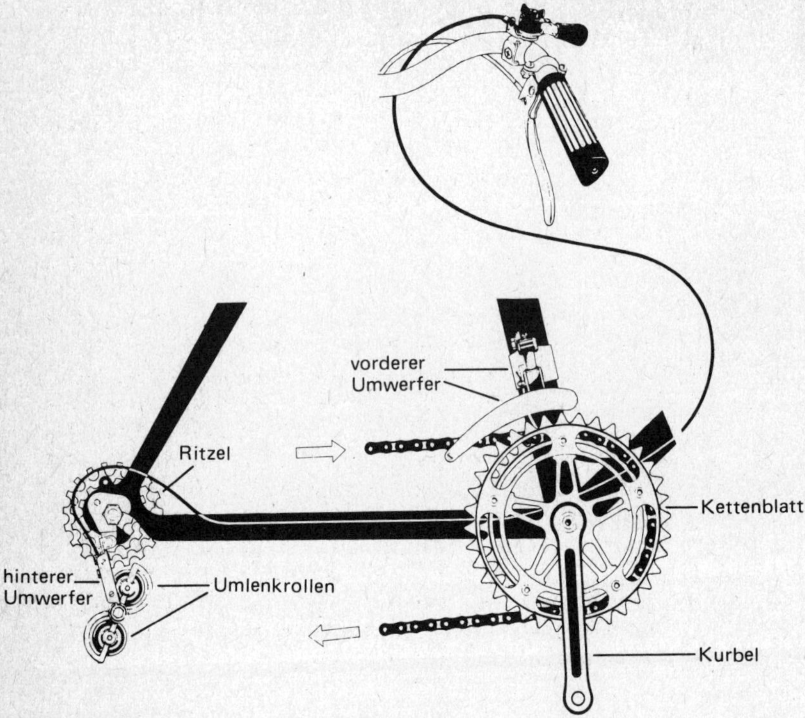

Die Kettenschaltung wurde im Land der Tour de France entwickelt. Wartungsintensiv, aber dafür kann man die Übersetzungsverhältnisse nach eigenen Bedürfnissen abändern, indem man Kettenblätter vorn oder Ritzel hinten auswechselt. Der Lenkerschalthebel kann mit dem Daumen betätigt werden, ohne die Hand vom Lenker zu nehmen.

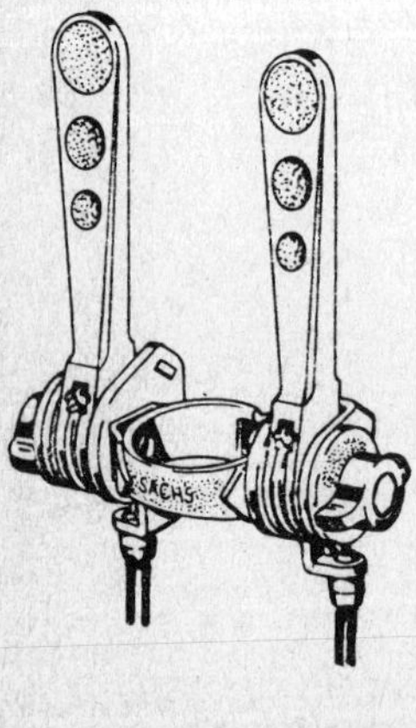

Allerdings noch immer am verbreitetsten: Doppelschalthebel am Unterrohr für die Zehngangschaltung. Beim Niederdrücken des rechten Hebels wird die Kette hinten auf die größeren Ritzel (= langsamere Gänge) geworfen. Beim Niederdrücken des linken Hebels wird die Kette vorn auf das größere Kettenblatt geworfen (bei Sun-Tour gerade umgekehrt).

Geschwindigkeit hängt primär mit der Übersetzung zusammen und nicht unbedingt von einer Schaltung ab. Die schnellsten Rennfahrer, die Sprinter auf der Bahn, haben überhaupt keine Schaltung, sondern eine feste Übersetzung. Man muß von einer guten Schaltung erwarten, daß sie einen großen Übersetzungsbereich bietet, das heißt, daß der Unterschied zwischen schnellstem und langsamstem Gang möglichst groß ist. Dies gewährleistet, daß man nach schneller Fahrt in der Ebene auch mal eine Steigung gemütlich im Sitzen hinauffahren kann, ohne gleich absteigen zu müssen. Wie sieht es damit aus? Die Dreigangnabe von Fichtel & Sachs hat ein Übersetzungsverhältnis von 1,86, d. h. der Berggang ist 1,86 mal langsamer als der Schnellgang, oder – bei gleichem Gelände – 1,86 mal leichter zu treten. Die Standardausführung der Fünfgang-Kettenschaltung hat einen Übersetzungsbereich von 1,71. Große Überraschung: fünf Gänge erbringen nicht *mehr* als drei, sondern *weniger*. Und dafür soll man die wartungsfreie Rücktrittbremse aufgeben? Das große Ritzel hinten muß schon mehr als 26 Zähne haben, damit die Fünfgangschaltung der Dreigangschaltung überlegen wird. Mit 34 Zähnen – größte lieferbare Zähnezahl – ist der Übersetzungsbereich dann 2,43. Und die Zehngangschaltung?

Übersetzungsbereich der Standardversion 1,90. Kaum besser als die Dreigangnabe. Und viel schlechter als die gerade angeführte optimale Fünfgangschaltung. Natürlich kann man auch die Zehngangschaltung optimieren. Geheimtip: Großer Zähnezahlunterschied hinten, großer Unterschied vorn. Aber da beginnt das Tunen.

> Wie bestimmt man den Übersetzungsbereich einer Kettenschaltung? Man zählt die Zähne am größten und kleinsten Ritzel des Zahnkranzes hinten; bei der Standard-Ausrüstung sind das 24 und 14 Zähne. Durcheinander teilen, 24 : 14, gibt den Übersetzungsbereich 1,71. Bei der Zehngangschaltung zählt man auch noch die Zähne der Kettenblätter vorn; wenn man Glück hat, ist die Zähnezahl darauf eingehauen. Bei der Standard-Ausführung sind es vorn 52 und 47 Zähne, hinten wie bei der Fünfgangschaltung. Man teilt erst mal die vorderen Zähnezahlen, 52 : 47, und multipliziert das Ergebnis 1,11 mit dem Ergebnis 1,71 für hinten. Der Übersetzungsbereich ist somit 1,90.– Der Taschenrechner müßte also zum Fahrradkauf eigentlich mit.

Ausrüstung zum Fahrradkauf: eine Taschenwaage, erhältlich beim Bürobedarf oder Eisenhandel. Haken mit Klebeband umwickeln, damit die Ausstellungsstücke nicht zerkratzt werden. Linke Waage nur für Fahrräder ab DM 500,–. Außerdem mitnehmen: Maßband für die Rahmenhöhe und Taschenrechner für den Übersetzungsbereich der Kettenschaltung.

Zahl der Gänge: Ein weiterer Aberglaube muß richtiggestellt werden: Das Zehngangrad ist nicht $3\,{}^{1}/_{3}$mal besser als das Dreigangrad, selbst wenn die Zahl der Gänge gewertet wird (manchmal vorteilhaft, wenn die Tretgeschwindigkeit festgehalten werden soll). Unfrohe Botschaft: Das Zehngangrad hat in Wirklichkeit nur sechs brauchbare Gänge! Man soll nämlich nicht über Kreuz schalten, so daß die Kette – von oben gesehen – von ganz rechts nach ganz links läuft und umgekehrt. Zu jedem vorderen Kettenblatt soll man nur die drei nächstliegenden Ritzel schalten, sonst reibt die Kette an benachbarten Zähnen und vorderem Umwerfer – das macht ein unangenehmes Geräusch, verzehrt Leistung und verschleißt Kette und Zahnräder.

Wartungsfreiheit ist die Stärke des Dreigangrads: Die wartungsfreie Rücktrittbremse und das wartungsfreie Planetengetriebe in einer gutgekapselten Nabe im Ölbad! Da kommt das Zehngangrad nicht mit: Einmal auf den Schaltarm fallen lassen, und die reine Freude kann dahin sein. Weitgehend wartungsfreie Felgenbremsen sind inzwischen zwar realisiert worden, aber man erwarte nicht, sie an jedem Zehngangrad zu finden. So heißt es eben, immer wieder geduldig die bremsende Zange zu zentrieren und hin und wieder den Bremszug nachzustellen.

Bedienungskomfort: Die Kettenschaltung war bisher die Domäne des homo adjustans, eines Menschen, der geduldig nachjustiert, wenn ständig etwas aus dem Lot geht. Ein rasselndes Geräusch hinten? Dann muß man den Schalthebel etwas verschieben. Noch lauter? Dann war's die falsche Richtung, also zurück. Und so weiter fort. Viele Männer, Frauen, Kinder waren dazu nicht motiviert und gingen zur Dreigangschaltung zurück. Die Lage für die Zehngangschaltung hat sich entscheidend gebessert, seit es das Frontfreilauf-System von Shimano gibt: einrastende Gänge, Anzeige der Gänge, Schalten, ohne strampeln zu müssen, Betätigung des Schalthebels, ohne die Hand vom Lenker nehmen zu müssen. Man erwarte nicht, diese segensreiche Kettenschaltung im nächsten Warenhaus zu finden. 1978 hat erst ein einziger Fahrradproduzent in Europa das System übernommen: Die N. Bieleveldt B. V. mit ihrer Marke Multi Cycle. Dreigangschaltungen lassen sich bequem schalten, vor allem mit den praktischen Drehgriffen.

Zerlegbarkeit spielt bei Autotransport und Pannenbehebung – und damit im Radfahrerleben überhaupt – eine große Rolle. Das Vorderrad der Dreiganggräder kann mit einer Schnellspann-Nabe ausgerüstet werden (beim Kauf gleich umtauschen), das Hinterrad mit Flügelmuttern. Zehngangräder können vorn und hinten mit Schnellspann-Naben ausgerüstet werden.

Rocksäume und Hosenbeine: Bleiben beim Dreigangrad ölfrei, beim Zehngangrad mit Kettenschutzscheibe nicht.

Aber auch gute Argumente können auf die Dauer ermüden. Wen das Zehngang-Fieber gepackt hat, der wird es dadurch auch nicht los. Tatsächlich kann man nachträglich Zehngangschaltungen jederzeit auf wesentlich höhere Übersetzungsbereiche bringen, als sie selbst die 5-Gang-Nabe von Sturmey-Archer bietet (2,25). Die französischen Touristikräder haben teilweise schon etwas höhere Übersetzungsbereiche serienmäßig. Ein weiteres Argument in der Gangschaltungs-Debatte ist der mechanische Wirkungsgrad. Aber darüber wird erst im Technik-Teil gesprochen. Abschließende Wertung:

a) Kein Zehngangrad kaufen, wenn es ein Dreigangrad auch tut.
b) Wenn man sich für ein Zehngangrad entscheidet, Augen auf! Die Gleichung Zehngang = Qualität stimmt so einfach nicht.

Schlußbemerkungen zum Fahrradkauf

Nun gibt es noch eine ganze Reihe von Vorurteilen, die in voller Allgemeinheit **nicht zutreffen**:

- Rennlenker sind besser als flache Lenker
- Hochflanschnaben sind besser als Niederflanschnaben
- Mittelzug-Felgenbremsen sind immer besser als Seitenzugbremsen
- geriffelte Felgen sind besser als glatte
- Schlauchreifen sind immer besser als Drahtreifen

Man sollte ihnen nicht vertrauen. Mehr hierzu im Technik-Teil. Lediglich bei der Felgenbremsenfrage ist es beim Einkauf wichtig zu wissen, daß bei billigen Modellen die Mittelzugbremsen wahrscheinlicher zentriert bleiben als die Seitenzugbremsen. Aber das billigste Zehngangrad sollte doch wohl nicht gekauft werden, oder?

Beim Einkauf ist auch die rechte Gelegenheit, einzelne Teile am ausgesuchten Rad in wünschenswertere umzutauschen. Die Liste der Projekte in diesem Buch kann als Anregung dienen. Aber man lasse sich vom rechten Augenmaß leiten. Komponenten für den Ersatzteilverkauf werden anders kalkuliert als für Fahrradhersteller. Wenn man zuviel austauscht, kommt man so zu einer Endsumme, für die man ein wesentlich besseres Fahrrad kaufen könnte. Relativ einfach zu installieren sind:

- anatomischer Sattel
- berggängiger Zahnkranz und Umwerfer
- Lenkerschalthebel
- Zweibeinstütze
- Räder mit Schnellspann-Naben.

Wenn man später diese Änderungen selbst vornimmt, ist keine Gelegenheit mehr, die originalen Teile anzurechnen. Größeres Verständnis für sinnvolle Umtauschaktionen findet man in den radsportorientierten Geschäften.

4
Anpassung an die Körpermaße

Die Wahrscheinlichkeit, einen Unfall zu haben, ist auf einem fehlangepaßten Fahrrad fünfmal so groß wie auf einem passenden. Zu diesem Ergebnis kommt eine Studie des amerikanischen National Safety Council. Die häufigste Mißachtung des gesunden Menschenverstands fände man bei jugendlichen Fahrern, die ein zu großes Erwachsenenrad zu fahren versuchten. An zweiter Stelle rangieren dann die Erwachsenen selbst.

Aber auch ohne die Drohungen des Straßenverkehrs ist es einfach vernünftig, die bestmögliche Fahrerposition zu suchen, um das Bestmögliche aus der körperlichen Leistungsfähigkeit zu machen, oder schlicht – um den Spaß am Radfahren nicht zu verlieren. Schlechte Beispiele sieht man täglich – Pedale werden falsch getreten, Sättel sind zu niedrig eingestellt –, aber um gute Beispiele zu erkennen, bedarf es eben schon eines geschulten Blicks, so daß die Wirkung der Könner als Vorbild meist verpufft.

Nun ist die Ergonomie (= Wissenschaft von der Anpassung der Arbeit an den Menschen) des Menschen im Pilotensitz, vor der Schreibmaschine, im Rollstuhl bestens untersucht – über die Ergonomie des Radfahrers ist wenig bekannt. Zwar ist das Fahrradergometer immer noch das Standard-Instrument der Wissenschaftler, um die menschliche Leistung und Belastbarkeit zu messen – aber auf diesen im Labor stehenden Fahrradergometern fehlt das Fahrerlebnis, die Stöße der Straße und der Fahrtwind. So sind es im wesentlichen die Erfahrungen der Tourenfahrer aller Länder, auf denen die gegenwärtigen Anschauungen über eine bestmögliche Körperhaltung beruhen.

Die kerzengerade aufrechte Haltung herrscht im Straßenbild vor. Klappräder haben hochgezogene Lenker, die «Highriser» oder Poloräder der Jugendlichen gar bis Schulterhöhe. Die Lenker, die diese Sitzhaltung vermitteln, heißen **Tourenlenker** oder **Gesundheitslenker**, aber gerade auf längeren Touren sind sie nicht übertrieben gesund. Vorteil: gute Sicht, gute Hinterrad-Akrobatik bei den «High-Risern». Nachteil: Stoßweise Belastung der Bandscheiben wie beim Dauerlauf. Das andere Extrem ist die gebückte Haltung der Rennfahrer, um den Luftwiderstand zu verringern und durch Anklammern am **Rennlenker** mehr Kraft als das eigene Gewicht auf die Pedale zu bringen. Bei Straßenrennfahrern liegen die Griffe dabei 100 bis 150 mm unter der Sattelhöhe, bei Bahnrennfahrern gar 200 bis 250 mm. Nachteil: schlechte Sicht.

Zwischen diesen beiden Extremen liegt die individuelle Rückenhaltung des nichtambitionierten Fahrers, und die Tourenfahrer halten heute eine Neigung des Rückens zwischen 50 und 45 Grad zur Senkrechten für die beste Fahrerhaltung. Warum? Die Bandscheiben werden entlastet und erhalten keine senkrecht auftreffenden Stöße von der Fahrbahn. Beim Nachmessen mit dem Bandmaß wird man feststellen, daß sich die Wirbelsäule mit dieser Biegung um bis zu 50 mm dehnt. Außerdem verlagert sich der Körperschwerpunkt nach vorn, und ein beträchtlicher Teil des Oberkörpergewichts ruht nun auf den Armen – eine Erleichterung für die Rückenmuskulatur. Die Arme wirken als zusätzliche Stoßdämpfer. Und die Sicht ist ausreichend.

Die im folgenden beschriebene Anpassung des Fahrrads an den Körper geht von dieser Körperhaltung aus. Selbst wenn sie zunächst ungewohnt erscheint, wird sie nach einiger Zeit soweit verinnerlicht sein, daß ihre Vorteile zum Vorschein kommen können.

Zur Anpassung an die Körpermaße gehören folgende Einstellungen:

- Sattelhöhe
- Sattelstellung in Längsrichtung
- Sattelneigung
- Lenkerhöhe
- Lenkervorbaulänge
- Neigung der Griffe
- Lenkerbreite
- Länge der Tretkurbel

Nun kann man argumentieren, daß es mit der Sattelhöhe sein Bewenden haben könne und man bislang glänzend damit gefahren sei. Aber wer garantiert, daß man auf diese Weise nicht völlig daneben gelegen und das Erfolgserlebnis auf einem richtig dimensionierten Fahrrad verpaßt hat?

Sattelhöhe: Die britische Loughborough-Universität hat sich um die wissenschaftliche Sattelhöhen-Einstellung verdient gemacht: Radfahrer wurden auf ein Fahrrad-Ergometer gesetzt und der Einfluß der Sattelhöhe auf ihre Leistung gemessen. Wichtigstes Ergebnis war, daß das Leistungsoptimum der meisten bei einer Sattelhöhe von 109 % der Schrittlänge lag – 200 Radfahrerbeine können nicht irren. Spaß beiseite – es gibt jetzt wenigstens einen Ausgangspunkt. Damit stehen nun zwei Methoden für die Einstellung zur Verfügung: für Leute mit und für Leute ohne Maßband. Mit Maßband: Ohne Schuhe Schrittlänge messen – mit 1.09 multiplizieren – Ergebnis mit dem Maßband vom tiefstehenden Pedal (Oberfläche) bis zur Satteloberfläche abtragen, besser gesagt, den Sattel so hoch einstellen. Ohne Maßband: Mit dem Absatz auf dem Pedal im tiefsten Punkt stehen – Knie durchdrücken – Sattel so hoch stellen lassen, daß man in dieser Stellung bequem sitzt. Man erkennt den Vorteil der 109-%-Regel: Mit ihr kann man gut alleine die Sattelhöhe einstellen.

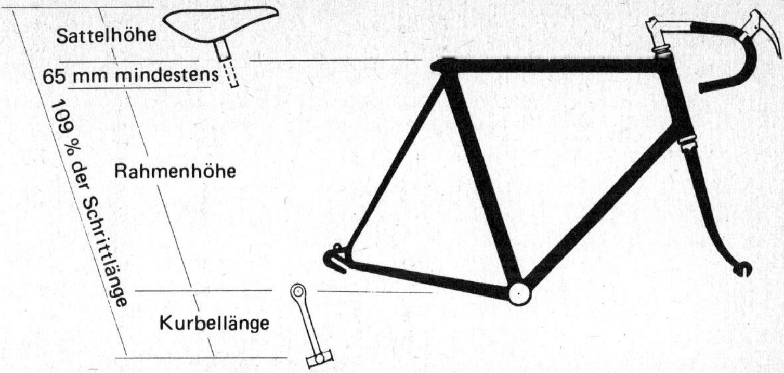

Rahmenhöhe, Kurbellänge und die verstellbare Sattelhöhe sollen sich zu 109 Prozent der Schrittlänge addieren – so hängt die Rahmenhöhe von der Körpergröße ab. Die Sattelstütze muß der Sicherheit wegen mindestens 65 mm tief im Sitzrohr stecken (nach DIN 79100).

Andererseits läßt sich für die weiteren Einstellungen ein Alleingang schlecht durchhalten. Also besorge man sich eine Hilfe. Wenn man mit dieser Einstellung korrekt mit den Fußballen die Pedale tritt, ist das Knie selbst in der tiefsten Pedalstellung nicht ganz durchgedrückt. Noch ein Test: Man sollte jetzt mit beiden Fußspitzen den Boden erreichen können, sonst ist der Rahmen zu hoch.

Wichtig ist, daß nach der richtigen Einstellung der Sattelhöhe die Sattelstütze noch mindestens 65 mm im Sitzrohr steckt, sonst kann die Sitzrohrmuffe Schaden nehmen, wenn nicht, muß eine längere Sattelstütze gekauft werden. Der Durchmesser sollte auf Zehntelmillimeter genau passen, sonst bleibt sie entweder im Sitzrohr auf halbem Wege stecken oder läßt sich nicht mehr fest genug klemmen. Im letzteren Fall sollte man sich enthalten, Blech- oder Schmirgelpapierbeilagen mit einzuklemmen. Bruchstücke davon fallen nämlich im Sitzrohr ins Tretlagergehäuse hinunter, wo sie in die Kugellager gelangen können. Rutscht die Sattelstütze trotz allem unter Last allmählich ins Sitzrohr, kann man zusätzlich um die Sattelstütze eine Schelle befestigen, die auf dem Sitzrohrende aufsitzt.

Sattelstellung in Längsrichtung: Es hat den Anschein, daß hierüber am wenigsten geforscht wurde. Nach einer verbreiteten Regel, deren Ursprung nicht zu ermitteln ist, ist der Sattel so zu verrücken, daß das Kniegelenk senkrecht über der Pedalachse steht, wenn die Kurbel 45° nach oben (oder auf «1 Uhr 30») zeigt. Für schnelles Fahren soll der Sattel noch weiter nach vorn, so daß das Kniegelenk über der Pedalachse bei waagerechter Kurbel liegt. Deshalb haben Bahnrennräder ein steileres Sitzrohr. Man braucht schon viel Augenmaß, um diese Regel zu erfüllen, oder eine Schnur, die als Senklot ans Kniegelenk gehalten und frei hängen gelassen wird. Andererseits stellen die Rennfahrer ihre Sättel millimetergenau ein. Da sollte der Fahrer ohne Rennambitionen auch keine Leistung verschenken.

Ohnehin ist die Verschiebbarkeit üblicher Sättel in der Waagerechten nicht groß, etwa 20 mm bei den Standardmodellen. Die Sattelgestelle gibt es in drei Bauformen: Bandstahl-, Zweidraht- und Vierdraht-Konstruktion, wobei es sich allerdings um recht dicke Drähte handelt. Der übliche Abstand der zwei Drähte ist 43 mm und der Verschiebebereich, wie gesagt, 20 mm. Durch Umlegen des Sattelklobens um 180° lassen sich zusätzliche 30 mm nach vorn oder hinten gewinnen, je nachdem wie das Stützrohr bisher eingesteckt war. Die extraschmalen Rennsättel mit 20 mm Drahtabstand und 80 mm Verstellbereich scheinen auszusterben.
Sattelneigung ist eine individuelle Einstellung, die stark vom Typ des verwendeten Sattels und vom jeweiligen Fahrstil abhängt. Während er bei aufrechter Sitzhaltung ein paar Grad nach hinten geneigt sein kann, ist für die entspannte Haltung mit 45-Grad-Rücken waagerechte Lage des Sattels angemessen. Rennfahrer neigen die Sattelnase sogar ein paar Grad nach vorne. Der übliche Sattelkloben hat 24 Einschnitte, die ein Einrasten von 15 zu 15 Grad gestatten. Da der interessierende Bereich gerade plus oder minus fünf Grad um die waagerechte Lage ausmacht, ist diese Einstellmöglichkeit viel zu grob. Wer an einer bestmöglichen Sitzposition interessiert ist, muß sich eine der feinverstellbaren Leichtmetall-Sattelstützen besorgen, die für Zweidraht-Sättel auf dem Markt sind und bei denen auch die Vor- und Zurück-Verstellung zugleich möglich ist.

Erster Test, bevor man auf einem Fahrrad mit Oberrohr losfährt: Kann man überhaupt abspringen, ohne schmerzhaft auf dem Oberrohr aufzusitzen?

Einstellung der Sattelhöhe ohne Maßband: Bei durchgedrücktem Knie mit dem Absatz auf dem Pedal stehend, soll der Sattel so hoch eingestellt werden, daß man bequem sitzt. Hierzu die entspannte 45-Grad-Haltung einnehmen. Beim Treten setzt man den Fußballen aufs Pedal, wobei dann das Knie nie ganz durchgedrückt wird.

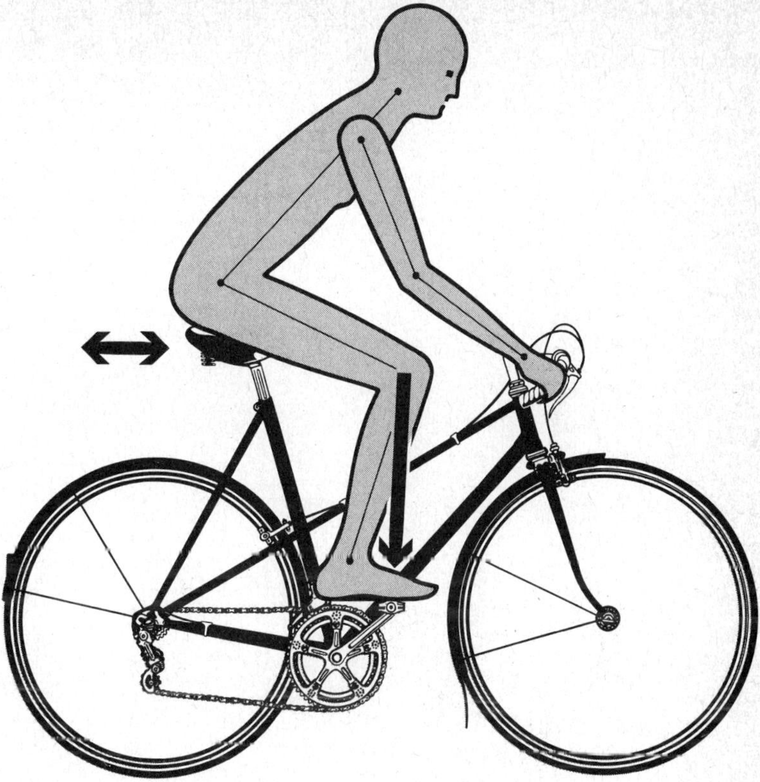

Längsverstellung der Sattelposition. Wenn man mit dem Fußballen auf das Pedal tritt und die Kurbel 45 Grad nach oben weist, soll das Kniegelenk senkrecht über der Pedalachse liegen. Mit einer Schnur oder dem Maßband als Senklot nachprüfen.

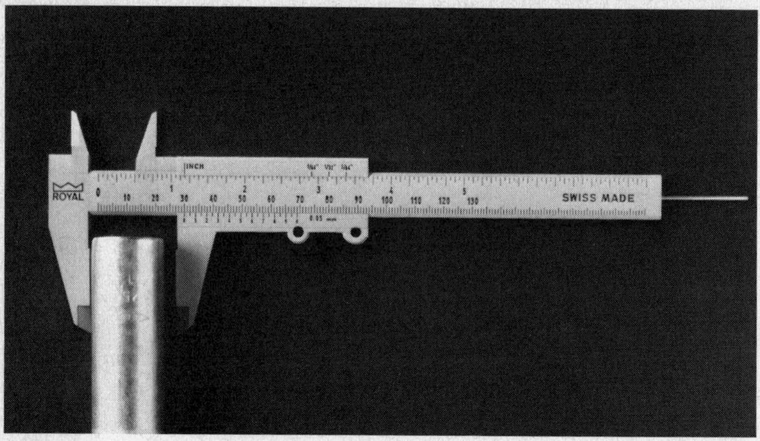

An besseren Rahmen kommen Sattelstützen-Durchmesser von 25,0 bis 27,4 mm vor. Deutscher Standard ist 25,0 und 25,8 mm; hierfür gibt es auch die langen Klapprad-Stützen. Die Präzision der preiswerten Plastik-Schieblehre genügt für die Messung vollauf.

Nach Lockern des Sattelklemmbolzens läßt sich die Sattelstütze höher oder tiefer schieben. Falls sie trotzdem klemmt, durch schnelle Drehbewegungen am Sattel lockern. Geht der Spalt des Sitzrohrs beim Anziehen des Klemmbolzens ganz zu, ist die Sattelstütze zu dünn. – Nach Lockern des Sattelklobens – meist beidseitig – kann der Sattel geneigt und vor- oder zurückgeschoben werden.

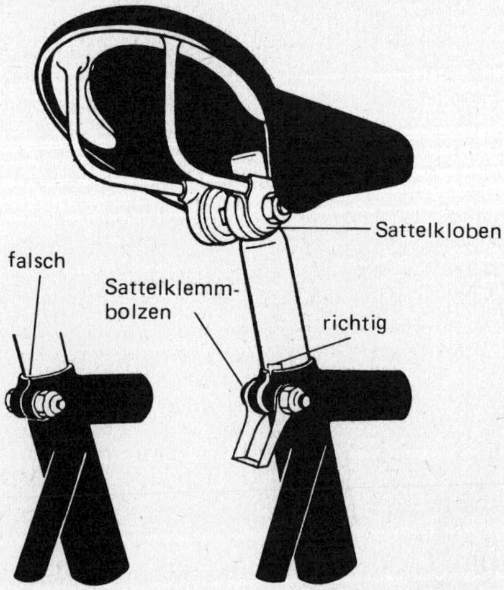

Projekt: Sattelmechanik verbessern

Vor dem Kauf einer Spezialsattelstütze muß das Sattelgestell betrachtet werden: Nur für die Zweidrahtkonstruktion gibt es sie. Hierbei gibt es noch zwei verschiedene Abstände der Drähte: Standard ist 43 mm, aber es gibt auch den engen Abstand von 20 mm, bei dem der Sattel einen größeren Vor- und Zurück-Verstellbereich hat. Für letztere gibt es eine Spezialstütze von Campagnolo. Mit der Schieblehre muß dann noch der Durchmesser der bisherigen Sattelstütze auf Zehntelmillimeter genau gemessen werden; die Spezialstützen gibt es ab 25,8 mm Durchmesser, in Abstufungen von 0,2 mm.

Die besten Spezialsattelstützen haben nur noch eine Schraube, die zugleich die Neigung und die Vor- und Zurück-Verschiebung arretiert. Sie sind zu empfehlen, weil man mit ihnen auf dem Sattel sitzend selbst die Einstellung vornehmen kann. Manche Spezialsattelstützen (Idéale, Simplex) lassen sich auch nur mäßig fest einstellen, so daß sie während der Fahrt verstellt werden können. Die im Versuch gefundene beste Position kann nach dem Absteigen vollends arretiert werden. Oder man kann auf langen Touren hin und wieder die Sitzposition ändern, um ein Wundwerden zu vermeiden.

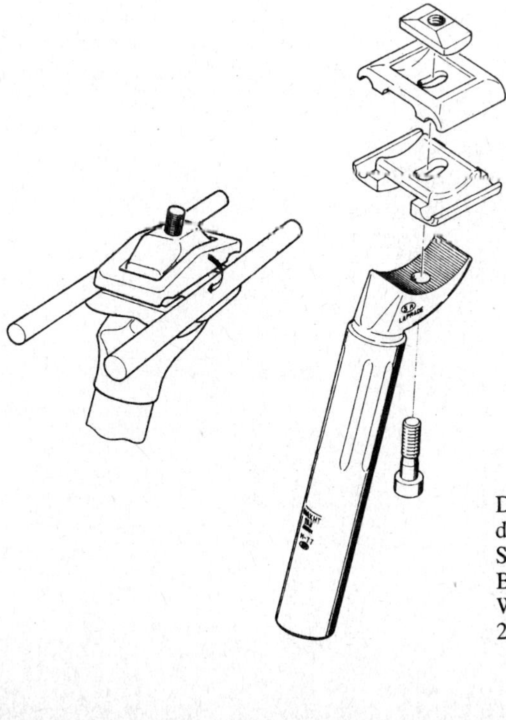

Die Sattelstütze von Laprade kann mit einer einzigen Schraube arretiert werden. Besonders einfach auch ein Wechsel des Sattels. Masse 270 g, Schaftlänge 130 mm.

Gut für Aufrechtfahrer, aber auch Touristen: Schwingsattel von Wittkop, schwarzes Kunstleder. Vor und zurück nicht verstellbar. Etwa 25 Mark, in Leder weinrot etwa DM 30,–.

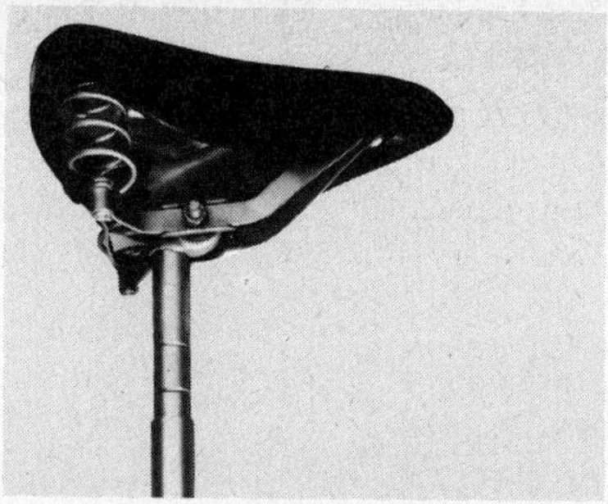

Gefederte SWING-Sattelstütze (Sattel extra) mit individuell einstellbarem Stoßdämpfer. Die Fahrbahnstöße werden damit auf den für Schlepperfahrer zulässigen Wert gedrückt. 25 mm Durchmesser und Ausgleichshülsen, etwa DM 30,–. Bei dhs, Mosseger Str. 1, 8450 Amberg.

Zweidraht-Gestell des Rennsattels (links) und Bandstahl-Gestell des Tourensattels (rechts) haben in der Standard-Ausführung den Sattelkloben. Durch Umlegen des Sattelklobens kann man 30 mm in der Vor-und-zurück-Verstellung gewinnen.

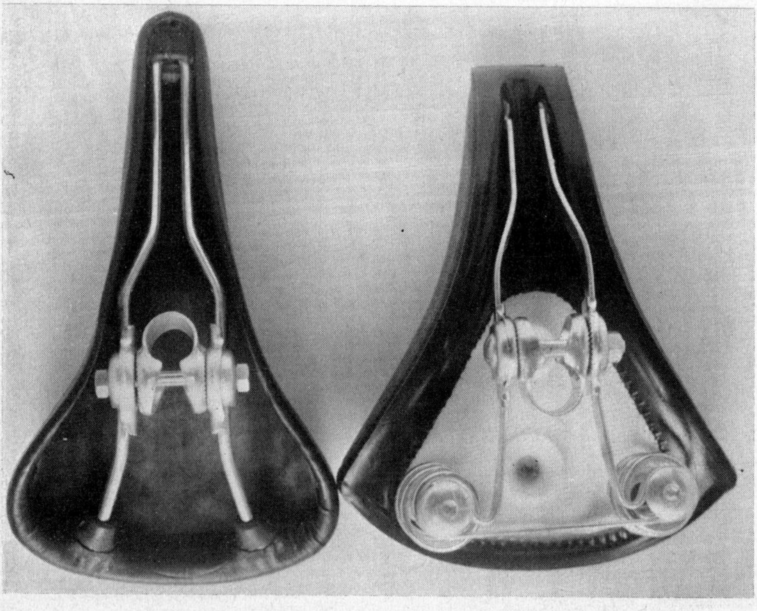

Satteltypen: «Luxus-Polster-Sattel. Passend für Herren- und Damenfahrräder». Solcher Werbung ist mit größtem Mißtrauen zu begegnen. Auf die Fahrräder passen die Sättel schon, aber nicht zugleich für Fahrerin und Fahrer. 99,99 % aller Damenfahrräder sind mit Herrensätteln bestückt. Dabei ist den Anatomen wohlbekannt, daß die Sitzknochen der Frau infolge des breiteren Beckens weiter auseinander sind. Die Sitzknochen (Ischia) kann man mit den Fingern ertasten und den Abstand messen. Wenn der Sattel hinten nicht 50 mm breiter ist als dieser Abstand, ist es nicht der richtige. Dieses Mißverhältnis zwischen Angebot und Nachfrage war nicht immer so: Um die Jahrhundertwende gab es Damensättel mit erhöhten Polstern unter den Sitzknochen und abgesenktem Mittelteil. Dieses Konstruktionsprinzip wird jetzt mit den neuen Kunststoff-Materialen wieder verwirklicht. Unter Bezeichnungen wie «Lady», «Anatomic» gibt es heute eine Reihe von Damensätteln, die breiter sind als das entsprechende Herrenmodell. (Idéale, Selle Italia).

Für längere Fahrten und für die Radtouristik ist ein anatomisch richtiger Sattel Voraussetzung. Unter den Sitzknochen soll der Sattel mehr nachgeben als sonst. Die Sattelnase darf nicht zu breit sein, um Wundreiben der Schenkel zu vermeiden.

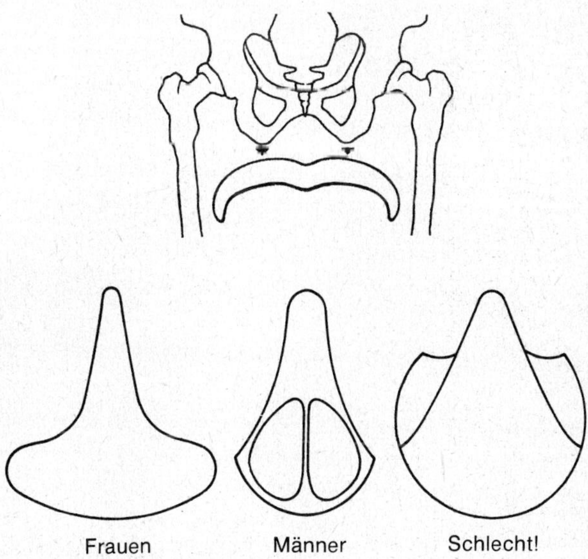

Der klassische Renn- und Touristik-Sattel war der Volleder-Sattel, ein Formstück aus dickem Leder. In einer langen und schmerzhaften Einfahrphase wurden Sitzfläche und Sattel durch Behandlung mit viel Rinderklauenfett aneinander angepaßt. Heute empfiehlt es sich für Volleder-Freunde, gleich ein vorher handgewalktes (rodée main) Modell zu kaufen, wie es von Idéale angeboten wird. Die Leder-Formsättel verlieren im Regen leicht ihre Form, man muß die Satteloberfläche mit einer Satteldecke schützen. Plastik-Sättel sind unempfindlicher, haben aber schlechtere Ventilation, es sei denn, sie haben einen Lederüberzug und Löcher. Die Sattelfrage kann man durch bloße Anschauung nicht lösen, sie bedarf eigener Erfahrung. Hat man den richtigen Sattel endlich gefunden, empfiehlt es sich, ihn beim Wechsel des Fahrrads mitzunehmen. Für kurze Strecken in aufrechter Sitzposition ist die Sattelfrage unkritisch.

Der Herrensattel «Anatomic» (rechts) und der Damensattel «Anatomic Lady» (links) von Selle Italia. Unter den Sitzknochen sind die Sättel nachgiebiger, aber erhöht, die Sattelnase liegt tiefer. Entsprechend dem breiteren Abstand der Sitzknochen bei Frauen ist der Damensattel breiter.

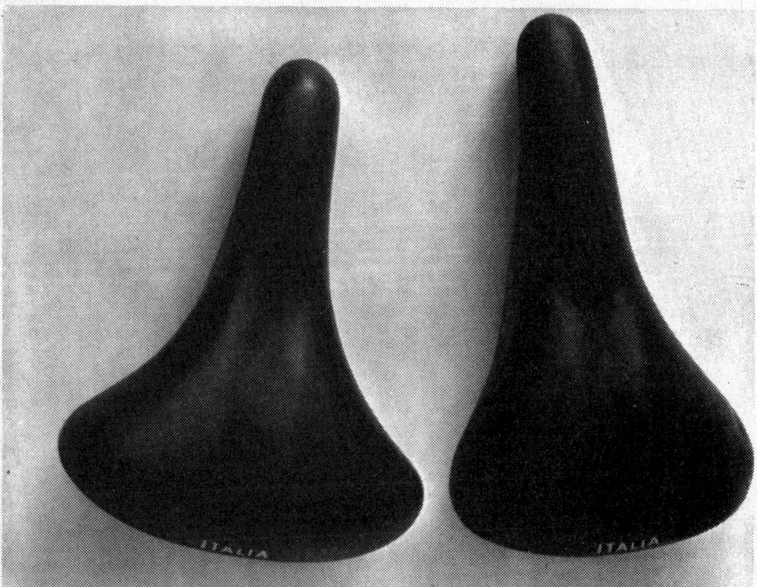

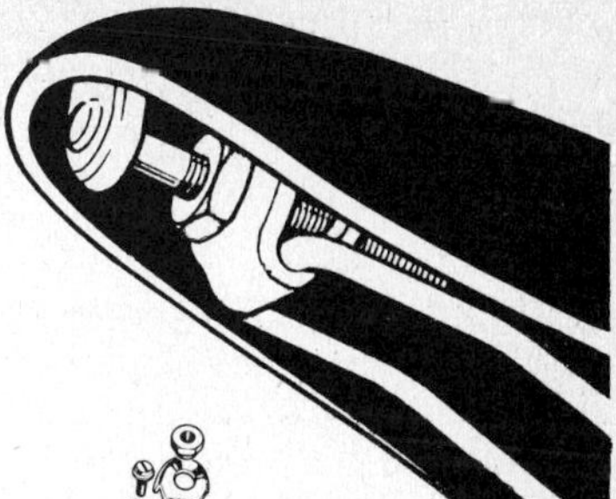

Wenn ein Ledersattel anfängt durchzuhängen, kann man ihn unter der Sattelnase nachspannen.

Kontinuierlich feststellbarer Sattelkolben No. 3 von Idéale. Etwa DM 5,–, bei Radsport Brügelmann.

Qualitätsfahrplan: Sättel und Sattelstützen

sehr gut:	Anatomisch geformte Zweidraht-Sättel mit Lederüberzug. Frauen sollten auf speziellen Damen-Modellen bestehen (Selle Italia, Idéale). Feinverstellbare Leichtmetall-Sattelstütze (Laprade, Simplex, Huret, Campagnolo, Sakae, Zeus)
gut:	Formleder-Sättel, handgewalkt (Idéale) oder selbsttragende Nylonsättel. Sattelkloben mit Feinverstellung (Idéale).
befriedigend:	gepolsterte Sättel für kurze Strecken. Sattelkloben mit 54 Einschnitten.

Lenker: All die Lenkerformen und Lenkerverstellungen haben letztlich den Sinn, die Lenkergriffe dorthin zu bringen, wo sie der Fahrer bei der einmal gewählten Körperhaltung für seine Hände haben möchte. Wenn das mit dem vorhandenen Lenker nicht zu schaffen ist, muß der Lenker und auch das Vorbaustück durch Passenderes ersetzt werden. Für die *aufrechte* Körperhaltung haben die Touren- und Sportfahrräder die hochgezogenen Tourenlenker, die in den einfachsten Ausführungen mit dem Lenkerschaft verschweißt und daher nur in der Höhe verstellbar sind. Mit so einem Fahrrad hat sich die Körperhaltung nach den möglichen Griffepositionen zu richten, und man tut das schon von selbst ganz unbewußt. Wer nichts anderes kennt, beurteilt dann aufgrund seiner Erfahrung mit dieser erzwungenen Körperhaltung den Komfort des Radfahrens an sich. Bei einem Fahrrad mit Rennlenker können Verfechter der aufrechten Sitzposition den Rennlenker nach oben kehren. Eine etwas entspanntere schräge Rumpfhaltung könnte man mit dem Tourenlenker nur verwirklichen, indem man ihn innen links und rechts vom

Lenkerkopf faßt. Der Hebelarm zum Lenken ist allerdings klein, so daß ein instabiler Fahrstil die Folge ist, der keine Dauerlösung sein kann.

Für die *entspannte 45°-Körperhaltung* gibt es zwei Möglichkeiten, den flachen *Trainingsbügel* oder den Rennlenker. Der flache Bügel war zu Beginn unseres Jahrhunderts noch auf allen Rennen vertreten. Wenn man die Handgriffe dorthin eingestellt hat, wo sie sich befinden sollen, ist es völlig einerlei, ob die Lenkbewegungen von einem flachen oder einem Rennlenker übertragen werden. Leute, für die der Rennlenker emotional besetzt ist oder die nicht in den Geruch des Imponiergehabes kommen wollen, sind mit dem Trainingsbügel bestens bedient. Er wird für die individuelle entspannte Körperhaltung eingestellt und bietet dann eine eindeutige Handposition. Dadurch ist auch die Anbringung der Handbremshebel unproblematisch.

Ein hochgezogener Lenker ermöglicht die aufrechte Sitzhaltung.

Der **Rennlenker** ist allerdings zu Unrecht verschrien. Erstens gibt es nicht den Rennlenker schlechthin, sondern drei Grundtypen, meist «Pista», «Maes» und «Randonneur» genannt. Zweitens ist die übliche Handposition am Rennlenker oben und nicht – entgegen weitverbreiteter Meinung – immer unten «in den Vollen». Wahrscheinlich ist es die letztere Handposition und – damit verbunden – Katzenbuckel und schlechte Sicht, die die reifere Generation abschrecken. Damit ist aber erst der «Pista»- oder Bahnrennbügel abgelehnt. «Maes» und «Randonneur» bieten auf der Oberseite eine Vielzahl von Handpositionen und somit von verschiedenen Körperhaltungen. Das ist nur vorteilhaft, wenn man an Radtouren denkt. Man kann sich den «Maes»- oder eigentlichen Straßenrennbügel so einstellen, daß bei der entspannten 45°-Körperhaltung die Hände auf den Bremsgriffen ruhen (Abb. Seite 79 Position B), für die es hierzu eigens dicke Gummibezüge gibt. Das ist dann die eigentliche Touristikposition, während man mit den Händen auf der Oberseite aufrechter sitzt und besser sieht, etwa bei der Fahrt durch die Ortschaften. Ganz unten faßt man nur an, wenn bergab der Kurs stabil gehalten werden soll oder lästiger Gegenwind weht. Der eigentliche Touristiklenker ist aber der französische «Randonneur». Nach außen hin ist er zunächst hochgewölbt, bevor er wie die anderen tiefer heruntergezogen ist. Dies ist ergonomisch richtig, wenn für verschiedene obere Handpositionen die Oberkörperneigung gleich bleiben soll. Wenn man also vor der Radtour den «Randonneur» so einstellt, daß die Oberseite (also nicht die Bremsgriffe) zur individuellen entspannten 45°-Grad-Haltung stimmt, kann man während der Tour ständig die Handpositionen wechseln, ohne daß man die bequeme 45°-Haltung aufgeben muß – sehr nützlich, wenn infolge der Dauerbelastung in den Händen das Gefühl der kribbelnden «Ameisen» einsetzt. Für Gegenwind ist dann immer noch die Katzenbuckel-Haltung möglich. Für Menschen, die den Rennlenker eigentlich ablehnen, ist der äußerlich leicht zu unterscheidende «Randonneur» das richtige. Die Franzosen haben hierfür eigene Bremshebel geschaffen (sog. Guidonnets). Man hat dann alle Vorteile des Rennlenkers und kann immer darauf verweisen, daß es sich eigentlich um einen Touristiklenker handelt. Die Lenker werden aus verchromten Stahlrohren oder Leichtmetallrohren (wegen des Gewichts) gefertigt. Dabei kann für den Radtourismus mit seinen schweren Lenkertaschen verchromter Stahl viel angebrachter sein als das leicht übelnehmerische Leichtmetall. Während die flachen Bügel noch mit Gummigriffen versehen werden können, müssen alle anderen mit Lenkerband umwickelt werden, das die Funktion hat, das Abrutschen der Hände und auch das «Einschlafen» durch die – wenn auch nur geringe – Polsterung zu verhindern. Die Breite der Lenker mit Handgriffen nahezu parallel zur Fahrtrichtung sollte etwa gleich der Schulterbreite sein. Engere

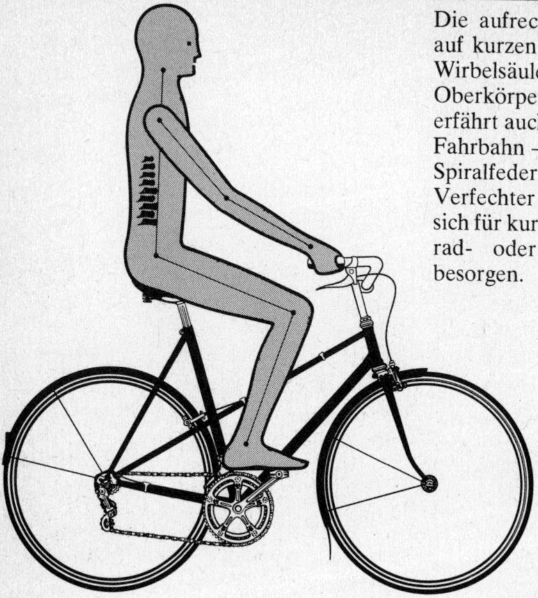

Die aufrechte Sitzhaltung ist nur auf kurzen Strecken bequem: Die Wirbelsäule wird mit dem vollen Oberkörpergewicht belastet und erfährt auch voll die Stöße von der Fahrbahn – etwas gemildert durch Spiralfedern im «Touren»sattel. Verfechter dieser Position sollten sich für kurze Strecken einen Fahrrad- oder Moped-Schwingsattel besorgen.

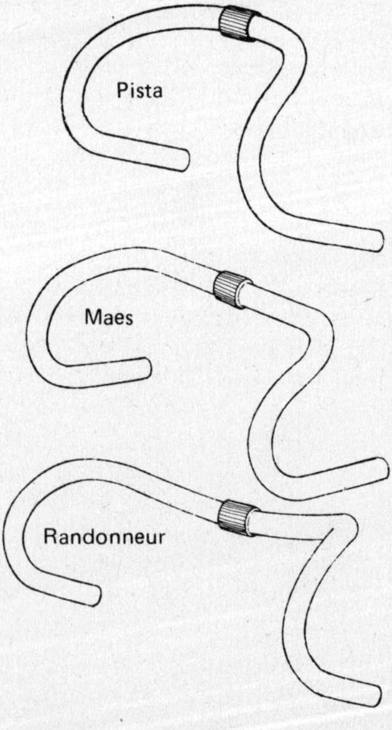

Nicht alle Rennlenker sind für Rennen gedacht: Pista für Bahnrennen, Maes für Straßenrennen, Randonneur für Radtouren. Pista wird nur unten gegriffen, Maes und Randonneur aber die meiste Zeit oben. Für stärkere Beanspruchung sind die Mittelstücke verstärkt.

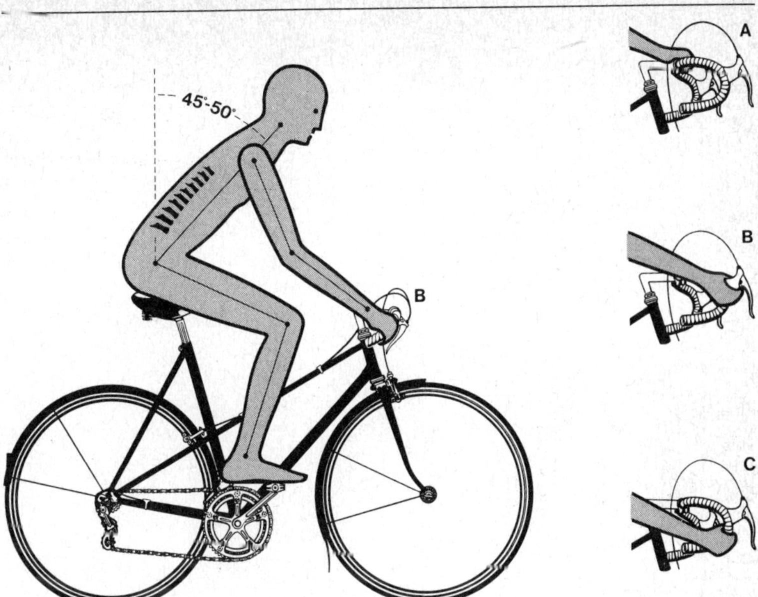

Entspannte Sitzhaltung mit um 45 bis 50 Grad geneigtem Rücken: die Arme tragen einen Teil des Oberkörpergewichts, und Fahrbahnstöße treffen die Bandscheiben nicht senkrecht von unten. Der nach unten gebogene Lenker ermöglicht mehrere Hand- und damit Körperpositionen.

Zwei Bügel für die entspannte Körperhaltung unter 45 Grad. Flacher Trainingsbügel (links) und Randonneur-Bügel (rechts), der als Touristik-Bügel einzudeutschen wäre. Mehrere mögliche Handpositionen bei letzterem gestatten, ohne Verlassen der Rumpfposition während einer Radtour gegen das Einschlafen der belasteten Hände anzugehen.

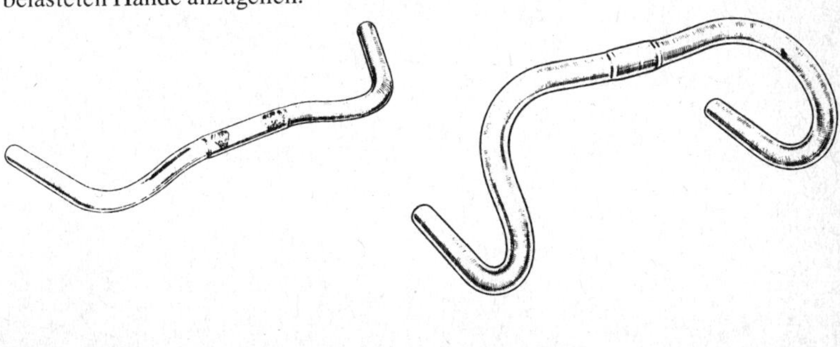

Lenker beeinträchtigen die Atmung und bringen die Hände in Konflikt mit der Lenkertasche. Die Lenker werden in die Manschette des Vorbaustücks geklemmt, entweder mit einem einfachen Bolzen oder mit präziseren Klemmvorrichtungen (Cinelli, Schierano). Diese Vorbaustücke gibt es nur in einer 145 mm kurzen Schaftlänge, wovon aus Sicherheitsgründen mindestens 65 mm in den Gabelschaft eingesteckt sein müssen. Es gibt zwar noch Vorbaustücke mit einer größeren Schaftlänge von rund 180 mm, aber dafür ist die Auswahl der erhältlichen Vorbaulängen eingeschränkt. Hier erkennt man die Wichtigkeit eines angemessenen großen Rahmens, damit der Lenker auch hoch genug eingestellt werden kann. Ein wichtiges Merkmal beim Kauf des Fahrrads ist, daß der Lenker so hoch wie der bereits richtig eingestellte Sattel einstellbar sein muß. Wenn das nicht geht, ist der Rahmen zu niedrig. Eine Schnellmethode zur Messung der richtigen Vorbaulänge ist folgendes: Man stößt den Ellbogen an die Sattelnase; dann müssen die ausgestreckten Finger das Lenkerrohr eben berühren können. Falls nicht, Vorbaustück gegen passendes umtauschen.

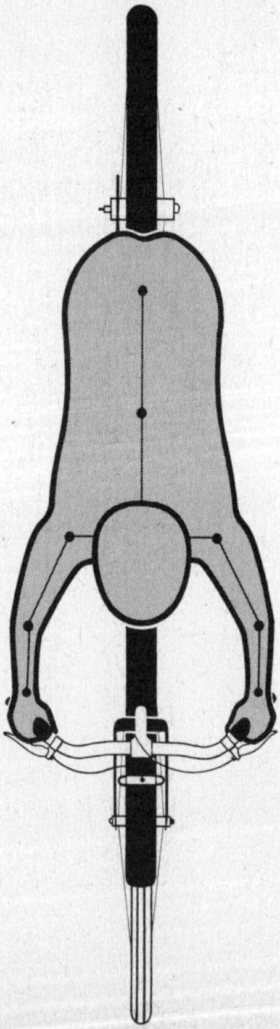

Die Lenkerbreite ist nach der Schulterbreite zu bemessen, um die Atmung nicht zu beeinträchtigen. Sie wird in Millimetern angegeben und reicht von Außenkante zu Außenkante der Lenkerenden.

Qualitätsfahrplan: Lenkerbügel und -vorbauten

sehr gut:	Leichtmetall-Bügel mit verstärktem Mittelstück, Breite zum Fahrer passend. Geschmiedetes Leichtmetall-Vorbaustück, Länge zum Fahrer passend, mit spezieller Klemmvorrichtung
gut:	Leichtmetall und nahtlose Stahlrohr-Bügel. Geschweißtes Vorbaustück aus Leichtmetall oder Stahl mit Klemmbolzen
befriedigend:	einfache Stahlrohrbügel, gegossenes Leichtmetall-Vorbaustück

Übliche Lenkerdurchmesser

	Lenker-Mittelstück	Vorbau-Schaft
Deutsch:	22,0 mm	21,0 mm; 22,0 mm
Englisch, Japanisch:	23,8 mm; 25,4 mm	22,2 mm
Französisch:	25,4 mm	22,0 mm
Belgisch:	27 mm	22,0 mm

Lenkerhöhe: Einen ersten Anhaltspunkt für die Lenkerhöhe gibt die Sattelhöhe; man stellt den Lenkerkopf auf die Höhe der Satteloberfläche ein. Wenn dabei weniger als 65 mm im Gabelschaft verbleiben, muß ein längerer Lenkerschaft besorgt werden. Der Umgang mit der Befestigung des Lenkerschafts im Gabelschaftrohr, der sog. Innenklemmung, ist trickreich. Dreht man den Klemmbolzen mit seinem Sechskant- oder Inbuskopf auf, so läßt sich zwar der Klemmbolzen entfernen, aber der Lenker bleibt trotzdem fest. Der Grund dafür ist, daß innen der klemmende Gußkonus immer noch klemmt und erst – am besten durch einen Schlag auf den eingedrehten Klemmbolzen selbst – nach unten ausgetrieben werden muß. Fällt der Gußkonus in das Gabelschaftrohr, stellt man das Fahrrad kurz auf den Kopf, damit er herausfällt. Indem man das Vorderrad zwischen den Knien festhält, kann man den Lenker durch kräftiges Hin- und Herdrehen lösen und nach oben oder unten verschieben. Hat man es geschickt angestellt, hängt der Gußkonus noch am Klemmbolzen und wird dessen Nase im Rohrschlitz noch geführt. Man muß dann zum Festklemmen nur noch den Klemmbolzen anziehen.

Längsverstellung des Lenkers: In Rennfahrerkreisen gilt die Regel, daß der Lenker waagerecht zu verschieben sei, bis der Unterarm mit ausgestreckten Fingern gerade zwischen Lenker und Sattelnase paßt. Diese Regel braucht in so schöner Allgemeinheit nicht zuzutreffen. Einmal geht in das Dreieck Sattel-Schultern-Lenker die Oberkörperlänge ein, die für verschiedene Menschen mit gleich langen Armen ganz verschieden sein kann. Zum andern sind nicht alle Sättel gleich lang – etwa von den Sitzknochen zur Sattelnase. Gesetzt, ein kürzerer Sattel würde montiert, die Sitzposition aber beibehalten, dann müßte nach der Regel der Lenker weiter zurück – eine angesichts der unveränderten Sitzposition

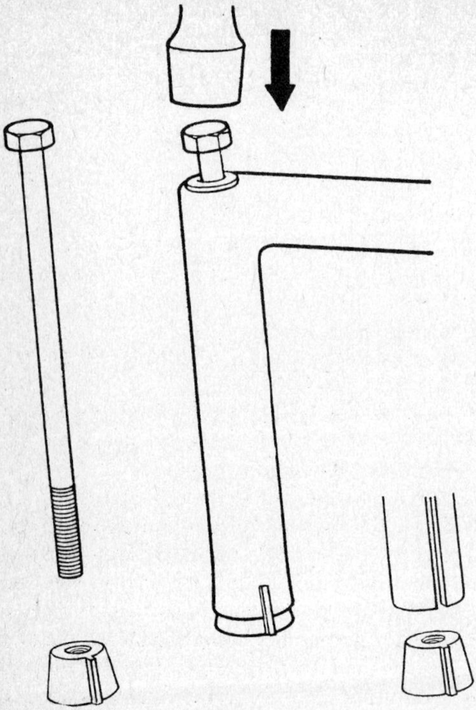

Bei der Innenklemmung wird der Schaft des Vorbaustücks aufgeweitet und klemmt daher im Gabelschaft. Zum Lösen Klemmbolzen etwas aufschrauben, aber so, daß er noch im Gußkonus eingeschraubt bleibt. Dann mit dem Hammer kurz draufschlagen, wodurch der verklemmte Gußkonus ausgetrieben wird.

absurde Vorschrift. Der bessere Weg ist, die entspannte Sitzposition mit 45°-Rücken einzunehmen und dann zu schauen, wo die Hände greifen möchten. Nun erscheint dieser Vorschlag ziemlich müßig, denn die Fahrräder kommen überwiegend mit festem Vorbau in die Hand ihrer Fahrer. Dadurch wird im Einzelfall eine Sitzhaltung erzwungen, die nicht die richtige zu sein braucht. So kann es sein, daß man seine individuelle entspannte Sitzposition überhaupt nicht kennt. Hier hilft nur persönliche Experimentierfreudigkeit. Entweder man besorgt sich jemand für die Hilfestellung und fährt mit ihm zum Radsporthändler, der in Vorbaustücken verschiedener Länge gut sortiert ist, oder man bestellt sich gleich ein verstellbares Vorbaustück. Es ist wirtschaftlicher, mit letzterem solange zu experimentieren, bis man die beste Längsposition des Lenkers gefunden hat, als die Einzelanschaffung eines ganzen Satzes sortierter Vorbaustücke, die dann zum Schluß möglicherweise alle nicht mehr passen. Radsportorientierte Fachhändler haben für die Bestimmung der Vorbaulänge ein Positionsmeßgerät, eine Fahrradnachbildung mit Rennlenker, wobei die Lenkerhöhe mit der Sattelhöhe starr gekoppelt ist.

Statt der Faustregeln Lenkerhöhe = Sattelhöhe und Lenkerabstand = Unterarmlänge empfiehlt sich folgende Einstellprozedur für den flachen Trainingsbügel.

- Fahrrad von Helfer festhalten lassen und entspannten 45-Grad-Rücken machen.
- Lenker mit locker vorgestrecktem Arm neben dem Vorbau zu fassen versuchen, bzw. die Hand dorthin halten, wo der Lenker sein soll.
- Vom Helfer den Lenker durch Senkrecht- und Längsverschiebung in die Handposition bringen lassen.
- Den anderen Arm locker ausgestreckt aus der Schulter schwingen.
- Vom Helfer den Lenker so neigen lassen, daß der Lenkergriff in den Weg der schwingenden Hand zu liegen kommt.
- Die so gewonnene Einstellung mit dem anderen Arm überprüfen und eventuell verändern.

Man wird mit dieser Einstellung erst mal Erfahrungen sammeln und kann dann nach einigen Fahrkilometern selbst notwendige Veränderungen vornehmen.

Für «Randonneur»- oder Rennlenker ist das Verfahren entsprechend, nur muß man sich angesichts der vielen Möglichkeiten für die Handpositionen entscheiden, welche Handposition man mit dem 45°-Rücken haben möchte. Man kann damit entweder die Handposition von außen (Abbildung Körperhaltung Position A) verbinden oder die auf den Bremsgriffen ruhenden Hände (Abbildung Körperhaltung Position B). Statt den Lenker zu neigen, lockert man im letzteren Fall die Bandagen der Handbremshebel und verschiebt sie auf dem Lenker auf oder ab, bis die richtige Griffposition gefunden ist. Die Lenkerneigung wird beim «Randonneur» oder Rennlenker dann für die unten fassenden Hände (Abbildung Körperhaltung Position C) bestimmt. Man fängt mit etwa 10 bis 15° zur Waagerechten an, zieht die Vorbaumanschette nicht zu fest an und verstellt im Fahren so lange, bis die bequemste Neigung gefunden ist und der Lenker nach dem Fahren endgültig arretiert werden kann.

Lenkerposition – 1. Schritt
Ein Helfer hält das Rad aufrecht und beurteilt den 45-Grad-Rücken des Fahrers. Der Fahrer legt eine Hand auf den Lenker neben der Vorbau-Manschette (Position A), der Arm soll nicht ganz ausgestreckt sein. Anderen Arm dazunehmen; könnte man so bequem fahren? Nein? Der Helfer ändert Lenkerhöhe und Vorbaulänge, bis der Fahrer mit der Lenkerposition glücklich ist.

Lenkerposition – 2. Schritt
Die eine Hand des Fahrers faßt den Lenker neben der Vorbaumanschette, der andere Arm schwingt locker in der Schulter. Trainingsbügel so neigen, daß die schwingende Hand ganz natürlich auf den Griff zukommt. Dasselbe für den anderen Arm. Am Rennbügel Handbremshebel versetzen, bis die schwingende Hand natürlich auf den Bremsgriff fällt (Position B).

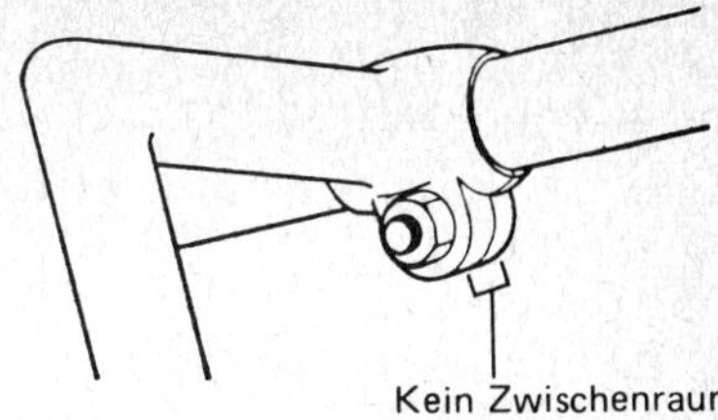

Zum Neigen oder Herausnehmen des Lenkers muß man oft die Lenkermanschette mit einem kräftigen Schraubenzieher aufweiten. Wenn sie sich beim Spannen ganz schließt, ist das Lenkermittelstück zu dünn.

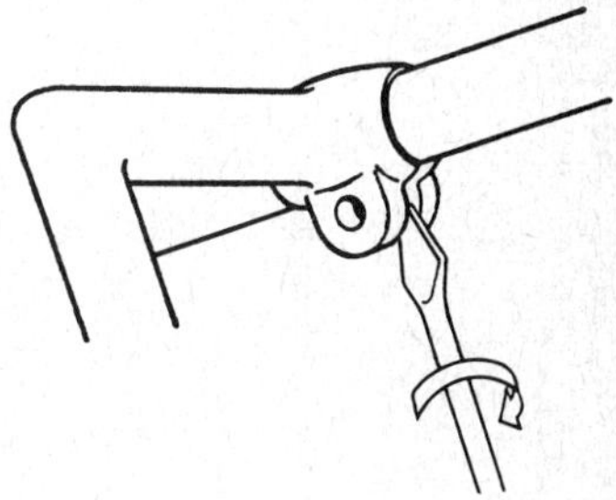

Projekt: Lenker wechseln

Mit dem Gesundheitslenker und den erhältlichen Vorbaustücken läßt sich die 45°-Haltung praktisch nicht verwirklichen. Also wird man sich für einen flachen Trainingsbügel oder den Touristik- oder «Randonneur»-Bügel entscheiden (siehe Tabelle). Man mißt seine eigene Schulterbreite und sucht die nächstgelegene Lenkerbreite aus. Außerdem mißt man mit der Schieblehre den bisherigen Vorbauschaft-Durchmesser. Zweckmäßigerweise bestellt man gleich einen *verstellbaren* Vorbau mit veränderbarer Lenkervorbaulänge. Auch sollten Durchmesser der Vorbaumanschette und Durchmesser des Lenker-Mittelstücks zusammenpassen. Will man einen Vorbau fester Länge, bestimmt man die benötigte Vorbaulänge auf dem Positionsmeßgerät beim Fachhändler. Wird eine Schaftlänge des Vorbaus über 180 mm benötigt, ist der Rahmen zu klein, und es hilft nur ein maßgefertigtes Vorbaustück. Die Entscheidung zwischen Stahl oder Leichtmetall für Lenkerbügel und Vorbaustück richtet sich nach dem Einsatzzweck des Fahrrads: für Radtouristik mit schwerer Lenkertasche ist Stahl vorzuziehen.

Zum Ausbau des alten Lenkers montiert man erst die Handbremshebel, Schalthebel und andere Instrumente ab und entfernt das Lenkerband, bevor die Vorbaumanschette gelockert wird. Einbau des neuen Lenkers in umgekehrter Reihenfolge. Für den «Randonneur» vergesse man nicht, zwei Rollen Lenkerband passender Farbe zu besorgen.

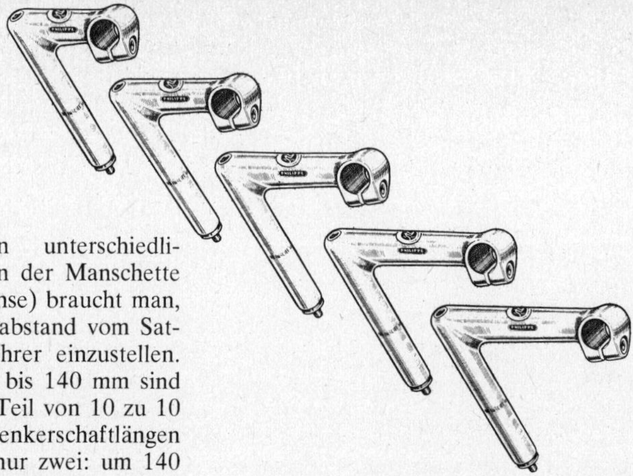

Lenkervorbauten unterschiedlicher Länge (von der Manschette bis zur Gabelachse) braucht man, um den Lenkerabstand vom Sattel auf den Fahrer einzustellen. Längen von 45 bis 140 mm sind erhältlich, zum Teil von 10 zu 10 mm steigend. Lenkerschaftlängen gibt's dagegen nur zwei: um 140 und 180 mm. (Ausnahme: Sakae SR-60 AH Version 230 mm, bei Kettler).

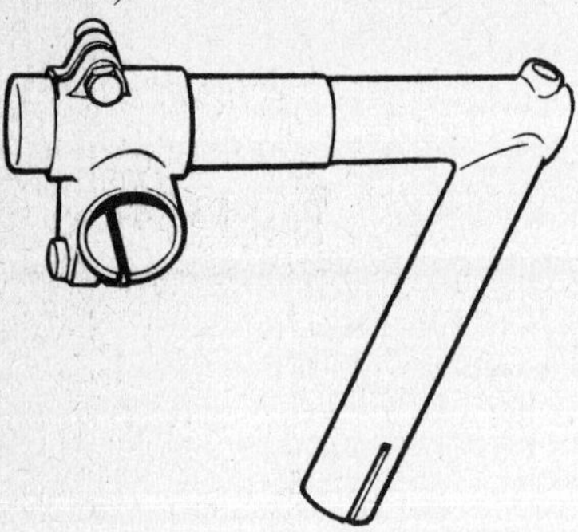

◄ Bei den um jedes Gramm ringenden Straßenrennfahrern ungeliebt, aber für Tourenfahrer perfekt: der verstellbare Vorbau aus Stahl (Cinelli) oder Leichtmetall (ttt). Etwa DM 27,–

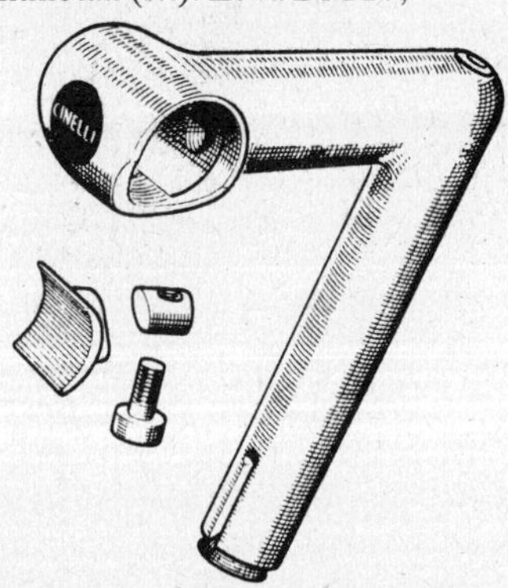

Vorbau mit Patentklemmung des Lenkers von Cinelli. Etwa DM 33,– ►

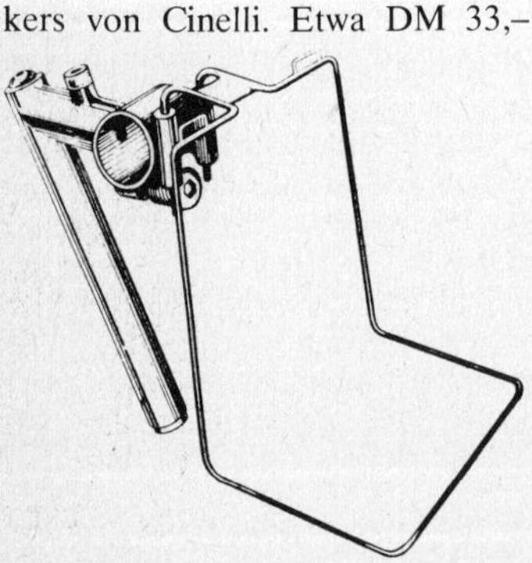

Lösung vieler Probleme: das Lenkervorbaustück nach Maß, von Andrew Hague in verchromtem Stahl gefertigt. Damit kann man auch auf einem zu kleinen Fahrrad richtig fahren. Die sinnreiche Aufnahme für den Frontgepäckträger gestattet es, die Lenkertasche mit einem Griff abzunehmen. Bei dieser Anordnung kann ein Lenkerbügel aus Leichtmetall gewählt werden. Etwa £ 13, Lenkertasche plus Aufnahme etwa £ 14

Lenkerband und Abschlußstopfen: Schwitzende Hände und Aluminiumrohr ergeben eine schlüpfrige Kombination. Für sicheren Griff und – in den dickeren Ausführungen – für etwas Polsterung sorgt das Lenkerband, das selbstklebend oder nichtklebend um den Lenker gewickelt wird. Gegner des selbstklebenden Bandes argumentieren, daß der Klebstoff über kurz oder lang austritt und die Hände vollklebt. Die Anfänge und Enden von nichtklebendem Band müssen aber ohnehin fixiert werden – mit einem anderen Klebeband oder sonstwie. Es gibt Plastik-, Baumwoll- und Lederband, oder auch einteilige Wildlederüberzüge. Bevor man mit dem Umwickeln ab Lenkermitte beginnt, sollte die Position der Handbremshebel endgültig sein. Werden Cross-Schalthebel in den Lenkerenden benutzt, beginnt man an den Lenkerenden und wickelt die Schaltzüge zunächst mit ein, bis sie nicht mehr parallel zum Lenker verlaufen.

Offene Lenkerenden muß man aus Sicherheitsgründen mit Lenkerstopfen verschließen; sie wirken bei Stürzen als gefährliches Stanzwerkzeug. So stand die Berufsrennfahrer-Laufbahn des bekannten Trainers Gustav Kilian in den dreißiger Jahren auf dem Spiel, als bei einem Sturz sein Lenker ein Loch in die Kniesehne stanzte.

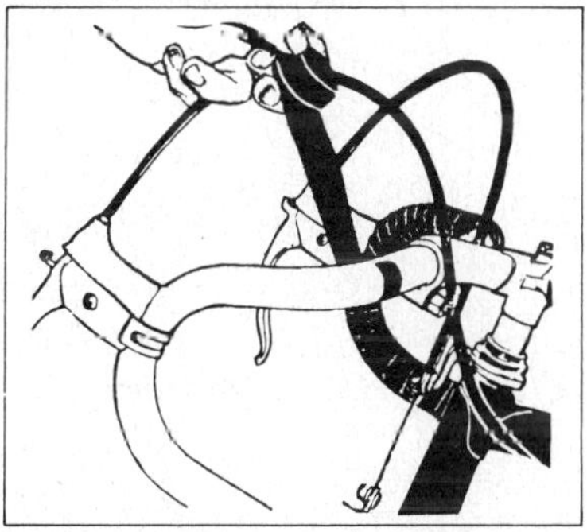
Innen anfangen

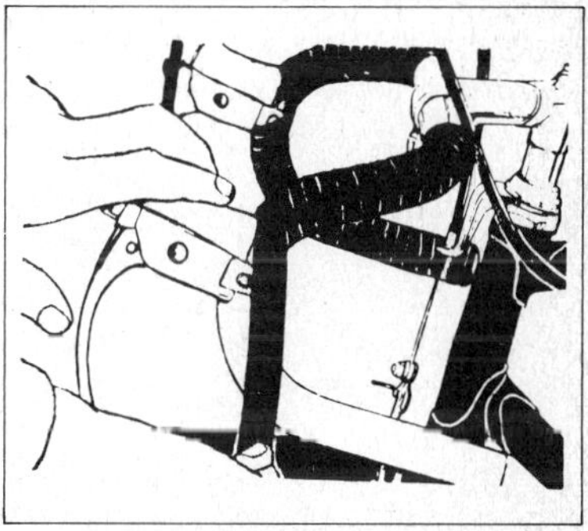
Bremsgriffe aussparen

Überstehendes Ende ins Griffloch stopfen

Lenkerstopfen einsetzen

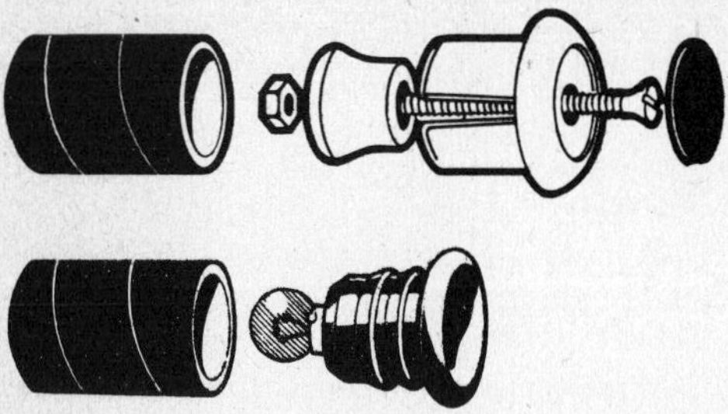

Lenkerstopfen mit Rückstrahler von Bluemel und ein Gummistopfen, der für die Aufnahme des Ersatzbirnchens durchbohrt wurde. Man sollte in den Lenkerenden nichts schmuggeln – das Versteck hat sich inzwischen bei den Zollbeamten aller Länder herumgesprochen.

Touristik-Lenkerbügel (Randonneurs)

Breite B, Absenkung A, Vorwölbung V, Mittelstückdurchmesser M in mm

Marke	B	A	V	M	Masse	Material
ATAX D 355 Randonneur	380–420			25,4	290 g	Leichtmetall
ATAX-PHILIPPE Cyclotouriste-239	406	114	114			Leichtmetall
BELLERI						
17 Randonneur	395	125	148	25	580 g	Stahl verchromt
8 Kinder-Randonneur	350	123	135	23,5	490 g	Stahl verchromt
PIVO Cyclotouriste	406	114	114			
SAKAE						
World Randonneur	420	110	97	23,8	305 g	Leichtmetall
Randonneur-L	420	112	97	23,8	290 g	Leichtmetall
Randonneur-S	395	107	102	23,8	680 g	Stahl verchromt

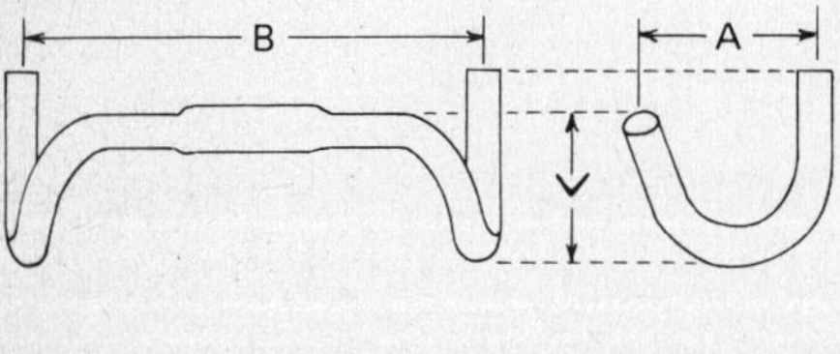

«Freiherr von Rutsch …

... zum Fahre kei Kutsch, zum Reite kein Gaul, zum Laufe zu faul!» Solche Spottverse sangen die Gassenbuben in Karlsruhe auf den Freiherrn Drais von Sauerbronn.

Außer an seiner «Schnell-Laufmaschine», dem Vorläufer unserer Fahrräder, bastelte der als spinnert verkannte Freiherr an einer Kanone, die um die Ecke schießen sollte, an einer Kutsche, die vom Pferd nicht gezogen, sondern geschoben wurde, an einer Schreibmaschine und vielem mehr, was ihm zu Lebzeiten weder Ruhm noch Geld brachte. Im Gegenteil: Sein ganzes Vermögen ging dabei drauf. Er starb als Trinker, verarmt und vergessen.

Nicht alles, womit man auf der Straße vorwärts kommt, hilft auch ansonsten beim Weiterkommen. Aber Fahren und Sparen hilft allerwegs voran. Fahrrad ist ein guter Spar-Rat.

5
Radfahren für Anfänger

Wer noch nie auf einem Fahrrad gesessen hat, beginnt – wie die Kinder übrigens auch – mit Laufübungen à la Drais. Mut! – der russische Dichter Tolstoi lernte es noch mit sechzig Jahren. Dazu ist es wichtig, ein Fahrrad zu haben oder zu leihen, dessen Sattel so tief eingestellt werden kann, daß man sitzend mit beiden Füßen flach auf dem Boden stehen kann. Vorzuziehen ist ein Damenfahrrad mit tiefem Durchstieg, da man damit besser auf- und absteigen kann. Außerdem sollte die Satteloberfläche horizontal eingestellt werden. Stützräder anzubauen ist ein Irrweg – man hängt nur nach der einen oder anderen Seite und kippt oft um. Mit ungeeigneter Kleidung – langen Röcken, hohen Absätzen, freien Zehen oder gar barfuß – sollte man nicht üben. Hosen rollt man hoch oder befestigt sie mit Hosenklammern, wenn das Fahrrad keinen guten Kettenschutz hat. Wenn sich die Hose in der Kette verfängt, kann ein Anfänger stürzen und sich verletzen, während es für den erfahrenen Radfahrer nur lästig ist.

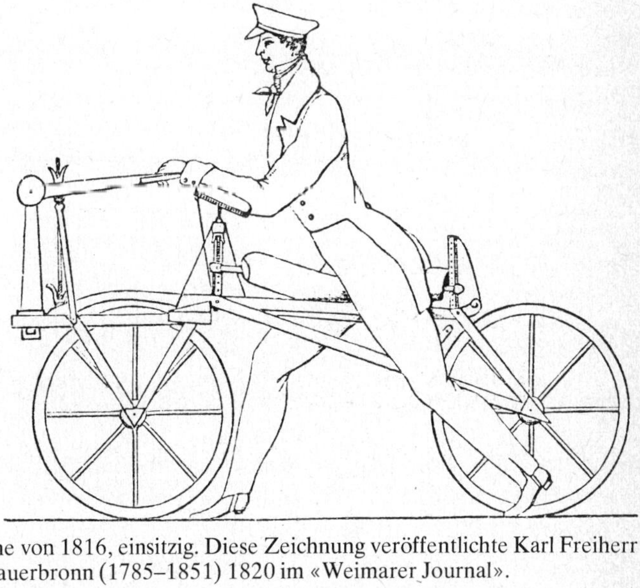

Reisedraisine von 1816, einsitzig. Diese Zeichnung veröffentlichte Karl Freiherr Drais von Sauerbronn (1785–1851) 1820 im «Weimarer Journal».

Hat das Fahrrad eine Schaltung, stellt man einen mittleren Gang ein.

Auf einem leeren Parkplatz oder Schulhof setzt man sich gemütlich aufs Fahrrad, dreht mit dem Lenker das Vorderrad geradeaus und probiert, für eine Sekunde beide Füße anzuheben und zu balancieren. Man übt das immer wieder und zieht dabei die Füße immer höher, bis man fünf Sekunden oder länger balancieren kann und die Angst vor dem Umkippen verloren hat. Jetzt beginnt man, auf dem Fahrrad sitzend, mit beiden Beinen zu laufen, und zwar etwas breitbeinig, damit man nicht an die Pedale stößt. Dabei wird man hin und wieder nach einer Seite kippen. Man gleicht das aus, indem man das Vorderrad etwas zu dieser Seite dreht. Nach einiger Zeit kann man auf dem Platz kreuz und quer rollen, ohne daß die Füße den Boden berühren. Aber man mache auch mal Pause, setze sich hin und ruhe sich aus – auch um Komplimente für das bisher Erreichte entgegenzunehmen. Dann das Ganze wieder von vorne – aber nie übertreiben: die Angst vor dem Fahren verkrampft.

Zum Anfahren-Üben das Fahrrad mit einer Hand halten – mit der anderen *rechtes* Pedal nach oben vorne bringen (wenn das Kettenrad eine Uhr wäre, würde das Pedal auf 14 Uhr stehen) und auf den Sattel setzen. Hände auf den Lenker und sich weit vorneigen. Rechten Fuß aufs rechte Pedal, der linke stützt sich auf dem Boden ab – rechts durchtreten – links abstoßen – und möglichst lange rollen, wie gehabt. Wenn das genug geübt ist, wird es Zeit, den linken Fuß aufs Pedal zu ziehen und gleich weiterzutreten. Aber Kopf hoch und Blick in die Zukunft! Nicht auf Vorderrad oder Boden schauen, sonst wird einem jetzt noch schwindlig. Bei diesen Übungen wird man lernen, daß die Balance um so besser zu halten ist, je schneller man fährt. Dann ist noch das Bremsen zu lernen; als Anfänger immer zuerst mit dem Hinterrad bremsen. Rücktritt nicht brutal treten, sondern der Bremswirkung folgend mit Gefühl betätigen.

Aufsteigen und Absteigen

Wenn der Sattel nach der 109-Prozent-Regel (s. S. 64) auf die richtige Höhe eingestellt wird, ändert sich etwas die Aufsteige- und Absteigetechnik. Für Rücktrittnaben soll sie kurz besprochen werden. Fahrräder mit Freilauf ohne Rücktritt sind einfacher zu handhaben, da man die Pedale immer durch beliebiges Rückwärtsdrehen in jede Position bringen kann, während bei Rücktrittnaben nach einer halben Rückwärtsdrehung Schluß ist. Man steigt gewöhnlich von links auf und nach links ab. Die Aufsteigemethoden sind:

- Pedale nach oben vorn bringen, entweder rechts «14 Uhr», oder links «10 Uhr», niedertreten und gleichzeitig mit dem anderen Fuß hüpfen und abstoßen – hinsetzen (für Ungeübte)

- rechtes oder linkes Pedal in tiefster Stellung, draufstehen, mit anderem Fuß so vehement abstoßen, daß der Schwung zum Hinsetzen zwischendurch reicht (für Fortgeschrittene)
- mit beiden Händen den Lenker fassen, Anlauf nehmen und von hinten direkt auf den Sattel hechten (nur für Sportliche)

Die einzelnen Abläufe zeigen noch Varianten, je nachdem, ob man einen Diamantrahmen mit Oberrohr oder einen Durchstiegsrahmen hat, wie die Bilder zeigen.

Pedal präparieren:
Das rechte Pedal soll nach «14 Uhr». Einleuchtend, aber mühsam: man dreht mit der Hand das linke, muß dabei aber gebückt vorwärtshumpeln.

Der Kunstgriff der Fortgeschrittenen: Fahrrad am Sattel hinten hochheben, mit dem linken Fuß das linke Pedal niedertreten.

Bevor man es niedertreten kann, muß man das Pedal erst mit der Fußspitze über den höchsten Punkt holen.

Antreten auf dem rechten Pedal:

Rechten Fuß auf rechtes Pedal bei «14 Uhr».

. . . rechts niedertreten, links abstoßen . . .

. . . linken Fuß auf linkes Pedal ziehen . . .

. . . auf den Sattel setzen.

Antreten auf dem linken Pedal und Durchsteigen:

Linken Fuß auf linkes Pedal bei «10 Uhr» . . .

. . . links niedertreten, rechts abstoßen . . .

. . . rechten Fuß hochziehen . . .

. . . und aufs rechte Pedal durchsteigen.

Überschwung nach Antreten links:

Mit dem linken Fuß auf dem linken Pedal antreten . . .

. . . rechten Fuß überschwingen

Hechtsprung auf den Sattel:

Lenker fassen und Anlauf nehmen . . .

. . . auf den Sattel grätschen . . .

. . . Füße auf die Pedale bringen.

Zum Absteigen nach links beginnt man mit dem linken Fuß das linke Pedal aus etwa «16-Uhr-Stellung» zurückzutreten, bleibt aufrecht bis zum Augenblick, wo das Rad echt stillsteht und kippt erst dann etwas nach links. Der linke Fuß hat es dann nicht mehr weit zum Boden.

Pedaltechnik

Millionen Radfahrer verschwenden Energie – und das sollte man in diesen Tagen nicht zulassen. Sie würden das Radfahren noch mehr genießen, wenn sie den Dreh herausgefunden hätten, wirkungsvoll zu treten. Sie stoßen die Pedale abwechselnd senkrecht nach unten, wobei die Füße meistens mehr oder weniger waagerecht bleiben. Zum einen wird dadurch nur die Oberschenkelmuskulatur eingesetzt, zum anderen wird ein beträchtlicher Teil für ungewollte Materialprüfung der Kurbeln vergeudet: Nur die Kraftkomponente *senkrecht zur Kurbel* treibt das Rad an, die Kraftkomponente in Kurbelrichtung dient nur dazu, die Kurbel einige Millimeterbruchteile zu verformen.

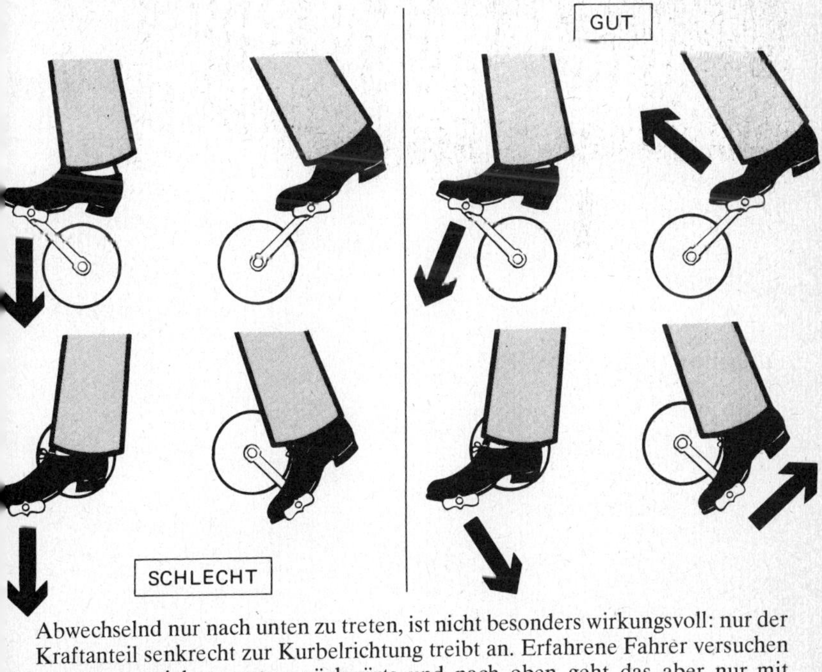

Abwechselnd nur nach unten zu treten, ist nicht besonders wirkungsvoll: nur der Kraftanteil senkrecht zur Kurbelrichtung treibt an. Erfahrene Fahrer versuchen stets, tangential zu treten, rückwärts und nach oben geht das aber nur mit Schuhklammern und Pedalhaken.

Damit einher geht die Beobachtung, daß offenbar ein beträchtlicher Teil der Radfahrer ein Leben lang nicht erfährt, daß man nicht mit dem Fußgewölbe, sondern mit dem *Ballen* wirkungsvoll tritt. Offenbar glauben sie, die Pedale seien so dimensioniert, daß man mit dem Schuh nur soweit vorwärts zu rutschen braucht, bis der Absatz ans Pedal anschlägt. Dies ist ein Trugschluß – die Pedalentwerfer hatten mit dem Straßenschuh nichts im Sinn.

Tritt man mit dem Ballen aufs Pedal – und wer das bisher nicht tat, soll es ab sofort tun – kommen das Knöchelgelenk und die Wadenmuskulatur ins Spiel. Und man kann damit eher das Ideal einer rädernden Tretbewegung erreichen, statt der unwirksamen stampfenden. Das Kurbelende beschreibt ja einen Kreis, und der Fuß soll stets tangential zu diesem Kreis drücken – also Wankelmotor statt Zweitaktmotor. Das ist leichter gesagt als getan. Tatsächlich ist die Biomechanik des Pedalierens, wie die Rennfahrer sagen, kaum erforscht und daher voller Mythen. So gibt es den Vorschlag, im oberen Totpunkt der Kurbel den Knöchel zu senken, damit man das Pedal horizontal nach vorn drücken könne.

Hochgeschwindigkeitsfotografien der Pedaltechnik von Rennfahrern, die vorgeben, ebendies zu tun, zeigten aber, daß ihr Fuß im oberen Totpunkt horizontal stand. Der gutgemeinte Vorschlag ist ergonomisch fast nicht praktikabel. Zur weiteren Verbesserung des Pedalierens gibt es drei Möglichkeiten.

- Fußhalter ohne Riemen
- Pedalhaken mit Riemen
- Schuhplatten, Pedalhaken und Riemen

mit in dieser Reihenfolge steigendem Nutzen, aber auch Aufwand.

Straßenverkehrs-Zulassungs-Ordnung § 67

Absatz (3)	Fahrradpedale müssen mit nach vorn und nach hinten wirkenden gelben Rückstrahlern versehen sein; nach der Seite wirkende gelbe Rückstrahler sind zulässig.
Absatz (8)	Rennräder sind für die Dauer der Teilnahme an Rennen von den Vorschriften der Absätze 1 bis 7 befreit.

Projekt: Fußhalter anbauen

Von Anfang an sollte man sich angewöhnen, nur mit dem Ballen zu treten. Aber die Tendenz des Fußes, nach vorne zu rutschen, erschwert den guten Vorsatz. Ein Fußhalter am Pedal schafft hier Abhilfe. In die Fußhalter oder Miniclips ohne Riemen können selbst Kinder bequem schlüpfen und auch schnell herausschlüpfen. Man findet auch die Bezeichnung Damen-Pedalhaken; es gibt sie von VERMA, Christophe und anderen.

Am besten nimmt man das Fahrrad mit zum Händler – die verschiedenen Pedalformen verlangen nach verschiedenen Bauformen der Fußhalter. Selbst für die Gummiklotz-Pedale gibt es solche Miniclips (von Christophe). Wenn sie im Handel nicht zu finden sind, sind richtige Pedalhaken, aber ohne Riemen verwendet, ein Ersatz. Das meiste Zubehör gibt es für die Rattrap-Pedale, zu deutsch Rattenfallen-Pedale, die aus einem Stahl- oder Aluminiumkäfig bestehen. Man findet allerdings überwiegend Ausführungen der Miniclips und Pedalhaken, deren Befestigung das Vorhandensein der Rückstrahler nicht berücksichtigt. Hier muß man notfalls darauf bestehen, daß die zu Rückstrahlern passenden Versionen bestellt werden. Paßt alles nicht, sollte man sich ein Paar neue Pedale zulegen – sie sind nicht allzu teuer. Für nachträgliche Anbringung gibt es die Pedalrückstrahler auch einzeln.

Wenn man keinen verstellbaren Miniclip (VERMA) oder Pedalhaken (Paturaud) findet, muß man versuchen, aus den Größen kurz – mittel – lang die in etwa passende zu finden. Mit Hilfe von Unterlegscheiben oder durch Umwickeln mit Klebeband kann man dann versuchen, die richtige Fußstellung auf dem Pedal einzustellen.

Mit dem Fußhalter kann man seinen Tretstil nun entscheidend verbessern. Den richtigen Ablauf lernt man am besten, wenn man auf einem ungefährlichen Platz ein Bein wegstreckt und versucht, nur mit dem anderen Bein zu treten. die geforderte Kreisbewegung ergibt sich so von selbst, und man sollte diesen Tretstil beibehalten, auch wenn man mit beiden Füßen tritt.

Ernsthafte Tourenfahrer schwören auf festangezogene Riemen und Schuhplatten, in die das Pedal einrastet. Im Stadtverkehr ist das aber einigermaßen gefährlich. Während man ohne Schuhplatten bei gelockertem Riemen noch schnell die Pedale verlassen kann, ist mit Schuhplatten das Herausziehen erschwert – das ist ja der Hauptzweck der Schuhplatten. Außerdem ist das Gehen mit Schuhplatten auf dem Bürgersteig beschwerlich, während auf Gras- oder Waldboden schon mal ein kurzes Stück zurückgelegt werden kann.

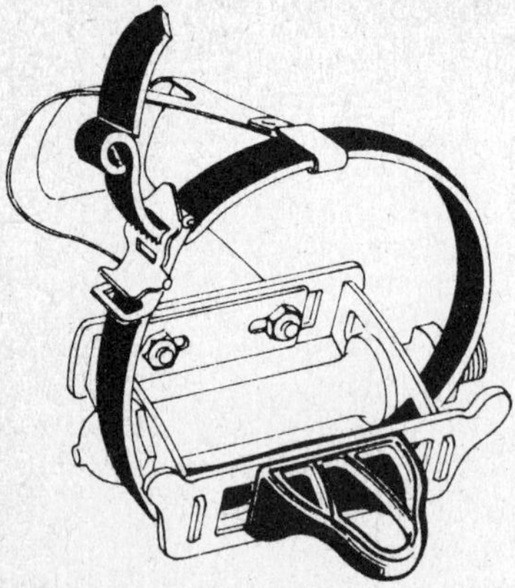

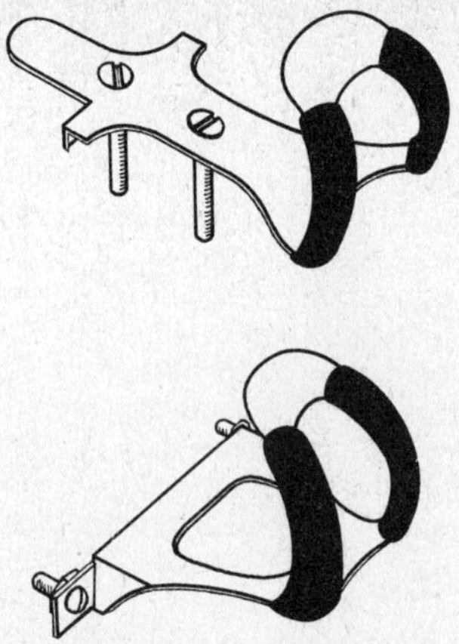

Oben: Das vollausgerüstete Pedal ist kopflastig und muß erst durch Antippen mit dem Fuß in die waagerechte Lage gebracht werden. Hierzu ist die hinten angeschraubte Einstieghilfe nützlich. Wenn man das Riemenende durch einen Einschnitt durchsteckt, kann es nicht durch die Schnalle entschwinden. Es gibt auch Griffplomben zum Anschrauben für diesen Zweck.

Oben: Fußhalter ohne Riemen verbessern die Pedaltechnik, da der Ballen zwangsweise auf dem Pedal gehalten wird. Zum Schutz der Schuhspitze mit Kunststoff überzogen. Unten Modell für Rattrap-Pedale (VERMA), oben eins für Gummiblock-Pedale (Christophe 15 M, Paar DM 5,–, bei Radsportversand Brügelmann).

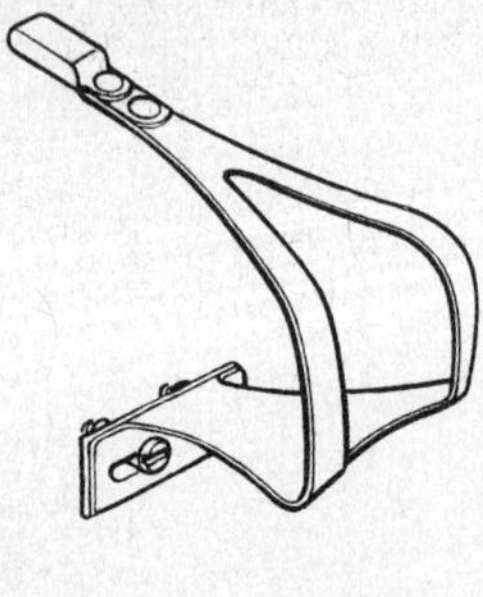

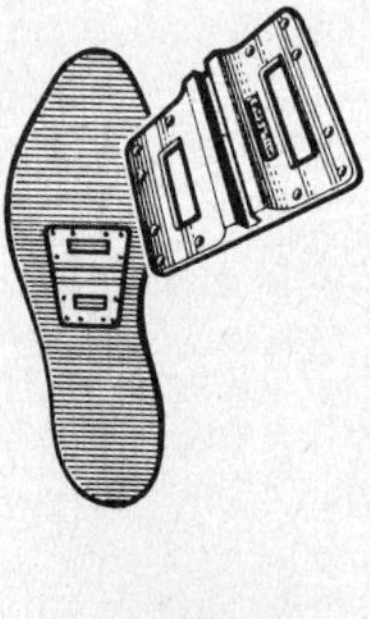

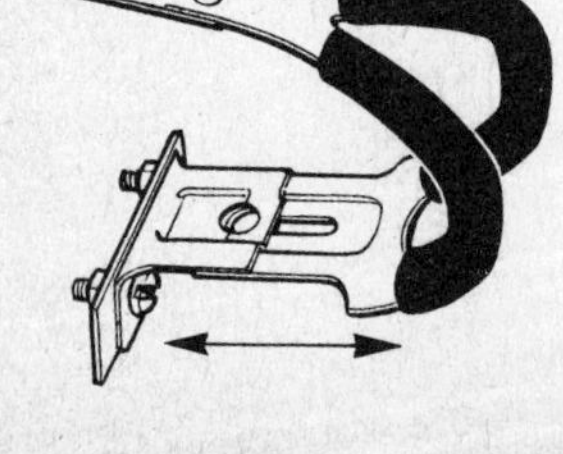

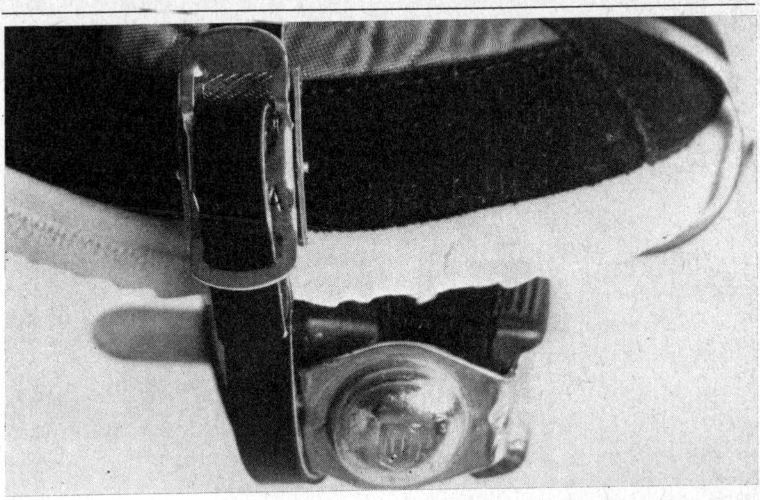

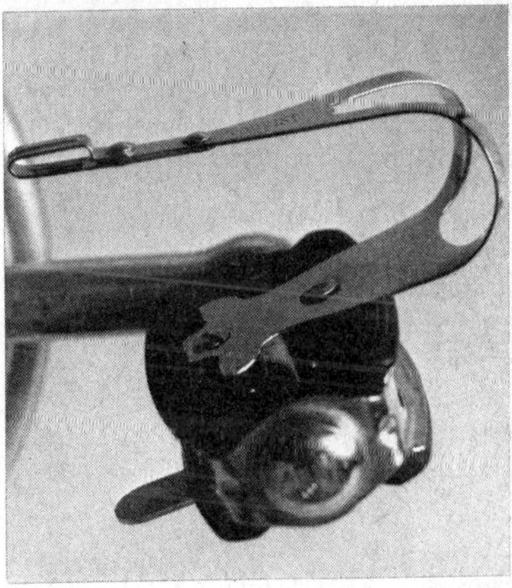

Oben: Mit der Rollenschnalle läßt sich der Pedalriemen einfach lockern oder spannen. Die «Mecap»-Schuhe haben im Gegensatz zu anderen Freizeitschuhen eine Stahleinlage, die vor allem auf Rattrap-Pedalen angenehmes Treten ermöglicht.

Rechts: Im Stadtverkehr Riemen weglassen! Pedalhaken allein oder Miniclips sind immer noch besser als gar nichts. Die Befestigung dieser Ausführung für Gummipedale erfolgt mit 2 Schrauben und Gegenplatte, die nach hinten übersteht und gleichzeitig als Einstiegshilfe dienen kann. Denn meistens hängt der Pedalhaken ja kopflastig nach unten (Christophe 15C, Paar DM 5,–, bei Radsportversand Brügelmann).

Linke Seite

Links: Fester und verstellbarer Pedalhaken (verstellbar: Paturaud No. 23, Paar DM 7,–, bei Radsportversand Brügelmann). Bei Anbringung dieser Versionen ist allerdings kein Platz für den vorgeschriebenen vorderen Pedalrückstrahler – es sei denn, man klebt ihn nachträglich auf.

Rechts: Für längere Radtouren sinnvoll: Schuhplatten, in deren Spalt die Pedalkante paßt. Die richtige Position wird durch Probieren gefunden, dann werden die Platten aufgeleimt oder aufgenagelt. Problemloser sind Schuhe mit verstellbarer Schuhplatte (unten).

Die Frage der ergonomisch richtigen Kurbellänge ist eine alte Streitfrage der Fahrradtechnik. An sich sollte der längere Hebelarm einer längeren Kurbel weniger Tretkraft erfordern, aber nun kommt das Beschleunigen und Verzögern der Beine über einen längeren Weg hinzu, wodurch schneller Ermüdung eintreten kann. Die ersten systematischen Beobachtungen stammen aus dem Jahr 1897, als in Frankreich ein Monsieur Bouny in der «Revue mensuelle du Touring-Club» seine Experimente mit Kurbeln von 160, 190 und 220 mm Länge publizierte. Er beobachtete, daß er mit allen Kurbeln in etwa gleiche maximale Leistung bei 110 bis 115 Kurbelumdrehungen pro Minute erbringen konnte. Noch schneller tretend war die Leistungsfähigkeit bei größerer Kurbellänge kleiner. Für die maximale Leistung hatte die Kurbellänge kaum einen Einfluß – an dieser Beobachtung hat sich bis heute nicht viel geändert. Allerdings waren dies Messungen über 8 Sekunden, wo der Radfahrer Höchstleistungen erbringen kann. Insofern argumentieren die Verfechter größerer Kurbellängen widerspruchsfrei, daß zur Erzielung größter Geschwindigkeit über mehrere Stunden für geringste Ermüdung lange Kurbeln besser seien. Seit 1897 gelten als Faustregeln für die Dimensionierung der Kurbellänge: Entweder Hälfte der Oberschenkellänge oder 1/10 der Körpergröße. Danach paßt zu den Standardkurbeln von 170 mm Länge am fertig gekauften Rad ein Fahrer von 1,70 Meter Körpergröße – allerdings sind Abweichungen hiervon nicht so kritisch, wie wir gesehen haben. Neuerdings liegt Beobachtungsmaterial vor, wobei als Vergleichsmaßstab die Schrittlänge genommen wurde (Dr. Piednoir). Die Auswertung der Beobachtungen ergab folgende Regel:

Kurbellänge = 20 % der Schrittlänge

Was für Monsieur Bouny während 8 Sekunden galt, nämlich, daß die Kurbellänge unerheblich sei, braucht für eine Radtour über den ganzen Tag nicht zuzutreffen. Verfechter längerer Kurbellängen versichern glaubhaft, daß Beschwerden, wie etwa Knieschmerzen, verschwanden, wenn sie auf eine angemessene Kurbellänge umrüsteten. Kurbeln gibt es von 90 mm Länge für Kinder bis 185 mm Länge, letztere allerdings nur bei den keillosen Versionen. Wer oft Radtouren macht, wird sich schon überlegen, ob er nicht mit einer längeren Kurbel experimentieren soll, auch wenn er dabei die ganze Antriebseinheit vorne ersetzen muß. Aber, wie gesagt, man kann sich auch die Argumentation der anderen Seite zu eigen machen und dabei bleiben, daß der menschliche Motor genug anpassungsfähig ist, um mit den Standard-Kurbeln von 170 mm auszukommen.

Der **Wiegetritt** ist die Technik, sich aus dem Sattel zu heben und mit den Armen am Lenker reißend die Pedale niederzutreten beziehungsweise (mit den Pedalhaken) hochzuziehen. Er ist die letzte Möglichkeit, auf dem Fahrrad zu bleiben, wenn die Übersetzung zum Sitzen nicht mehr ausreicht. Auf langen Touren mag es eine gute Abwechslung sein, die Sitzfläche für kurze Zeit zu kühlen, aber wirkungsvoller fährt man den Berg im Sitzen hinauf, wozu man die entsprechende Übersetzung braucht. Auch der Wiegetritt will gekonnt sein, um nicht zuviel Energie darauf zu verschwenden, das Fahrrad und den Körper von einer Seite zur anderen zu werfen. Der erfahrene Fahrer benützt ihn selten, viel sieht man ihn eher bei Anfängern. Dabei kann es auf der Radtour ökonomischer sein, eine Steigung auch zu Fuß zu gehen, statt sich um jeden Preis auf dem Fahrrad zu halten.

Die Erfahrung vieler Radtouristen ist es, daß das Einhalten eines individuellen **Trettaktes** eine höchstmögliche Leistungsausnutzung bewirkt. Das heißt, man fährt mit praktisch konstanter Kurbeldrehzahl und schaltet nur dann, wenn das Treten in einem Gang zu schwer geht oder so leicht, daß man den Trettakt nicht einhalten kann. Zugrunde liegt die Beobachtung, daß es einen persönlichen Trettakt gibt, bei dem man sich wohlfühlt. Für die meisten Fahrer liegt er bei 65 bis 85 Kurbelumdrehungen pro Minute. Diesen gemütlichen Trettakt kann man am längsten durchhalten. Im Gegensatz zum Automotor, dessen Drehzahl in weitem Bereich mit dem Gashebel verändert werden kann, ist der Drehzahlbereich der Beine recht eng. Man sollte also nicht glauben, man müsse wie beim Auto stets im höchsten Gang fahren, um Energie zu sparen. Niedere Gänge können dem individuellen Trettakt angemessener sein als der schnellste. Hat man seinen Trettakt gefunden, kann man seinen Körper hin und wieder auch etwas fordern, indem man bei aufkommendem Gegenwind oder Steigungen versucht, den Trettakt unverändert durchzuhalten, wobei man, wenn nötig, herunterschaltet. Wenn man nicht gewillt ist, seine Leistungsgrenze ein bißchen weiterzuschieben, bleiben einem manche Freuden des Radtourismus verschlossen.

6
Sicherheitstips

Stellen wir gleich zu Beginn fest: Radfahren im Straßenverkehr ist erschreckend unsicher. Es wäre Augenwischerei zu hoffen, daß sich durch ein paar herzige Tips an dieser Grundgegebenheit sehr viel ändern ließe. Überlebenschancen hat nur der wache Fahrer, der buchstäblich alles erfaßt, was vorgeht: von den Scherben auf der Straße über die Dachziegel, die jeden Augenblick von der Baustelle herabregnen können, und die Abschiedsszenen in den geparkten Autos bis zu den Fahrzeugen vor und hinter ihm. Darüber hinaus muß er sich nach der Straßenverkehrsordnung richten, doch kann sich dadurch sein Überlebensrisiko erhöhen: Vor die Wahl gestellt, vorschriftsgemäß auf der Ausfallstraße mit chaotischem Autoverkehr zu fahren oder auf dem menschenleeren Gehweg, kann die individuelle Güterabwägung schon mal zum ungesetzlichen, aber sicheren Handeln führen. Man sollte sich hin und wieder vergegenwärtigen, daß man im Straßenverkehr umkommen kann – die Zeitungen sind voll davon.

Andererseits verunglücken Leute auch zu Hause.

Es gibt eine ganze Reihe bedrohlicher Situationen, vor denen man sich als Radfahrer hüten muß, aber die Hauptgefahrenquelle sind die Autos. Der Straßenverkehrsordnung nach hat ein Radfahrer dieselben Rechte und Pflichten wie jedes andere Straßenfahrzeug. Die Alltagspraxis sieht anders aus – den Vorfahrt habenden zweirädrigen Karren gibt's auch nur im Fahrschulunterricht. In den meisten Fällen ist der Mensch hinterm Steuer überzeugt, daß sein Fahrzeug ihm uneingeschränkte Vorfahrt gibt. Alles was sein Vorwärtskommen behindert – wie etwa ein langsamfahrendes Fahrrad – darf es eigentlich gar nicht geben. Der Radfahrer existiert für den Menschen hinterm Steuer gar nicht. Er kommt gar nicht auf die Idee, einmal langsamer zu tun und dem Radfahrer für irgendwelche Bewegungen Platz zu machen – wie sonst – vielleicht manchmal – edelmütig für einen anderen Autofahrer.

Der Autofahrer liegt da rechtlich falsch, aber für den Radfahrer ist es

In den USA gibt «Sprocketman» Sicherheitstips für Radfahrer. Auf der rechts abgebildeten Seite des Comic-Heftes empfiehlt «Sprocketman» bei aufgehenden Autotüren gleich «Achtung» zu brüllen, statt noch an der Klingel herumzufingern.
«Sprocketman» wird von der Urban Scientific and Educational Research, Inc., 635 c Street, NE in Washington, DC 2000 Z, USA veröffentlicht und vertrieben.

18
UH OH
HONK
HONK
Did some-one say something?
YIEAAAH
HONK
HONK
KER-PLUNK
WATCH OUT FOR OPEN-ING CAR DOORS!!
DON'T WASTE YOUR TIME FIDDLING A HORN OR BELL. GO FOR YOUR BRAKES AND.... SCREAM!!! MOVE LEFT BUT... DON'T SWING INTO TRAFFIC!!
WATCHOUT!!
WHA...!?
DON'T RIDE TOO CLOSE TO PARKED CARS........
-KEEP AN EYE OUT FOR DRIVER'S HEAD AS YOU APPROACH.......
-WATCH OUT FOR DOU-BLE-PARKING CARS 'CAUSE PASSENGERS MAY JUMP OUT ON YOUR LEFT.
WHEW
SLAM!!
L. Saeborv

ganz wichtig zu wissen, was der Autofahrer sich so vorstellt. Die entsprechende Situation ist die eines Fußgängers, der den Autoführerschein gemacht hat. Er kann sich ab sofort auch als Fußgänger besser in den Verkehr eingliedern.

Mit Erfolg im Straßenverkehr radzufahren, erfordert also die richtige Mischung von Durchsetzungskraft und Wissen darum, wann man besser nachgibt. Zum Beispiel sollte man überholenden Autos nicht im Wege sein. Falls andererseits die Situation so ist, daß es auf Kosten der eigenen Sicherheit geht, wenn man sie überholen läßt, sollte man nicht zögern, die eigene Fahrspur voll in Besitz zu nehmen und zwar so, daß sie eben nicht überholen können. Die Autofahrer und man selbst haben schließlich genau das gleiche Recht, die Straße zu benutzen. Nur aufgrund der Tatsache, daß ein Mensch im Auto sitzt, hat er keine größeren Rechte auf der Straße als der Mensch auf dem Fahrrad. Man muß sich das immer wieder vergegenwärtigen. Es gibt in diesem Beispiel keinen Anlaß, Schuldgefühle zu entwickeln, weil man «im Wege» sei. Gleichzeitig muß man die Sache der Wirklichkeit entsprechend sehen. Eine Menge Leute hinter dem Steuerrad geben sich echt verrückt. Egal wie recht man hat, jeder Konflikt mit einem solchen gleichberechtigten Verkehrsteilnehmer endet mit einem selbst als Verlierer. Es ist also nur vernünftig, als Radfahrer defensiv zu fahren und zu hoffen, daß die Autofahrer sich allmählich der größeren Radfahrerzahlen auf den Straßen bewußter werden. Bis es soweit ist, hilft es nur, sich so zu verhalten, als ob die Autofahrer einen nicht sehen könnten, und dabei selbst die Verkehrssituation voll zu erfassen. Ein wichtiges Hilfsmittel sind dabei die *Ohren*, die einen großen Teil der Absicherung nach hinten übernehmen können, aber auch nach vorn: Eine Änderung im Auspuffgeräusch des vorausfahrenden Autos kündigt die Absicht des Fahrers an, zu stoppen oder die Fahrtrichtung zu ändern. Wenn der eigene Fahrtwind in den Ohren rauscht, versäume man nicht, öfter den Kopf nach links oder rechts zu drehen, um ohne den Fahrtwind lauschen zu können. Bei Gegenwind hört man den rückwärtigen Verkehr erst spät und sollte zum Ausgleich den Kopf öfter drehen.

Rückspiegel sind eine Hilfe, obwohl man auf ihnen die Geschwindigkeit herannahender Fahrzeuge schlecht schätzen kann. Am Lenker angebrachte geben wegen der Erschütterungen des Lenkers wenig Aufschluß und sind meist nicht mehr zu gebrauchen, wenn das abgestellte Fahrrad einmal umfällt. In den USA hat sich ein Miniatur-Rückspiegel am Brillengestell durchgesetzt, den man sich aus einem Zahnspiegel auch selbst zurechtbiegen kann.

Genaue Beobachtung der Autos gibt Aufschluß über ihre Absichten. Ob ein auf die Kreuzung zufahrendes Auto bremst, erkennt man daran, daß der Kühler vorne tiefer geht. Kommt er wieder hoch, hat der Fahrer

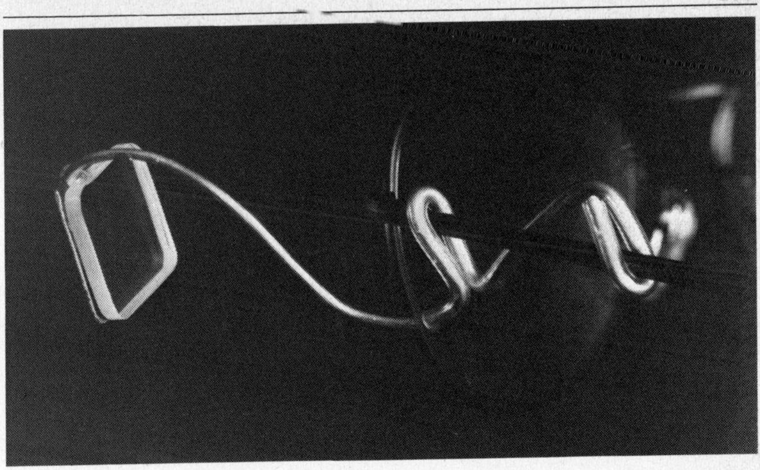

Sehr leichte Rückspiegel am Gestell der Sonnenbrille sind bei den amerikanischen Radfahrern verbreitet. Eine gegenüber der Abbildung verbesserte Version mit Kugelgelenk erhält man gegen Voreinsendung von 6 Dollar bei Ed's Mirror, 631-A Billow Drive, San Diego, CA 92 114, USA.

beschlossen weiterzufahren. Kleinste Veränderungen in der Winkelstellung des Vorderrads eines überholenden Autos geben Aufschluß über die Pläne des Fahrers. Wenn ein Auto von vorn oder von der Seite herankommt, suche man den Blickkontakt mit dem Fahrer. Nur so kann man feststellen, ob er einen erfaßt hat. Weitere Tips:

- Hände am Lenker immer nahe oder auf den Bremshebeln lassen. Statt einer Notbremsung ist man oft mit einem Ausweichmanöver besser bedient – aber nur wenn man sicher ist, daß von hinten nichts kommt.
- Nie in Gegenrichtung zum Autoverkehr fahren. Im Autoverkehr mit nicht zu kleiner Geschwindigkeit fahren. Die Folgen eines Zusammenstoßes sind so geringer, als wenn man ein praktisch stehendes Ziel bietet. Um sich in den Verkehr zu integrieren, sollte man nicht im höchsten Gang fahren, um bei Bedarf noch etwas beschleunigen zu können. Konstanten Trettakt kann man hier sowieso nicht beibehalten.
- Vorausfahrenden Autos nicht zu dicht folgen, Autos bremsen schneller als Fahrräder. Sich vom nachfolgenden Verkehr nicht nötigen lassen, den Sicherheitsabstand aufzugeben.
- Besondere Vorsicht ist angebracht, wenn man Vorfahrt hat. Entgegenkommende Linksabbieger schneiden einem häufig den Weg ab. Selbst wenn sie anscheinend warten, bis man vorbei ist, preschen sie im

letzten Moment noch vor. Unbedingt hinter die Windschutzscheibe schauen, um zu erkennen, was in dem Menschen am Steuer vorgeht. Im Zweifelsfall lieber das Auto erst mal vorbeilassen.

- Eine weitere Gefahr an Kreuzungen sind die überholenden Autos, die urplötzlich nach rechts abbiegen und den Radfahrer an die Bordsteinkante drücken. Eine Möglichkeit, sich dagegen zu schützen, ist, an Kreuzungen auf der Mitte der rechten Fahrbahn zu fahren. Aber an Ampeln, deren Grünphase zu Ende zu gehen droht, ist der Autoverkehr so halsbrecherisch, daß man es dort lieber läßt.
- Sich öffnende Autotüren parkender Autos sind eine permanente Bedrohung der Radfahrer. Man schützt sich, indem man jedes parkende Auto im voraus auf Auspuffschwaden oder Innenleben, besonders durch Blick in dessen Außenspiegel durchcheckt. Gleichzeitig den rückwärtigen Verkehr überprüfen, damit man einer aufklappenden Tür ausweichen kann.

Bevor die endlosen Ermahnungen zur Vorsicht ermüden, ein Blick auf die Alternative, die bislang verboten ist: auf dem Gehweg zu fahren. Radfahrer und Fußgänger auf einem gemeinsamen Verkehrsweg zusammenzubringen, ist jedenfalls ungefährlicher als Radfahrer und Autos zusammenzupacken. In vielen Städten hat sich dies bewährt, wo die einzige Trennung ein weißer Strich auf dem Gehweg ist (und die Beschilderung als Radweg). Radfahrer sind genauso verwundbar und gefährdet wie Fußgänger, und beide haben das allergrößte Interesse, Zusammenstöße zu vermeiden.

Projekt: Auf reflektierende Reifen umrüsten

Reflektierende Reifen werden in Deutschland von Metzeler hergestellt unter Verwendung der Scotchlite-Reflexfolie von 3M, in die 60 Glaskügelchen pro Quadratmillimeter eingebettet sind. Reflektierende Reifen gibt es nur als Drahtreifen; Leute, die Schlauchreifen fahren, müssen sich anders schützen, z. B. durch Speichen-Seitenstrahler. Folgende Größen und Farben der Reifenwand werden zur Zeit (1978) hergestellt – das Profil ist immer schwarz:

47 – 406	rot gelb	(20 × 1,75)
47 – 507	rot gelb	(24 × 1,75)
37 – 540	schwarz	(24 × 1 3/8)
47 – 559	rot gelb	(26 × 1,75)
37 – 590	schwarz	(26 × 1 3/8)
47 – 622	rot gelb	(28 × 1,75)

37–622 schwarz (28 × 1 3/8 × 1 5/8)
32–622 schwarz (28 × 1 1/4 × 1 3/4)
32–630 schwarz (27 × 1 1/4)

Eigentlich sollte man nicht warten, bis die alte Bereifung abgefahren ist, und auf jeden Fall gleich Vorder- und Hinterrad reflektierend machen. Man besorge sich auch gleich etwas Talkumpuder und – falls noch nicht geschehen – leichtgängige Ventile und gegebenenfalls die ELDI-Gabelaufspreizzange. Auch ein Paar neue Felgenbänder kosten nicht die Welt; die von den Herstellern sind meist miserabel und im Interesse der Pannensicherheit durch bessere zu ersetzen.

Reifenwechsel der Drahtreifen: Um die alten Reifendecken abzunehmen, muß man die Räder völlig ausbauen (siehe Projekt «Räderausbauen», Kapitel 9). Bei Rädern mit geschlossenem Kettenkasten, wie den Hollandrädern, ist aber der Ausbau des Hinterrads einigermaßen kompliziert und langwierig. Mit Hilfe einer Gabelaufspreizzange (ELDI) kann man den Ausbau vermeiden, indem man hinten links kurzzeitig das Ausfallende von der Achse wegspreizt, damit die Decke und beim Reifenflicken auch der Schlauch passieren können. Man prüfe das Felgenband, ob sich die Speichenköpfe nicht schon durchgescheuert haben. Zum Abnehmen einfach dehnen und neues so anbringen, daß das Loch aufs Ventilloch in der Felge fällt. Neue Decken ein paarmal kippen und ausblasen, um etwaige scharfkantige Partikel zu entfernen. Etwas Talkumpuder einstreuen und durch Drehen der Decken rundum verteilen.

Reflektierende Reifen an Vorder- und Hinterrad signalisieren den übrigen Verkehrsteilnehmern: Achtung, Zweirad! Im Gegensatz zu Speichenseitenstrahlern sind die reflektierenden Reifen auch bei stehendem Rad gut zu erkennen. Preis pro Leuchtdecke etwa DM 13,–. (Quelle Fahrzeugbetrieb)

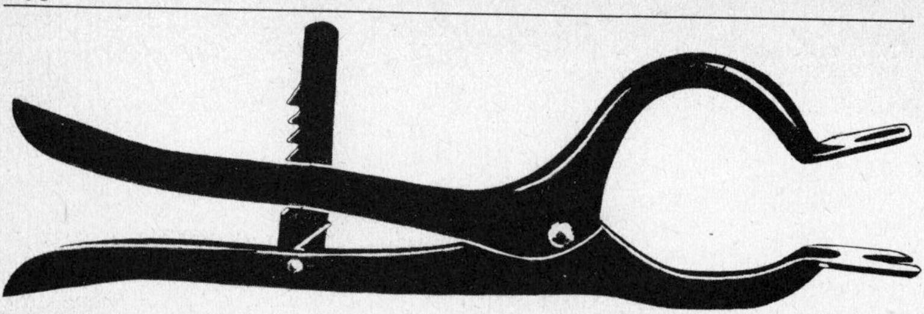

Für Besitzer von Hollandrädern, die selbst das Hinterrad flicken oder die Decke austauschen wollen, eine Notwendigkeit: Gabelaufspreizzange von ELDI. Das linke Ausfallende wird von der Nabe weggespreizt und Decke oder Schlauch durchgezogen. Die Sunbeam-Fahrräder der Jahrhundertwende waren da besser: Mit einer Steckachse ausgerüstet ging das Ganze unterwegs ohne Zange.

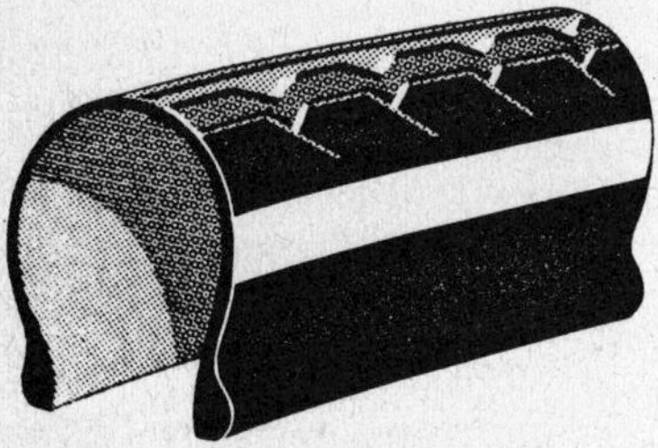

Die Scotchlite-Reflexfolie ist mit dem Reifen verschweißt. Sie ist unempfindlich gegen Stoß- und Schlagbeschädigungen.

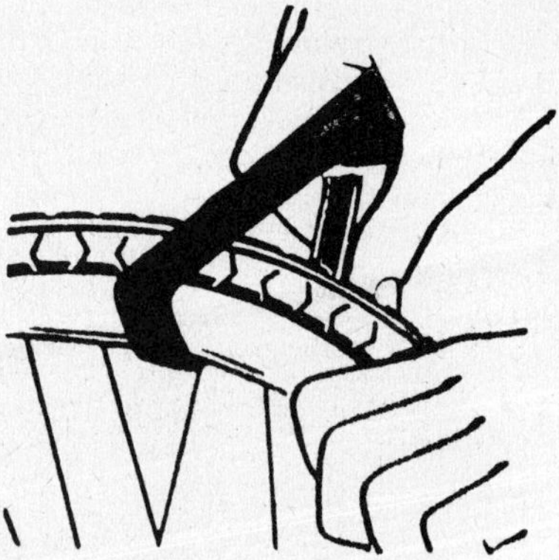

Für schwache Hände bei der kritischen Phase des Reifenwechsels: Terry-Montiergerät aus England.

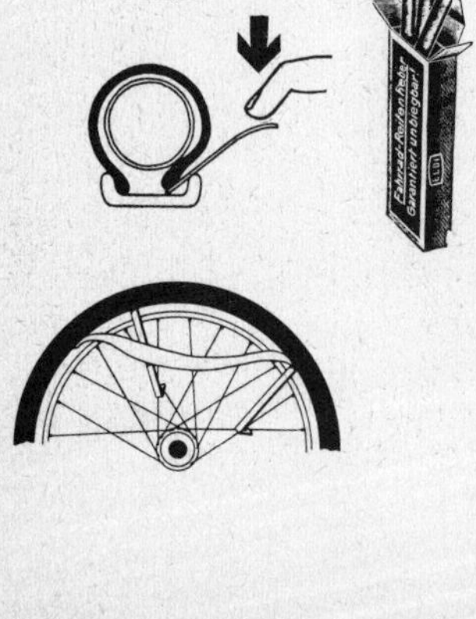

◂ Ansetzen der Reifenheber: Luftleeren Reifen zusammendrücken und dadurch Decke von der Felge lösen – Reifenheber einzwängen und herunterhebeln – in eine Speiche einhängen. Zweiten Reifenheber daneben einstecken und ein Stück rundumfahren, notfalls dasselbe mit dem dritten fortführen. Achtung: Reifenheber werden heute oft unentgratet geliefert, deshalb vorher scharfe Kanten abfeilen!

7
Kind und Fahrrad

Mit einem Jahr können Kinder ihren Kopf halten und sind damit in der Lage, einen aufrechten Sitz auf dem Fahrrad einzunehmen. Vorher sollte man sie lieber auf dem Rücken im Tragegestell oder Rucksack transportieren, wo sie den Kopf auf den Rücken des Fahrers legen können. Aber Vorsicht! Mit der Last auf dem Rücken liegt der Schwerpunkt von Mensch und Maschine etwas höher, und die Fahreigenschaften sind zunächst ungewohnt. Verantwortungsbewußte Eltern üben erst mit weniger kostbarer Fracht, etwa einem Sack Kartoffeln im Tragegestell, das Anfahren, Anhalten, Kurvenfahren, Geradlinigfahren, Einhändigfahren, bevor sie die süße Last transportieren. Irgendwann kommt dann der Augenblick, wo die Last zu unangenehm wird und auch das Fahrrad immer schwieriger zu meistern geht. Dann sollte man zu Kindersitzen übergehen.

Der Weyer-Kindersitz ist hoch genug, um auch den Kopf des Kindes zu stützen. Etwa DM 35,–.

Traktorsitz für Kinder, die ihren Kopf gut halten können. Das Fahrrad ist übrigens das berühmte «Moulton» mit Vorder- und Hinterradfederung, bisher nicht wieder erreichter Vorfahr der Miniräder.

Kindersitze gibt es in hüfthoher Konstruktion oder als Schalensitz bis in Kopfhöhe. Für die Einjährigen sollte man unbedingt den Schalensitz erwerben, da hier der Kopf auch weiterhin eine gute Stütze hat. Aber auch für größere Kinder ist er von Vorteil, da der Kopf besser geschützt ist, falls das Fahrrad doch einmal kippen sollte. Was die Anbringung am Lenker oder hinter dem Sattel betrifft, sollte man zuerst den Raum hinter dem Fahrer ausnützen. Zwar erscheint der Augenkontakt mit dem vor dem Lenker sitzenden Kind auf den ersten Blick am wichtigsten, aber der Fahrer wird so von der Verkehrsbeobachtung abgelenkt. Nicht nur ist der Kopilot vor Wind, Wetter und Insekten hinter dem Fahrer besser geschützt, sondern es ist auch das Lenken des Fahrrads ohne Last am Lenker viel einfacher, das Auf- und Absteigen weniger behindert und das Abstellen auf dem Ständer nicht so kritisch. Ohnehin sollte man sich zur Regel machen, das Kind nie allein auf dem abgestellten Fahrrad sitzen zu lassen, wenn man nicht noch wenigstens eine Hand am Fahrrad hat. Mit einem Zweibeinständer ist die Unsicherheit beim Draufsetzen oder Herausheben des Kindes behoben; man sollte ihn gleich mit dem Kindersitz oder nachträglich installieren lassen oder selbst anbauen.

Projekt: Zweibeinige Fahrradstütze anbauen

Außer den nostalgischen Hollandrädern gibt es in Deutschland kein Fahrrad zu kaufen, das einen zweibeinigen Ständer und die damit verknüpfte, wohltuende Stabilität beim Abstellen hat – vermutlich weil jede Fahrradstütze bei den ehemaligen Rennfahrern in der Fahrradbranche verpönt ist. Viele potentielle Radfahrer fahren nur deshalb nicht, weil ihnen das ständige Risiko, daß das abgestellte Fahrrad unter den belustigten Blicken der Umstehenden rasselnd zu Boden geht und mühsam aufgerichtet werden muß, einfach zuviel ist. Für Familienglieder, die mit dem Fahrrad etwas auf dem Kriegsfuß stehen oder ständig Lasten auf dem Gepäckträger transportieren, ist der Zweibeinständer eine freudige Überraschung.

In der Bundesrepublik erhältlich ist der Fahrradständer «Stabil» der holländischen Tunit B.V. Beim Niedertreten spreizt er sich von 120 mm Breite auf 250 mm Breite, ist also hochgeklappt überhaupt nicht im Weg. Wenn er nicht zu stark belastet wird, läßt er die linke Kurbel passieren ohne zu streifen. Er ist dazu ideal für Wartungsarbeiten an Vorder- und Hinderrad. Normalerweise ruht das Fahrrad auf ihm und dem Hinterrad; da er aber nahe dem Schwerpunkt angebracht ist, kann man das Fahrrad vorne antippen odor etwas dranhängen, woraufhin es auf Vorderrad und Ständer ruht. Radausbau, Test der Gangschaltung, Test des Dynamos und der Beleuchtung sind so möglich, ohne das Fahrrad umzukehren oder auch nur anzuheben.

Es gibt zwei Ausführungen verschiedener Höhe, eine für 700-mm-Räder und eine für 650-mm-Räder; Radgröße am Reifen vor der Bestellung beim Fahrradhändler ablesen. Für 675-mm-Räder (27") nimmt man das größere Modell. Selbst wenn zwischen den Hinterrohren kein Steg mit Montageloch vorhanden ist, kann der Ständer montiert werden, da er mit einer Anpreßplatte geliefert wird. Zunächst alte Stütze durch Herausdrehen der Montageschraube gegen den Uhrzeigersinn entfernen – entweder mit einem Gabelschlüssel oder Sechskantschlüssel, je nach vorhandenem Schraubenkopf. Beim Eindrehen der Montageschraube im Uhrzeigersinn nicht vergessen, den Federring unterzulegen, da sich sonst die Schraube laufend lockert.

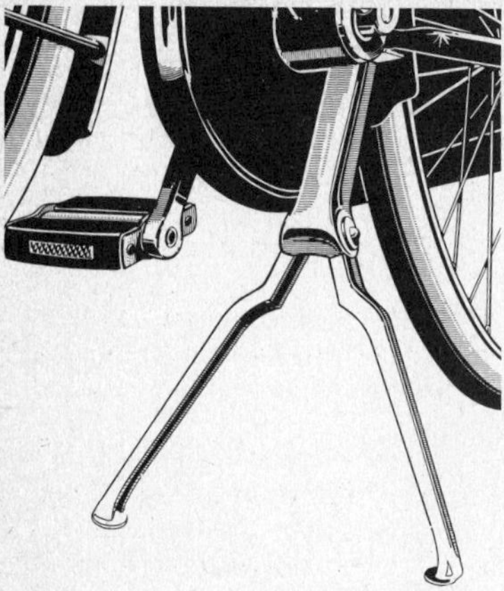

Der Zweibeinständer der holländischen Tunit B. V. ist in der Bundesrepublik erhältlich. Beim Runterklappen werden die Beine von 120 mm Abstand auf 250 mm gespreizt. Gut für Lastentransport, aber auch für Wartungsarbeiten am aufrechtstehenden Fahrrad. Etwa DM 20,–.

Der Zweibeinständer wird an derselben Stelle montiert wie die gewöhnliche Seitenstütze, selbst wenn kein Montagesteg vorhanden sein sollte. Die Kurbel kann sich an ihm beim Rückwärtsschieben nicht verfangen.

Wenn dann zwei Kinder auf dem Fahrrad zu transportieren sind, kommt man um den Frontsitz nicht herum. Man wähle aber einen mit Befestigung am Fahrradrahmen, nicht am Lenker, auch wenn hier wieder auf den Blickkontakt verzichtet werden muß. Das Kindergewicht am Lenker beeinträchtigt den Lenkvorgang ganz beträchtlich und ist auch beim Abstellen des Fahrrads lästig, weil man jedesmal den umschlagenden Lenker bremsen muß und das Fahrrad auch auf dem Zweibeinständer instabil werden kann. Das wichtigste an den Kindersitzen ist ein vollständiger Beinschutz. Die chirurgische Fachliteratur ist voll von abschrekkenden Fotos von Kinderfüßen, die in die Speichen von Vorder- oder Hinterrad geraden sind. Besser noch als die vorgeschriebenen Fußruhen sind Abdeckungen zu beiden Seiten der Räder, die man unbedingt zusätzlich installieren sollte. Am Hinterrad kann man auch einen kräftigen Mantelschoner zusätzlich installieren. Erst wenn man sich überzeugt hat, daß es unmöglich ist, daß ein Kinderfuß in die Speichen gelangen kann, sollte man losfahren.

Straßenverkehrsordnung § 21 Personenbeförderung

Absatz (3). Auf Fahrrädern dürfen nur Kinder unter 7 Jahren von mindestens 16 Jahre alten Personen mitgenommen werden, wenn für die Kinder besondere Sitze vorhanden sind und durch Radverkleidung oder gleich wirksame Vorrichtungen dafür gesorgt ist, daß die Füße der Kinder nicht in die Speichen geraten können.

Richtlinien für die Anbringung von Kindersitzen an Fahrrädern vom März 1975

1. Sitze dürfen nicht an schwenkbaren Lenkungsteilen (Lenker oder Gabel) angebracht sein und die Fahrsicherheit nicht beeinträchtigen. Der Sitz oder zum Sitz gehörende Teile, beispielsweise Haltegriffe, dürfen keine zusätzliche Gefährdung hervorrufen.
2. Sitze dürfen nur so angebracht sein, daß sich der Schwerpunkt zwischen der Sitzfläche (mindestens $^2/_3$ der Sitzflächentiefe) zwischen der Vorder- und Hinterachse des Fahrrades befindet.
3. Fußstützen (Fußruhen), die in jedem Fall vorhanden sein müssen, müssen rutschsicher ausgebildet sein.
4. Sitz- und Fußstützen müssen den Körpermaßen des Kindes angepaßt und sicher befestigt sein.
5. Befinden sich die Fußstützen im Bereich der Speichen eines Rades oder besteht die Möglichkeit, daß ein Kinderfuß zwischen die Speichen gelangen kann, so müssen die Speichen über ein Segment von je 45 Grad – ausgehend von der Achsmitte – beiderseits des Aufstützpunktes der Fußstützen abgedeckt sein. Am Vorderrad kann auf eine Abdeckung nach vorn um 45 Grad verzichtet werden, wenn Ergänzungseinrichtungen (z. B. Bügel) zu den Fußstützen vorhanden sind, die ein Abgleiten der Füße sicher verhindern können.

Es muß noch einmal wiederholt werden, daß das Mitfahrenlassen von Kindern unter 7 Jahren auf Lenker, Oberrohr oder Gepäckträger hoch riskant ist und daher vom Gesetzgeber rundweg verboten wurde.

Eine in den USA verbreitete Alternative, ein bis zwei Kinder mitzunehmen, ist der Fahrrad-Anhänger mit Schalensitzbank und Sicherheitsgurt. Der Anhänger wird mit einem sinnreichen Anschluß einfach an der Sattelstütze befestigt und stabilisiert das ziehende Fahrrad übrigens so weit, daß es beim Abstellen nicht umfällt. Der Vorteil ist, daß das Fahrrad die Last der ein bis zwei Kinder los ist und daß auch Spielzeug mitgenommen werden kann, ohne daß es gleich auf die Straße fällt. Amerikanische Eltern haben so die USA von Küste zu Küste durchquert, wobei der zweijährige Sohn an einer festmontierten Trinkflasche in gut erreichbarer Nähe nuckeln konnte. Die neunjährige Tochter fuhr auf einem Zehngangrad mit. Kinder-Anhänger sind in § 21 STVO nicht berücksichtigt.

Zum Fahrrad hinführende Kinderfahrzeuge sind alle, bei denen aufrecht sitzend Pedale getreten werden oder das Balancieren auf einem Zweirad

Alle Kinder auf der Straße betteln, darin mitgenommen zu werden: Fahrrad-Anhänger «Bugger» der amerikanischen Firma Cannondale. 600-mm-Räder mit Luftbereifung 47-507, Stahlrohrrahmen mit flexibler Kunststoff-Kupplung, die das Fahrrad nicht verkratzt, Kunststoffschalensitz für 2 Kinder mit Sitzgurt, 13 Kilogramm. Auch mit Nylontasche mit Reißverschluß für den Wocheneinkauf oder Radtouren lieferbar. Tragfähigkeit 36 Kilogramm. 127 Dollar.

geübt wird. Die Abteilungen für Kinderfahrzeuge in den Spielwarengeschäften bieten heute – verglichen mit dem Angebot vor dem Krieg – ein trauriges Bild. Es ist, als ob das Kugellager noch nicht erfunden worden wäre. Elementarste ergonomische und technische Überlegungen wurden und werden der Politik der kleinen Preise geopfert. Grund ist die kurzsichtige Argumentation vieler Eltern, etwa so: «Das Kind wird bald daraus hinauswachsen, also geben wir lieber nicht soviel aus.» Oder: «Wir wollen erst mal sehen, ob es wirklich an dem Spielzeug interessiert ist. Danach bekommt es was Besseres» – was natürlich nie mehr gemacht wird. Die Folge ist, daß das arme Kind mit irgendeinem wertlosen oder gar qualvollen Schund beglückt wird, für den es auch noch dankbar sein soll. Ein Beispiel ist das kleine Dreirad mit den Kurbeln direkt am vorderen Rad. Jeder von uns wird sich erinnern, daß er als Kind nie so schnell damit fahren konnte wie er wollte, ohne bei der unglücklichen Sitzposition rasch aufgeben zu müssen. Es ist ja nichts anderes als das – schlecht ausgenutzte – Prinzip des Hochrads, das schon längst vom Kettenantrieb überholt ist. Bei der Beurteilung der Rolleigenschaften hört man auch oft: «Ach, es ist ganz gut, wenn das Ding nicht so gut läuft, dann kann dem Kind weniger passieren.» Das Kind sucht aber nicht das Trimm-dich-Erlebnis mit eingebauter Bremse, sondern wie die Erwachsenen auch das beglückende Fahrerlebnis auf Kugellagern. Indem sie dem Kind ein positives Fahrerlebnis aus seiner eigenen Kraft versagen, bereiten kurzsichtige Eltern ihr Kind schon frühzeitig aufs Moped und Motorrad vor.

Kurz, Kinderfahrzeuge müssen folgende Merkmale haben:

- **einen stabilen Rahmen** mit nicht zu kleiner Rahmenhöhe und langer Sattelstütze, damit die Sitzposition kindgerecht mitwachsen kann. (Pedal unten bis Satteloberfläche = 109 % der Schrittlänge!)
- **luftbereifte Räder mit Kugellagern** für leichten Lauf, leichtes Treten und sicheres Bremsen. Vollgummireifen haben den vierfachen Rollwiderstand, sind also viermal schwerer zu treten, übertragen die Bodenstöße ungedämpft und haben schlechte Bremswirkung. Man mache beim Kauf die Daumenprobe oder lasse sich die Ventile zeigen. Hochheben und Anwerfen der Räder zeigt auch anhand der Dauer bis zum Stillstand, ob sie kugelgelagert sind oder auf einfachen Plastiklagern laufen.
- **geringes Gewicht** ist ein frommer Wunsch. Man kann nur hoffen, daß die Metallwarenfabrik Kettler ihre Ankündigung bei der Einführung ihrer Aluminium-Fahrräder 1977 wahrmacht, auch Kinderfahrzeuge mit Aluminiumrahmen herzustellen.
- **kugelgelagerte Vordergabel**, also ein richtiges Steuerkopflager wie beim Fahrrad. Die Plastiklager in billigen Kinderfahrzeugen ergeben schlechte Lenkeigenschaften und schlagen dazu auch noch schnell aus. Man erkennt sie, wenn man das Fahrzeug hochhebt und die Lenkung dreht.
- **wirksame Bremsen,** bei Kettenantrieb eine Freilauf-Rücktritt-Nabe. Vor allem bei Katalogbestellung von Kinderspielfahrrädern entgeht einem dieser Punkt leicht: Wenn nicht ausdrücklich «Freilaufnabe mit Rücktritt» angepriesen wird, hat das Fahrzeug keine. Hat man sich verkauft, sollte man versuchen, nachträglich eine Rücktrittnabe zu installieren, auch wenn dazu ein ganz neues Hinterrad erforderlich ist.

Man erkennt, daß ein gutes Kinderfahrzeug kaum billiger sein kann als ein Erwachsenen-Fahrrad.

Wenn man diese Anforderungen mit dem gegenwärtigen Marktangebot vergleicht, bleiben nur zwei hinführende Kinderfahrzeuge übrig:

- luftbereiftes Dreirad mit Kettenantrieb (umbaubar in Kinderfahrrad)
- luftbereifter Laufroller

Luftbereiftes Dreirad mit Kettenantrieb von Kalkhoff, und Umbaumöglichkeit zum Zweirad (unten). 325-mm-Räder mit Bereifung 62-203, Rahmenhöhe 270 mm, mit Freilauf oder starr erhältlich, Felgenbremse vorn, 9 Kilogramm. Beim Umbau besorgt man sich am besten gleich eine eingespeichte Felge mit Rücktrittnabe. Die Reifen gibt es auch in schwarz. Vor Geburtstagen rechtzeitig bestellen. Ähnliches Modell bei Baronia (430 mm Rahmenhöhe). Etwa DM 170,–.

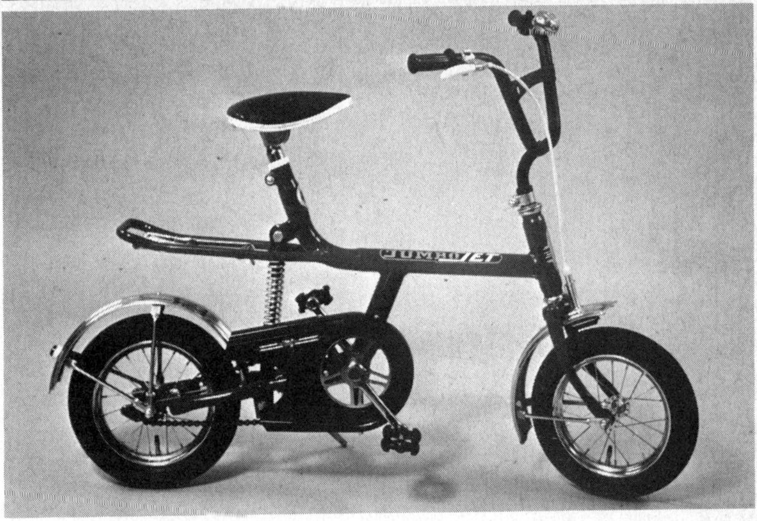

Luftbereiftes Kinderrad von Kynast mit gefederter Hinterradschwinge. 325-mm-Räder mit Bereifung 62-203, Rahmenhöhe 350 mm, 11,9 Kilogramm. Etwa DM 135,–.

Luftbereifter Laufroller von Baronia. 325-mm-Räder mit Bereifung 62-203, höhenverstellbarer Lenker, 6 Kilogramm. Kabelbremse mit Gummiklotz vorn, auf den Reifen wirkende Fußbremse hinten; Ständer; Gepäckträger. Etwa DM 60,–. Vor Geburtstagen usw. rechtzeitig bestellen. Mit Speichenrädern kugelgelagert. Aufpreis DM 5,–. Die Scheibenräder sind nur kunststoffgelagert.

Für 200 Mark, verteilt auf 3 bis 5 Jahre, hat man damit das Bestmögliche getan. Wer diese Periode im Leben seiner Kinder schon hinter sich hat, überschlage einmal, ob er nicht den gleichen Betrag für untaugliche Plastik-Traktoren, Holzroller, Go-Karts und sonstiges Zeug ausgegeben hat. Leider sind die luftbereiften Wipp- oder Tretroller früherer Zeiten vom deutschen Markt verschwunden, obwohl der Antrieb noch im Programm der Firma Schiermeister & Junker (ESJOT) steht. Sollte er wieder auf dem Markt erscheinen, ist er natürlich dem luftbereiften Laufroller ohne Antrieb vorzuziehen. Diese Roller waren mit ihrem Freilauf die perfektesten Wegbereiter zum Radfahren der Kinder.

Diese besseren Kinderfahrzeuge muß man in aller Regel beim Händler bestellen, da sie «nicht gehen», d. h. er sie nicht da hat. Vor Geburtstagen usw. sollte man rechtzeitig daran denken, damit man unter Termindruck nicht doch wieder faule Kompromisse eingehen muß.

Wenn's wieder das unausrottbare Primitivdreirad sein muß, dann wenigstens mit vergrößertem Vorderrad und verstellbarer Sitzhöhe.

Wenn das Ketten-Dreirad gekauft wurde, hat man dann das Zweirad für die ersten Fahrversuche à la Drais schon im Hause. Je nach Motorik des Kindes kann es mit zweieinhalb bis drei Jahren radfahren – wenn man von vornherein **keine Stützräder** ins Haus läßt. Verkäufer ohne Kinder behaupten oft, ein Zweirad mit Stützrädern könne zunächst wie ein gewöhnliches Dreirad benutzt werden. Die Praxis belehrt da schnell eines Besseren. Stellt man die Stützräder gleich tief wie das Hinterrad ein, hebt das Hinterrad bei unebenem Boden oft ab, so daß die Pedale plötzlich durchdrehen – wodurch die Kinder ärgerlich werden. Stellt man sie dann etwas höher, fahren die Kinder nach einer Seite hängend, in der steten und berechtigten Angst umzukippen. Der Handel sollte endlich die Konsequenzen ziehen, die Kinderfahrräder nicht mehr mit Stützrädern anbieten; das Geld ist in einer Fahrradstütze besser angelegt (beim Kauf gleich umtauschen!).

Stützräder erzeugen nur schlechte Erfahrungen der Kinder und haben den Lernprozeß vieler Kinder verzögert. Also sofort abmontieren – den Sattel so tief stellen, daß die Kinder im Sitzen auf dem Boden laufen können – und eventuell für den Anfang die Pedale abnehmen. Daß diese ersten Laufradübungen abgeschirmt vom Straßenverkehr und ohne Steigungen stattfinden müssen, versteht sich. Etwas Ermunterung durch die Eltern ist schon angebracht, Schieben mit der Aufforderung, die Füße vom Boden zu nehmen – aber letztendlich lernen die Kinder es selbst durch das Beispiel anderer Kinder. Es ist oft nützlich, in Kindergärten ängstliches Personal von der Wichtigkeit des Radfahrens für die Entwicklung der Motorik der Kinder zu überzeugen.

Spätestens jetzt sollte das Fahrrad die Rücktritt-Freilaufnabe erhalten, damit das Kind ein Fahrerlebnis ohne wirbelnde Pedale haben und auch wirksam bremsen kann – die Handbremshebel sind in diesem Alter unerreichbar, auch wenn sie Kinderhandhebel nach DIN 79 100 sind. Bei zunehmender Geschicklichkeit des Kindes kann man das oft lächerlich niedrige Übersetzungsverhältnis erhöhen, indem man an der Nabe kleinere Ritzel bis herab zu 12 Zähnen aufsteckt.

Ab vier bis fünf Jahren kann man eine Zweigang-Rücktrittnabe einbauen. Es zeigt sich allerdings, daß die Automatik-Nabe von Fichtel & Sachs, die unvorhergesehen schaltet und eigentlich für 500-mm-Räder gedacht ist, die Kinder irritiert. Die übliche Zweigang-Nabe, die durch leichtes Zurücktreten schaltet, wird dagegen verstanden – immer vorausgesetzt, daß sich die Erwachsenen mit den Kindern beschäftigen und alles erklären. Mit sechs bis sieben Jahren kann man dann die Dreigang-Rücktrittnabe einsetzen, der übliche Klick-Schalter ist allerdings für Kinder schlecht zu bedienen. Man bestelle für Kinder daher vorzugsweise die Sturmey-Archer Nabenschaltung oder die Shimano-Nabenschaltung, die mit bequemen Schaltdrehgriffen für den Lenker erhältlich sind. (Lochzahl für die Speichen angeben). Oder man versucht, einen dieser Drehgriffe an die Fichtel & Sachs-Nabenschaltung anzupassen.

Ein wichtiges, wenngleich zweischneidiges Zubehör fürs Kinderrad ist die Seitenstütze. Nur wenn sie das Fahrrad ordentlich abstellen können, werden die Kinder es nicht in den Rinnstein feuern. Allerdings bringt eine Erscheinung, nämlich das Verhaken der linken Tretkurbel mit der Seitenstütze, wenn das Fahrrad aus dem Stand rückwärts geschoben wird, die Kinder zur Verzweiflung. Meist muß ein Erwachsener hinzueilen und die Sache durch einen Fußtritt aufs rechte Pedal freibekommen. Das Problem wird durch die Hinterachsstützen elegant gelöst, die es ein- und zweibeinig gibt.

Versetzt kleine Kinder in Panik: Schiebt man ein abgestelltes Fahrrad etwas zurück, ohne die Seitenstütze hochzuklappen, verhakt sich die linke Tretkurbel mit der Seitenstütze und geht scheinbar weder vor noch zurück – hier an einem Erwachsenenrad gezeigt.

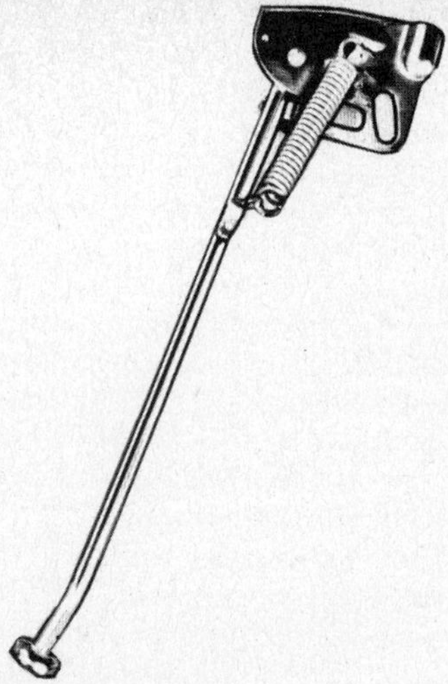

Hinterachs-Fahrradstütze von Raleigh. Sie klappt nach hinten hoch, parallel zum Hinterrohr. Für Kinder vorzuziehen, da sie sich nicht mit der Tretkurbel verhaken kann wie die übliche Fahrradstütze. Muß für Kinderfahrräder gekürzt werden. Etwa DM 15,–.

Projekt: Fahrradstütze anbauen

Der Fahrradhändler, der Raleigh-Fahrräder führt, kann die Hinterachsstützen bestellen: RMK 106 für 650-mm-Räder, und RMK 107 für 700-mm-Räder. Für Kinderräder müssen die Stützen passend abgesägt werden; dies gilt auch für die Anbringung der üblichen Leichtmetall-Seitenstützen. Man verlasse sich aber nicht auf die angebrachten Markierungen für die Radgröße, sondern säge erst mal 10 mm länger ab. Zur Anbringung der Hinterradstütze linke Hinterachsmutter gegen den Uhrzeigersinn aufdrehen – Unterlagscheibe abnehmen, aber nicht die Fixierscheibe – Montageplatte der Stütze aufstecken und verdrehungssicher anpassen – Unterlagscheibe aufstecken – Achsmutter im Uhrzeigersinn anspannen. Danach durch Absägen kurzer Stücke und durch Ausprobieren sich an die richtige Stützlänge herantasten, Oder man biegt nach Absägen des Tellers das Ende im Schraubstock rechtwinklig ab, um mehr Auflagefläche zu gewinnen.

Kinderfahrräder: Für das nächste Fahrrad nach den Kinderfahrzeugen, worunter schon ein erstes Fahrrad gewesen sein dürfte, gibt es eine Menge von Gesichtspunkten – nicht weniger als beim Kauf eines Erwachsenenfahrrads. Am besten, man nimmt sie zur Kenntnis und trifft dann mit dem Kind eine individuelle Entscheidung. Schlecht wäre, wenn diese Entscheidung nur davon abhinge, was gerade beim Händler steht. Kinder im Alter von fünf bis sechs Jahren können schon ein bißchen gefordert werden. Das zweite Fahrrad kann daher ein verkleinertes Erwachsenenfahrrad ohne besondere kindliche Attribute sein. Ein wichtiger Entscheidungsfaktor sind die Erwachsenen selbst. Fahren sie selbst aktiv Rad oder stehen ihre Fahrräder praktisch ungenutzt in Keller oder Garage? Die aktiven Eltern werden schon aufgrund eigener Erfahrung mit dem bestmöglichen Kinderrad experimentieren, während die anderen lieber die wartungsfreie Technik ins Auge fassen sollten, da abzusehen ist, daß sie doch nicht immer die Motivation und Zeit haben werden, mit dem Kind die Wartungsarbeiten durchzugehen.

Körpergröße und Rahmenhöhe: Am Anfang aller Überlegungen steht die Schrittlänge; also muß die erst mal mit dem Maßband gemessen werden. Als nächstes kommt dann der Wunsch, das größtmögliche Fahrrad für den gegenwärtigen Entwicklungsstand zu kaufen, damit es noch möglichst lange benutzt werden kann. Hier fehlt in allen Fahrradbeschreibungen eine wichtige Kenngröße, nämlich die Entfernung vom Sitzrohrende bis zum Boden. Die Schrittlänge soll ja 10 bis 20 Millimeter größer sein, damit das Kind vom Sattel springen kann, ohne schmerzhaft auf dem Oberrohr aufzusitzen. Mangels dieser Angabe ist die Bestellung eines Kinderfahrrads per Post immer problematisch. Das Kind muß schon selbst das Fahrrad zwischen die Beine nehmen und feststellen, ob es noch stehen kann. Einen Anhaltspunkt für die Größenverhältnisse gibt eine Tabelle aus Frankreich, die zumindest für französische Importräder in etwa zutreffen dürfte.

Rahmenhöhe	Raddurchmesser	Kurbellänge	Sitzrohrende über Boden
250 mm	350 mm (14")	90 mm	435 mm
300 mm	400 mm (16")	100 mm	495 mm
350 mm	450 mm (18")	110 mm	555 mm
400 mm	500 mm (20")	120 mm	615 mm
450 mm	550 mm (22")	130 mm	675 mm
480/500 mm	600 mm (24")	150 mm	725/745 mm

Aus der letzten Spalte kann man also ersehen, ein wie großes Fahrrad für die momentane Schrittlänge des Kindes maximal genommen werden darf. Die Kurbellängen für Kinder sind bei deutschen Teileherstellern

Eines der wenigen deutschen Kinderräder mit Diamantrahmen bei 500-mm-Rädern: Rixe Jugendrad Modell SK 20, Bereifung 47-406. Etwa DM 165,–.

Das Peugoet C 42 K erinnert an die früheren Halbrenner. 500-mm-Räder mit Bereifung 37-440, Rahmenhöhe 420 mm, 11,5 Kilogramm. Freilaufnabe ohne Rücktritt, dafür Felgenbremsen hinten und vorn. Etwa DM 250,–.

Motobécane 550 D mit 550-mm-Rädern. Bereifung 37-490, Rahmenhöhe 460 mm, Kurbellänge 130 mm, 11,5 Kilogramm. Drei-Gang-Schaltung für 3,17 mm breite Kette. Übersetzungsbereich 1,5. Etwa DM 320,–.

Berceau-Rahmen mit 550-mm-Rädern: Motobécane 550 F. Bereifung 37-490, Rahmenhöhe 460 mm, Kurbellänge 130 mm. Rücktrittnabe plus zwei Felgenbremsen, 11,2 Kilogramm. Etwa DM 280,–.

Diamant-Rahmen und 550-mm-Räder: 55 C von Motobécane. Rahmenhöhe 460 mm, Kurbellänge 130 mm, Übersetzungsbereich 2,06, 10,6 Kilogramm. Ösen für Schutzbleche an den Ausfallenden. Etwa DM 290,–.

Rennsportrad E 10 von Motobécane. 600-mm-Räder mit 28 mm breiter Bereifung. Rahmenhöhe 500 mm, Kurbellänge 150 mm, 13 Kilogramm. Zehngangschaltung, Übersetzungsbereich 1,92. Etwa DM 330,–.

anders abgestuft: 100, 110, 125 und 150 Millimeter. Daß Kinder noch mehr Anspruch auf ein leichtes Fahrrad haben als kräftige Erwachsene, sollte eine Selbstverständlichkeit sein. Manchmal findet man wirklich leichtere Kinder-Rennrahmen, so daß das Fahrrad dann 8 Kilogramm wiegt, aber die billigeren Kinderräder liegen bei 11 bis 12 Kilogramm.

Rollenschema und Rahmenform: Die beste technische Lösung für einen Fahrradrahmen ist der sogenannte Diamantrahmen mit waagerechtem Oberrohr, in der Branche kurz Herrenrahmen genannt. Besonders bei den Erwachsenenrädern sind andere Rahmenformen mit tiefem Durchstieg stets schwerer oder instabiler als der gleichgroße Diamantrahmen. Wenn das Zweitfahrrad angeschafft wird, wird ein tiefer Durchstieg nicht mehr gebraucht. Mädchen in Jeans springen genausogut auf den Sattel wie Jungen in Jeans. Je früher sie das üben, desto mehr Auswahl haben sie bei künftigen Fahrradanschaffungen unter den Diamantrahmen. Meist übertragen die Erwachsenen ihre eigenen Ängste, etwa vor dem Fahrrad, auf die unvoreingenommenen Kinder. Eltern, die ihre Kinder nicht im überlieferten Rollenschema aufwachsen lassen möchten, sollten sich beim Kauf nicht überreden lassen, ihren Mädchen ein entfeinertes sog. Mädchenfahrrad zu verpassen. Sollen die Mädchen schlechter vorbereitet in den Technikunterricht der fünften Klasse kommen, wo zehn Stunden am Fahrrad unterrichtet werden? Auch für Jungen ist ein Kinderrad mit Durchstieg als Zweitrad nicht mehr angebracht. Es ist jetzt für beide die Zeit, das Aufsteigen mit über den Hinterbau geschwungenem rechtem Bein zu üben. Kinderfahrräder mit Diamantrahmen scheint es erst ab 500 mm Radgröße zu geben. Vielleicht kann man mit der Anschaffung des Zweitrads warten, bis die Schrittlänge des Kindes für ein solches Fahrrad mit 500-mm-Rädern ausreicht, d. h. nach der Tabelle etwa 620 mm beträgt. Aus den gleichen Gründen sollte man den Kindern nicht die bleischweren Klappräder andienen, die man selbst nicht mehr fahren will. Manchmal jedoch verfallen die Kinder selbst darauf, und in solchen Fällen sollte man sich wenigstens bemühen, die Tretkurbellänge den Kinderbeinen anzupassen, bis sie das Klapprad über haben.

Ein Drahtkorb auf der rechten Fahrradseite, der nicht beim Aufsteigen von links hindert, erweitert die Spielmöglichkeiten beträchtlich. Auch das Haustier kann dann mit, denn «Von Fahrrädern aus dürfen nur Hunde geführt werden» (§ 28 StVO).

Kinderfahrräder der Straßenverkehrs-Ordnung

§ 24 **Besondere Fortbewegungsmittel.** (1) Rodelschlitten, Kinderwagen, Roller und ähnliche Fortbewegungsmittel sind nicht Fahrzeuge im Sinne der Verordnung.
(2) Mit Krankenfahrstühlen dürfen Gehwege und Seitenstreifen in Schrittgeschwindigkeit benutzt werden.
Allgemeine Verwaltungsvorschrift zu § 24 der StVO vom 31. 12. 75 zu Absatz 1:
Solche Fortbewegungsmittel bedürfen demnach keiner Beleuchtung und müssen nicht mit Rückstrahlern versehen sein. Kinderfahrräder sind «ähnliche Fortbewegungsmittel». Kinderfahrräder sind solche, die der Körpergröße von Kindern angepaßt sind.

Der Einführung dieser nicht besonders glücklichen Definition ging ein Gerichtsurteil voraus. Der Zusammenhang des kontroversen Sachverhalts geht am besten aus der Wechselrede anläßlich einer Anfrage im Bundestag am 15. 1. 1975 hervor.

Flämig: Teilt die Bundesregierung die Auslegung der Straßenverkehrs-Ordnung durch das Oberlandesgericht Düsseldorf, wonach die Benutzung von Kinderfahrrädern für Sechsjährige auf Bürgersteigen strafbar ist, kleine Kinder also mit ihren Kinderfahrrädern beim Straßenverkehr die Fahrbahn zu benutzen haben, und wenn ja, wird sie eine gesetzliche Änderung einbringen?

Bundesregierung: § 24 Abs. 1 StVO «Besondere Fortbewegungsmittel» lautet: «Rodelschlitten, Kinderwagen, Roller und *ähnliche Fortbewegungsmittel* sind nicht Fahrzeuge im Sinne der Verordnung.»

Das Urteil des OLG Düsseldorf vom 17. 12. 1974 – 4 U 94/74 – betrifft einen Fall des Schadenersatzes aus unerlaubter Handlung. Die in den Gründen dargelegte Rechtsauffassung zu § 24 StVO kann nicht in allen Punkten geteilt werden. Der Bundesminister für Verkehr wird jedoch gemeinsam mit den für den Straßenverkehr und für die Verkehrspolizei zuständigen obersten Landesbehörden prüfen, ob aufgrund des Urteils weitere gesetzliche Maßnahmen getroffen werden müssen.

Flämig: Ist die Bundesregierung der Auffassung, daß eine Belästigung oder Behinderung von Fußgängern durch Tretroller, Tretautos und Rodelschlitten geringer ist als durch Kleinkinderfahrräder, sofern technisch gewährleistet ist, daß diese sich nicht wesentlich schneller als Fußgänger fortbewegen?

Bundesregierung: Der Ansicht des Fragestellers ist beizupflichten, daß Kinderfahrräder keine größere Belästigung oder Behinderung von Fußgängern auf Gehwegen darstellen als Tretroller, Tretautos, Kinderwagen usw., soweit sie nicht schneller fahren, als Fußgänger sich fortbewegen.

Kinderfahrräder, die tatsächlich nur für die Benutzung durch Kinder geeignet sind und hinsichtlich ihrer Größe und erreichbaren Geschwindigkeit den üblichen Kinderdreirädern entsprechen, können unbedenklich auf Gehwegen benutzt werden.

Der Handel würde gern die Bezeichnung «Kinderspielfahrräder» verwenden; DIN 79 100 hat noch den Begriff «Kinderstraßenfahrrad» kreiert – beide Begriffe werden in der Verordnung der STVO nicht berücksichtigt.

Projekt: Pedalversetzer einbauen

Auch für Kinder gilt die Regel, daß die Kurbellänge 20 % der Schrittlänge betragen sollte; verhält es sich nicht so, wird das Kind nur mit Mühe fahren können. Für die Standard-Kurbellänge der Erwachsenen-Fahrräder von 165 mm müßte das Kind schon eine Schrittlänge von 825 mm haben – ein kindlicher Riese. Zum Glück gibt es die Pedalversetzer, die die Pedalachse um 25 mm versetzen, im Beispiel blieben also 130 mm Kurbellänge, und die entsprechende Schrittlänge ist jetzt 650 mm. Von Jugendrädern mit 150 mm Kurbellänge ausgehend kommt man zu einem entsprechend kleineren Wert.

Zunächst schaut man auf den beiden Pedalversetzern und den mitgelieferten Schrauben nach eingehauenen Buchstaben «R» und «L», die angeben, ob die Stücke für die rechte oder linke Kurbel gedacht sind. Denn links ist das Pedal mit einem Linksgewinde eingeschraubt, damit es sich nicht während der Fahrt herausdrehen kann. Mit einem Gabelschlüssel von 15 mm Maulweite dreht man die Pedale an ihrem Zweikant dicht bei der Kurbel heraus – auf der linken Seite im Uhrzeigersinn! Ist der Gabelschlüssel zu dick, hat der Händler einen speziellen dünneren Pedalschlüssel. Pedalversetzer probeweise ansetzen und schauen, ob die Kurbel gut paßt. Notfalls Pedalversetzer mit der Feile nacharbeiten. Schrauben durch die Bohrungen ohne Gewinde stecken und in die Kurbeln einschrauben – links gegen den Uhrzeigersinn! – und festziehen. Pedale in die Gewindelöcher der Pedalversetzer einschrauben.

Mit oder ohne Rücktritt?

Die Expansion der Fahrradfirmen unserer Nachbarländer auf dem deutschen Markt hat Farbe in die Palette der angebotenen Kinder- und Jugendfahrräder gebracht. Plötzlich werden wir Deutsche mit einer anderen Fahrradkultur konfrontiert: Britische, französische und italienische Kinder fahren seit je ohne Rücktrittbremsen, dennoch ist die Unfallhäufigkeit dort nicht höher als bei uns. Man erkennt, daß die Behauptung: größere Sicherheit mit der Rücktrittnabe eher auf die marktbeherrschende Stellung des deutschen Herstellers als auf einen internationalen Vergleich der Unfallstatistiken zurückzuführen ist. Allerdings ist im Ausland dafür den unterschiedlichen Bremssystemen und vor allem der Ausgestaltung der Handbremshebel für Kinder mehr Augenmerk geschenkt worden. Bevor man den Händler bittet, in das Importrad der Wahl des Kindes eine Rücktrittnabe einzusetzen, sollte man prüfen, ob das Kind nicht doch die Handbremshebel ganz gut greifen kann. Wenn ja, dann sollte man die Gunst der Stunde ergreifen und den Umlernprozeß auf das Radfahren mit Handbremsen jetzt stattfinden lassen. Wenn man davon ausgeht, daß die Kettenschaltung immer mehr an Boden gewinnt, ist es sinnvoll, die Kinder möglichst früh darauf vorzubereiten. Es gibt ja auch Erleichterungen dabei, z. B. beim Anfahren: ohne Rücktritt kann das rechte Pedal viel einfacher in Anfangsstellung gebracht werden.

Wer allerdings keine Zeit haben wird, sich um sein Kind und sein Fahrrad zu kümmern, soll sein Kind auf die wartungsfreie Bremse, die Rücktrittbremse, einschwören – mit drei Gängen kombiniert eine sinnvolle Investition.

Kinder, die auf einem Erwachsenenfahrrad fahren wollen, brauchen Pedalversetzer, um ohne Verrenkungen treten zu können. Die Verkürzung beträgt 35 mm.

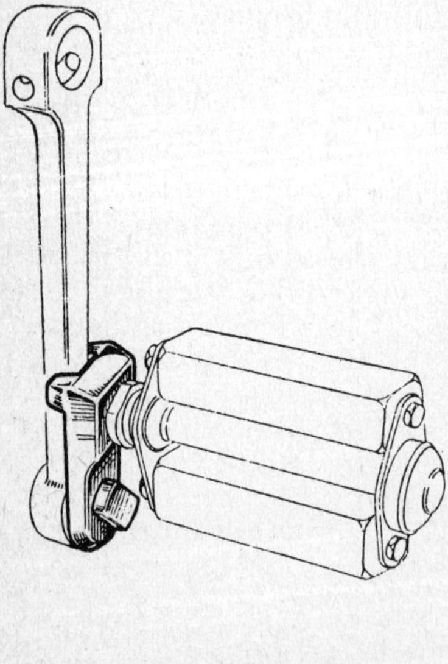

Pedalversetzer, an einem Erwachsenenfahrrad angebaut. Hersteller sind CLB-Angenieux und Cyclo. Etwa DM 5,–.

Dreigang oder Zehngang?

Nachdem die Kinder unserer Nachbarländer sowieso ohne Rücktrittbremse fahren, sind die importierten Jugendfahrräder mit großer Selbstverständlichkeit mit Kettenschaltungen bestückt. Wieder plagen Zweifel das Elternherz: Soll das Kind kampflos die Kettenschaltung erhalten, wo doch die Großeltern seinerzeit den Eltern den Halbrenner aus heute nicht mehr nachprüfbaren Überzeugungen heraus versagt hatten? Wenn es die Handbremshebel gut greifen kann, ist nichts dagegen einzuwenden. Die Kettenschaltung ist inzwischen für Schulkinder zugänglicher geworden. Das Positron-System von Shimano ist allerdings gegenwärtig nur in Jugend-Fahrrädern serienmäßig zu haben. Dabei ist es gerade von Kindern sehr gut zu bedienen: Die Gänge rasten hörbar ein, und der gerade eingestellte Gang ist ablesbar. Da man später ja doch nicht mehr dazu kommt, sollte man gleich beim Kauf des Kinderfahrrads die Umrüstung auf die Positron-Schaltung vornehmen lassen – auch wenn der Händler den Vorgang möglichst schnell vom Ladentisch haben möchte.

Eine weitere Verbesserung für Kinder bringt das revolutionäre Frontfreilaufsystem von Shimano, das aber aus Holland bezogen werden muß und deshalb eher ein Projekt für späteren Einbau ist. Um dies zu ermöglichen, ist wenigstens darauf zu achten, daß das gekaufte Rad geschraubte Tretlager-Deckel hat und nicht die Glocken des Thompsonlagers. Mit Frontfreilauf und Positron-System ist die Kettenschaltung im Bedienungs-Komfort der Nabenschaltung ebenbürtig, wenn nicht überlegen, und für Kinder spielend erlernbar. Aber auch konventionelle Kettenschaltungen sind begreifbar – Kinder sind nicht dumm. Ein Gebot der Sicherheit ist allerdings, daß man den Schalthebel von der ungünstigen Lage am Unterrohr an den Lenker verlegt, damit das Kind zum Schalten nicht den Lenker loslassen muß. Den Daumenschalter «Mighty Shifter» von Sun-Tour sollte man gleich beim Kauf einbauen lasen, auch wenn die Bestellung ein paar Tage dauert. Wichtig ist auch, den Fachhändler zu bitten, daß er die Kettenschaltung dem Kind erklärt und z. B. auch davor warnt, während des Schaltens zurückzutreten. In fortschrittlichen Geschäften findet man ein Vorführmodell der Kettenschaltung, an dem die Kinder die Vorgänge beim Schalten bequem verfolgen können. Ein Hinweis noch zu den Dreigang-Kettenschaltungen, die an manchen Kinderfahrrädern, auch Importrädern, zu finden sind. Sie sind später nicht auf Fünf- oder Zehngang ausbaufähig, weil sie mit einer breiten 3,17-mm-Kette ausgerüstet sind und eine spezielle Nabe besitzen. Die Erweiterung würde eine neue Kettenscheibe mit rechter Kurbel, neue Hinterradnabe, Zahnkranz und neue Kette erfordern. Überdies ist der Übersetzungsbereich klein, nämlich 1,5, und damit der Dreigangnabe unterlegen.

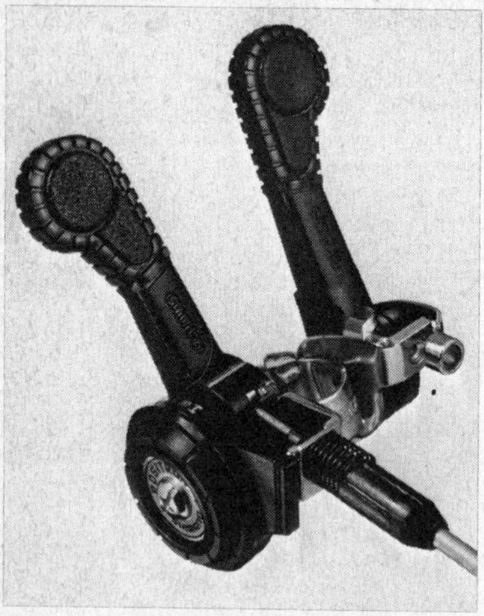

Erkennungszeichen der kinderfreundlichen Positron-Kettenschaltung von Shimano: der charakteristische Schalthebel mit Ganganzeige für den Lenkerkopf. Noch sicherer, weil vom Lenkergriff aus mit dem Daumen zu bedienen, ist der Daumenschalter LD 600. (Bei Bieleveldt; etwa Gulden 9)

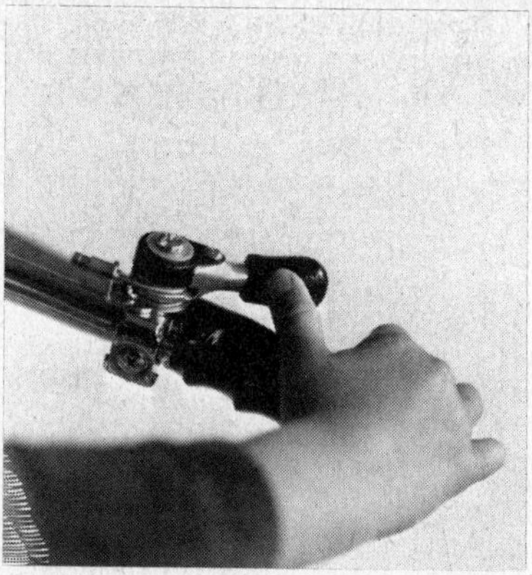

Der Daumenschalter «Mighty Shifter» von Sun-Tour ist von Kindern bequem zu bedienen, ohne daß sie eine Hand vom Lenkergriff nehmen müssen. Die nach Gehör zu findende richtige Position rastet beim Zurückschalten in einen von 32 Klick-Stops ein, beim Hinaufschalten ist mit einem Schwung ein Reibwiderstand zu überwinden. Gleich beim Fahrradkauf installieren lassen. Für alle Fünf- und Zehngangschaltungen passend. Etwa DM 10,–

Für Schulanfänger besonders geeignet und sicher: der Schaltdrehgriff zur Dreigang-Rücktrittnabe von Sturmey-Archer. Die Gänge sind numeriert und farbkodiert, die Farbe erscheint in einem Fenster. Bei Händlern von Raleigh-Fahrrädern.

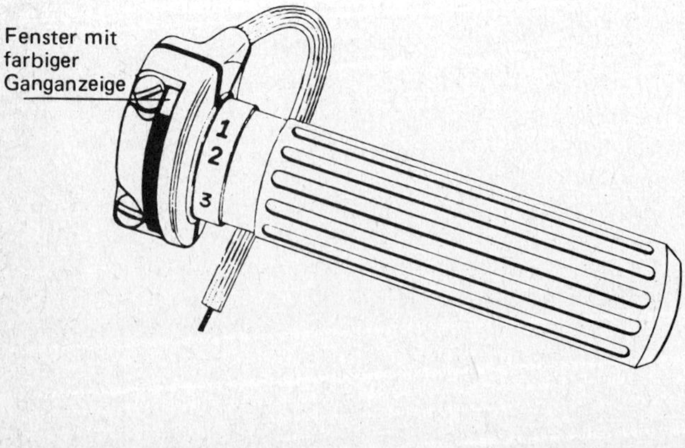

Die Dreigangnabe mit ihrem Übersetzungsbereich von 1,8 sollte der Ausrüstungsstandard des zweiten Kinderfahrrads sein. Sie kann den Rücktritt haben, den die besorgten Eltern sich wünschen, und hat den Übersetzungsbereich, den häufige Radbenutzer, wie die Kinder es sind, einfach brauchen. Eine einfache Rücktrittnabe ist zwar etwas billiger, aber das Kind muß nachher mit dem Rad fahren, nicht die Erwachsenen, die ihr Sparerlebnis im Laden dann schon vergessen haben. Hat das Wunschfahrrad keine Nabenschaltung, ist die Umrüstung einigermaßen unproblematisch. Der Händler findet im Großhandel fertig eingespeichte Felgen mit Dreigangnabe, und das Verlegen des Schaltzugs ist kein Hexenwerk. Die üblichen Klick-Schalter bedeuten allerdings eine ziemliche Fingerhakelei für die Kinder, und es braucht lange, bis sie ihn bedienen können, ohne die Augen vom Verkehr zu nehmen. Die Drehgriffschalter, die man zu den Dreigang-Rücktrittnaben von Sturmey-Archer und Shimano haben kann, sind für Kinder ideal. Ein netter Händler bestellt die Nabe mit Drehgriff, läßt den kleinen Kunden schon mal mit dem ausgesuchten Fahrrad fahren und nimmt dann beim Eintreffen der Teile die ursprüngliche Nabe noch zurück.

Ist man sich so weitgehender Kulanz nicht sicher, geht man ohne Kind rechtzeitig zum Händler und bestellt schon die Dreigang-Rücktrittnabe mit Schaltdrehgriff. Sind die Teile da, sucht man mit dem Kind das Fahrrad dazu aus.

Die Frage, ob Gesundheits- oder Rennlenker, braucht nach allem, was gesagt wurde, nicht mehr zu diskutiert werden. Kinder lernen schnell, und die Unfallstatistiken der Nachbarländer sehen nicht anders aus als hierzulande. Die vielberufenen «Verkehrsexperten», die die Eltern warnen, setzen im Zweifelsfall auch nur ihre eigenen Ängste ein und gehen dann zur Tagesordnung über. Näheres über Kinder-Handbremshebel im Technik-Teil.

Das dritte Fahrrad des Jugendlichen sollte gleich ein Erwachsenenrad mit 700- oder 675-mm-Rädern sein – vor allem wenn Radtouren in der Familie geplant sind. Gleiche Raddurchmesser sind da eine Forderung der Fairness, damit alle gleich viel leisten müssen und nicht die Kinder mehr, nur weil sie kleinere Räder haben. Nur so wird es auch sinnvoll, für die Familie je ein fertig bereiftes Ersatzrad für Vorder- und Hinterrad anzuschaffen.

Projekt: Fahrradspiele

Alles, was gebraucht wird, ist ein Schulhof, Hinterhof, Spielplatz mit einer Asphalt- oder Betondecke mit einer Fläche von ungefähr 30 mal 10 Metern, evtl. mit einem Weg als Auslauf. Außerdem Kreide, Schnur, Bleistift, Papier und Teilnehmer. Zur Bewertung richtet man die höchstmögliche Punktzahl nach der Zahl der Teilnehmer. Bei sechs Teilnehmern erhält der Gewinner 6 Punkte, die übrigen fünf der Reihe nach 5, 4, 3, 2 und 1 Punkt. Anders bei Staffetten, wo die Teilnehmer in zwei Gruppen antreten. Vom Gewinner-Team erhält *jeder* 6 Punkte. Dadurch werden Staffetten besonders attraktiv. Wenn zwei große Mannschaften gegeneinander antreten, nimmt man besser die Punkte jedes einzelnen Teilnehmers auf und zählt erst am Ende zusammen.

Freilaufrennen: Sportliche Leistung *und* gute Fahrradtechnik bringen den Sieg. Das Fahrrad muß richtig eingestellt, geschmiert und von überflüssigem Zubehör befreit sein, denn es soll sein Leichtlauf bewertet werden. Das Gelände kann eben sein oder in einen Abhang übergehen.

Auf das Startsignal treten die Kinder, so schnell sie können. An einem vorher markierten Punkt (Fahnen!) hören sie auf zu treten und lassen die Fahrräder zum Ziel rollen. Ein Schiedsrichter kontrolliert. Wer am weitesten gerollt ist, hat gewonnen. Sollte ein paarmal wiederholt werden, damit die Kinder ihren eigenen Rekord verbessern können.

Bremsen ohne Radieren: Auf einer 30-Meter-Bahn wird beim Meter 24 eine Kreidelinie gezogen und ein Schiedsrichter postiert. Jeder Teilnehmer fährt einen Lauf allein. Er beschleunigt, bis er die Kreidelinie erreicht, und bremst dann, ohne zu *blockieren*. Wenn er vor dem Kreidestrich bremst, wird er disqualifiziert. Der Fahrer mit dem kürzesten blockierfreien Bremsweg ab dem Kreidestrich gewinnt, der mit dem nächstkürzeren ist der zweite, usw. Natürlich kann einer so langsam beschleunigen, daß er einen Vorteil hat. Da müßten die Schiedsrichter entscheiden, ob so jemand noch eine zweite Chance hat. Wer radiert hat, bekommt auch nur eine zweite Chance, sonst dauert das Spiel zu lange.

Spur halten: Zwei parallele Kreidestriche in einem Meterabstand auf 25 Meter Länge ziehen. Hierzu zwei Kreiden an die Enden von einer meterlangen Schnur binden; zwei Leute ziehen die Striche, wobei sie die Schnur zwischen ihren Kreiden stets gespannt halten. Am Anfang und Ende der Bahn «Start» und «Ziel» schreiben. Wer die Kreidestriche mit dem Rad berührt, wird disqualifiziert. Gefahren wird nach Zeit, Gewinner ist einmal, wer die kürzeste und einmal, wer die längste Zeit braucht – das Langsamfahren kann auch ganz schön schwierig werden. Wer einen Fuß auf den Boden bringt, scheidet aus.

Zickzack: Wieder zwei parallele Kreidestriche, aber 1,5 Meter auseinander, aber alle fünf Meter im stumpfen Winkel im Zickzack. Wertung wie zuvor.

Spirale: Die schwierigste Geschicklichkeitsübung. Die Spirale wird mit einem Kreidestück an der Schnur gezeichnet, während das andere Ende von einem Zweiten langsam eingeholt wird. Der Abstand der Linien sollte ein Meter sein. Wertung wie zuvor.

Zielwerfen: Man braucht fünf alte Tennisbälle und fünf alte Körbe, die man mit fünf Meter Abstand in gerader Linie aufstellt. Davor und danach noch fünf Meter zu Start und Ziel. In jedem Lauf fährt nur ein Kind und versucht, je einen Ball in einen Korb zu werfen, während es sich dazwischen durchschlängelt. Gewonnen hat, wer in kürzester Zeit die meisten Bälle in die Körbe geworfen hat.

Fahrradspiele sind mit einfachsten Mitteln zu gestalten und sollten bei keinem Kindergeburtstag, Kinderfest, Schulfest fehlen. Auch bereiten sie auf die Tests der Verkehrswacht vor. Oben: Wettfahrt über bewegliche Hindernisse. Unten: Geschicklichkeitsfahren mit Bällen.

JEWELLERS

Mit dem Tandem machen Radtouren mit kleinen Kindern den größten Spaß – sie können mittreten. Das Kindertretlager von Andrew Hague kann auf die richtige Höhe am Sitzrohr eingestellt werden. Etwa £ 13.

Das Kinder-Tretlager wird mit der Schelle in passender Höhe am Sitzrohr oder sonstwo befestigt und eine Kette zum Ritzel auf der linken Seite des eigentlichen Tretlagers gelegt. 102 mm Kurbellänge, 22 Zähne auf beiden Ritzeln. Bastler können Ähnliches auf dem normalen Fahrrad mit Kindersitz versuchen.

Tip für Bastler, die mit kleinen Kindern gern Radtouristik machen wollen: eine Aufnahme an den Hinterbau schweißen, die die Vordergabel des Kinderfahrrads aufnimmt (Speichenabdeckung vorsehen). Das Kind kann, wenn es will, bei sinnvoller Übersetzung mittreten – eine nicht zu verachtende Hilfe.

Statt Tandem: Mr. Hannington in Reading, Großbritannien, fertigt ein einrädriges Kinderrad, das einfach am Hinterbau des Elternfahrrades angehängt wird. So kann das Kind, wenn es Lust hat, auf der Radtour mittreten.
Vorteilhaft gegenüber dem Tandem ist der tiefere Sitz des Kindes und damit sicherere Aufsteige- und Anhaltemanöver. 600- oder 650-mm-Rad, Rahmenhöhe nach Maß, Reynolds-Rohre. Bei E. W. Hannington, 34 Marshland Square, Emmer Green, Reading, Berks., Großbritannien. Rahmen und Kupplung etwa £ 70,–, wie abgebildet etwa £ 90,–.

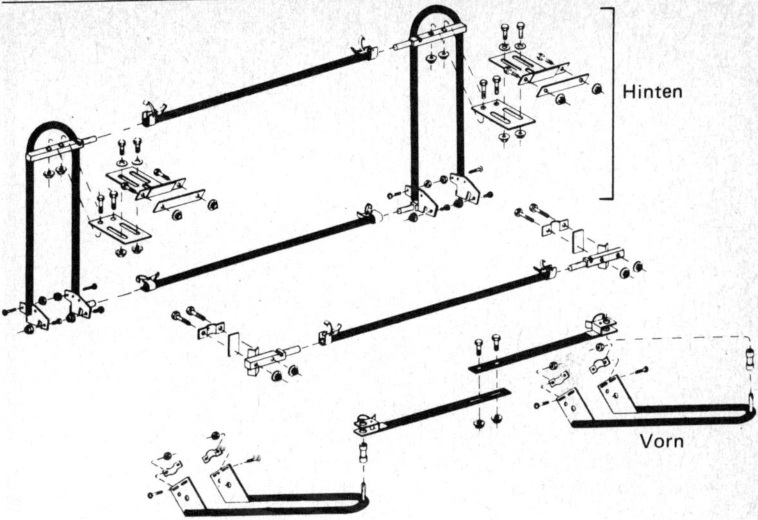

Was tun mit zwei alten Klapprädern, die keiner mehr benutzen möchte? Ein Vierrad bauen! Der Pedal-Partner®-Bausatz fügt zwar noch einige Kilogramm hinzu, aber das gemütliche Nebeneinander-Herfahren ist eine Attraktion. (Bei Horst Wellbrock; etwa DM 180,–). Grundsätzlich lassen sich zwei Fahrräder gleicher Größe nebeneinander schnallen. Die Lenkung der Vorderräder ist gekoppelt. Die Bügel hinten und vorn werden auf die Achsen gesteckt, die hinteren auch noch an die Hinterstreben angeschraubt. Auch an jedem Steuerkopf wird noch ein Zapfen angebracht. Drei Rohre mit Schnellspannern und die verstellbare Steuerlatte vorn verbinden die beiden Fahrräder, die jederzeit getrennt und einzeln gefahren werden können. Für alle Raddurchmesser bis 700 mm passend.

8 Fahrradtransport im Auto und in öffentlichen Verkehrsmitteln

Das Fahrrad steht zwar ab der Haustür zu Diensten, aber daß man nun auf zwei Rädern überall gut hinkommen kann, ist ein Wunschtraum. Strecken mit lebensgefährlichem Verkehr oder lästigem Gestank oder unattraktive Vorstädte bringen einen mehr als einmal dazu, das Auto, den natürlichen Feind des Fahrrads, oder andere Verkehrsmittel zu seinem Transport einzusetzen. Oft reicht ja einfach nicht die Zeit, entfernte Attraktionen von der Haustür mit dem Fahrrad zu erreichen. Dabei kann das Transportproblem, wenn es nicht sorgfältig analysiert und optimal gelöst wird, einem sehr schnell den Spaß am Radfahren verderben, vor allem wenn die ganze Familie ausfliegen möchte. Vor der Neuanschaffung eines Fahrrads sollte man unbedingt alle denkbaren Transportsituationen in Gedanken durchspielen.

Auto

Es gibt gegenwärtig fünf Möglichkeiten, sein Fahrrad mitzunehmen
- im Kofferraum
- vor oder auf den Rücksitzen
- hinter dem Autoheck
- auf dem Autoheck
- auf dem Autodach

Man braucht kein Klapprad, um den **Kofferraum** zu beschicken. Abgesehen davon gibt es nichts Unerquicklicheres, als eines der zusammengeklappten, bleischweren Billigräder in den Kofferraum zu hieven. Da die jetzt parallelen Räder nicht den Schwerpunkt unterstützen, laufen sie einem ständig weg, wobei es nicht ohne Schrammen an Schienbeinen und Autolack abgeht. Außerdem sind sie dann immer noch so sperrig, daß mit zweien die Grundfläche meist bedeckt ist. Für eine zweite Lage ist meist kein Platz mehr, sie würde sich auch unschön mit den darunterliegenden Exemplaren verhaken – kurz, ein Greuel für jeden sensiblen Fahrer. Die britischen Portables sind kompakter und haben ihre Tragetasche stets bei sich.

Dagegen kann ein Fahrrad mit großen Rädern meist schon nach Ausbau des Vorderrads allein im Kofferraum Platz finden, vor allem wenn das Schutzblech weg ist und somit der Lenker um 90 Grad gedreht werden kann. Hier lohnt sich eine Schnellspann-Achse, die in manche Vorderradnabe nachträglich eingebaut werden kann. Wird schließlich auch das Hinterrad herausgenommen – bei Kettenschaltungs-Fahrrädern mit Schnellspann-Naben eine Kleinigkeit – bleibt der erstaunlich kompakte Rahmen übrig, kompakt allerdings nur, wenn die Schutzbleche weg sind. Eine alte Decke zwischenlegend kann man nun abwechselnd Rahmen und Räder lagenweise aufeinanderschichten und so gut bis zu vier Räder verstauen. Diese Lösung ist entschieden die vorteilhafteste: es muß kein Fahrradträger beschafft werden, infolgedessen wird der Benzinverbrauch nicht höher; die Fahrräder sind geschützt, auch gegen Diebstahl, und das schweißtreibende Hochwuchten fällt flach. Statt der Investition in einen Fahrradträger sollte man hier sein Geld lieber in den nachträglichen Einbau von Schnellspann-Achsen stecken. Nachteilig ist die Notwendigkeit, eines oder beide Schutzbleche abnehmen zu müssen; auf Erleichterungen hierfür kommen wir noch zurück.

Zerlegt passen die Fahrräder auch in den Wagenfonds vor oder auf die **Rücksitze**. Verschmutzung durch die Kette droht, wenn sie nicht mit Lappen umwickelt wurde oder das ganze Fahrrad in eine der komfortablen, aber nicht billigen Tragetaschen gesteckt wurde. Letztere sind natürlich auch für den Kofferraum die elegantere Lösung.

Die nächsteinfache Lösung für Leute ohne Gewichtheber-Ambitionen ist der **Heckträger**, der in den Niederlanden und den USA populär ist. In der BRD hat noch niemand die TÜV-Abnahme finanziert. Fahrräder nicht zur Bordsteinkante, sondern zur Fahrbahnseite hin überstehen lassen (d. h. den Heckträger außermittig installieren) und dort mit roter Fahne kennzeichnen. Ein zusätzlicher Rückspiegel an der rechten Autotür besänftigt den Polizisten. Bis zu drei Fahrräder können so transportiert werden. Die Vorteile sind offensichtlich, nachteilig ist, daß die Fahrräder während der Fahrt aneinander scheuern. Bei einem Auffahrunfall sind sie dahin.

Bleiben **Kofferraumdeckel**- oder **Dachträger** für Leute, die ihre Fahrräder nicht zerlegen wollen oder können. Wem nicht gerade Superleichträder zur Verfügung stehen – und die haben dann sowieso Schnellspann-Naben –, dem stehen einige Schweißtropfen in Aussicht. Nichtathletische Männer, Frauen und Kinder werden dafür plädieren, dann lieber nicht aufs Autodach, sondern nur aufs Autoheck hieven zu müssen. Der zusätzliche Rückspiegel an der rechten Autotür ist jetzt zwingend vorgeschrieben. Nachteil ist, daß der Zugang zum Kofferraum erschwert ist und beim Auffahren eines Zeitgenossen die Fahrräder hinüber sind.

1. Schnellspannaben, aber umständliche Schutzblech- und Gepäckträgerbefestigung . . .

2. Schnellspanner lösen, das Vorderrad fällt heraus

Ein Fahrrad verschwindet im Kofferraum.

3. Schnellspanner lösen, das Hinterrad kann herausbugsiert werden

4. Kettenhalter ins Ausfallende schrauben . . . zur Entspannung der Kette Schaltarm nach vorn drücken und Kette über den Kettenhalter legen . . .

5. . . . Schaltarm loslassen: Kette spannt

6. Ohne Schutzbleche wäre der Rahmen kompakter und der Lenker ließe sich rechtwinklig drehen.

7. Ein großer Kofferraum nimmt den Rahmen auch mit Schutzblechen auf.

8. Decke zwischenlegen und Räder draufschichten.

Die Fahrradtasche von Puch hat zwei Extrahüllen für Vorderrad und Hinterrad. In ihr kann das Fahrrad ohne Verschmutzungsgefahr vor oder auf die Rücksitze gestellt werden. Als Tragetasche allerdings zu schwer: Eigengewicht 6 Kilogramm.

Im Prinzip technisch gleich sind die **Dachträger**, lediglich die Befestigung der Trägerstützen am Auto ist naturgemäß etwas anders. Ohne starken Mann können oder wollen ihn Frauen und Kinder nicht benutzen. Drum prüfe man sich und die Lieben vor dem Kauf am Auto eines Bekannten: Wird der Aufschwung des Fahrrads beherrscht und ohne Murren mehrfach hintereinander geleistet? Wenn schon ein Dachgepäckträger vorhanden ist, lasse man sich von der Werbung nicht blenden: die meisten Fahrradhalter passen *nicht* auf beliebige Dachgepäckträger, höchstens einer allein und der dann diagonal. Nur wenn man einen zweiteiligen Dachträger hat, etwa als Skihalter, können die einzelnen Bügel auf den meist festen Befestigungsabstand der Fahrradhalter hingeschoben werden. Bei der Auswahl des Systems lasse man sich von den Kriterien – kein Nachstellbedürfnis bei verschiedenen Fahrradgrößen und wenig Handgriffe – leiten, denn während das Fahrrad unbefestigt auf dem Dach steht und man nach den Riemen fischt, kann ein Windhauch zu einem unbeabsichtigten Krankenhausbesuch verhelfen. Dem Ideal am nächsten kommen die Halter, in denen das Fahrrad aufrecht steht, schon das Hochheben ist hier einfacher. Insbesondere wenn die Räder in einer Rinne aufgenommen werden, ist die Befestigung verschieden großer Fahrräder kinderleicht. Bei den Haltern für kopfstehende Fahrräder hat man den komplizierteren Aufschwung, langwierigere Befestigung, Verformung des Sattels und den Zwang, stets in der gleichen Reihenfolge aufzuladen, wenn man nicht ständig den Abstand der Aufnahmen für Lenker und Sattel für die Kinder mit dem Schraubenschlüssel nachstellen will. Wer hier in einer Familie mit vielen Kinderfreundschaften nicht ständig schrauben will, kaufe sich eben aufrechtstehende Fahrradhalter mit Rinne. Vier oder fünf Fahrräder nebeneinander sind auf dem Autodach schon unterzubringen. Vorteil des Dachträgers ist, daß die Fahrräder bei Zusammenstößen außerhalb der Knautschzone sind und der Fahrer sie nicht ständig im Rückspiegel wohlgefällig betrachtet, dafür droht jetzt Gefahr bei Unterführungen und Garageneinfahrten. Nachteilig ist auch der höhere Luftwiderstand und Benzinverbrauch. Ein genereller Nachteil beim Transport außerhalb des Autos ist die Diebstahlgefahr. Es gibt zwar die teuren abschließbaren Halter, aber es bleibt das Risiko, daß jemand den ganzen Aufbau mitsamt dem Dachträger abschraubt und auf einem Lieferwagen abtransportiert.

Den Heckträger Caddy der holländischen Firma Tunit B. V. können Frauen und selbst Kinder leicht beladen. Herrenräder werden am Oberrohr, Damenräder unter Sitz- und Steigrohr aufgehängt. Fahrräder mit Kettenschaltungen sollen nicht wie abgebildet gleichgerichtet, sondern abwechselnd nach rechts und links aufgehängt werden. Wird der Heckträger nicht gebraucht, kann er zusammengeklappt werden und im Kofferraum verschwinden.

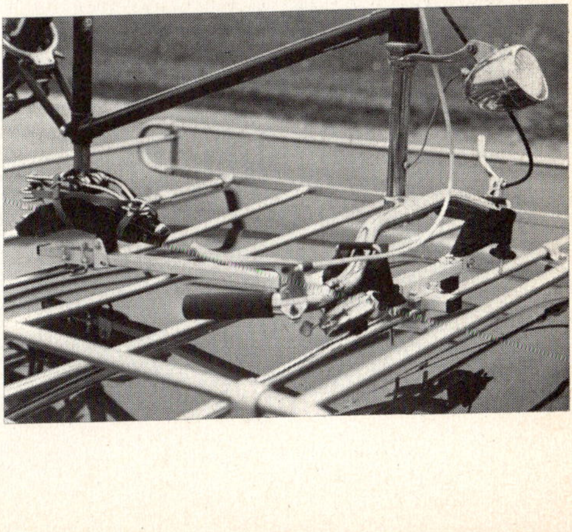

Italienischer Aroso-Fahrradträger für kopfstehendes Fahrrad. Sattel mit Riemen, Lenker mit Spannern gehaltert, etwas zeitaufwendig. Sattel-Lenker-Abstand leicht verstellbar, veränderbar auch die Befestigung am Unterbau. Kann also echt an vorhandene Dachgepäckträger angepaßt werden. Auch für den Kofferraumdeckel geeignet.

Der P.V.G.-Fahrradhalter der französischen Firma Goupíl. Befestigung an der linken Tretkurbel, außerdem wird das Vorderrad in einer Rinne niedergehalten. Keine kritische Justierung. DM 40,–. Importeur: Franz Epple.

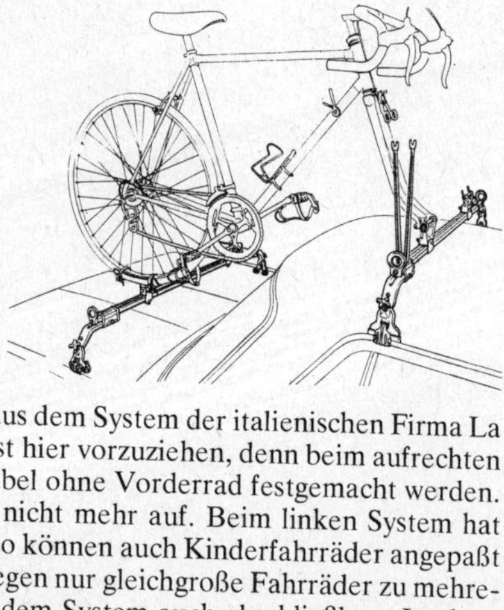

Fahrradhalter auf dem Kofferdeckel, aus dem System der italienischen Firma La Prealpina. Das kopfstehende System ist hier vorzuziehen, denn beim aufrechten muß der Seitenstabilität wegen die Gabel ohne Vorderrad festgemacht werden. Außerdem geht hier der Kofferraum nicht mehr auf. Beim linken System hat jedes Fahrrad seinen eigenen Träger, so können auch Kinderfahrräder angepaßt werden. Auf dem rechten können dagegen nur gleichgroße Fahrräder zu mehreren untergebracht werden. Es gibt in dem System auch abschließbare Lenker- und Gabelhalter. Auch für Dachträger geeignet.

Französischer Träger Vitansel 76 für aufrechtstehendes Fahrrad. Einziger Befestigungspunkt am Sitzrohr mit beschichteter Klammer und Riemen. Die Radaufnahmen können für Ballonreifen aufgebogen und längs verschoben werden (Schraubenschlüssel)! Für Kinderräder hierzu geschlossenes Ende der Radaufnahmen absägen. Im Interesse der Seitensteifigkeit kann der feste Dachträgerabstand nicht verändert werden. Auch für den Kofferraumdeckel geeignet.

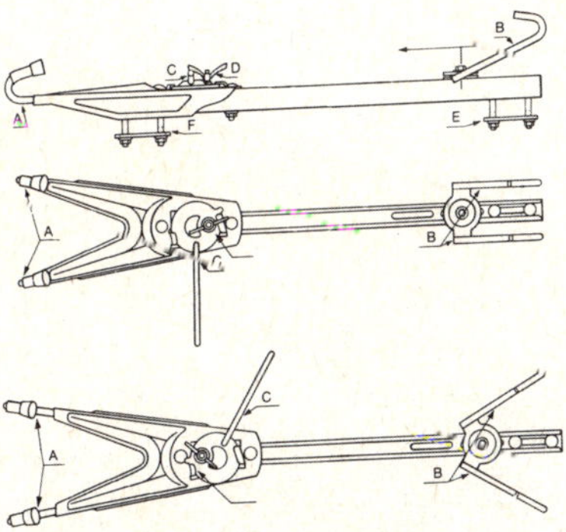

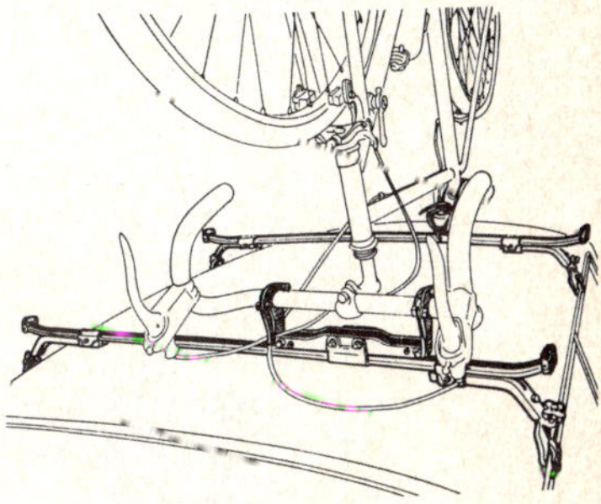

Links: Der Take-Bike-Träger der belgischen Firma Geerinck. Für ein kopfstehendes Fahrrad. Die Befestigung des Trägers auf den Gepäckträgerbügeln bei E und F hat einen festen Abstand, es gibt noch ein weiteres Langloch, ansonsten kann er nur mit Hilfe der Bohrmaschine verändert werden. Die Haken B greifen hinter den Sattel, die Haken A vor den Lenker. Beide werden mit dem Hebel C zusammengezogen (Mitte und oben), der mit Flügelmutter D arretiert wird. Auch für den Kofferraumdeckel geeignet. Rechts: Fahrradhalter von Le Prealpina (siehe linke Seite unten), diesmal auf einem Dachgepäckträger.

Ein trauriges Kapitel, reif für Bürgerinitiativen. Denn die meisten lassen nur zusammengeklappte Fahrräder zu. Dabei ist das Standard-Klapprad ausgerechnet das schwerste aller Fahrräder, von der Manövrierfähigkeit ganz zu schweigen. In Großbritannien wurden hierzu die Portables entwickelt; das Beste, das Bickerton, zieht in seiner Tasche, die sonst anstelle des Gepäckträgers fungiert, nur noch mit acht Kilogramm an der Schulter. Also vor geplanter Fahrt die Beförderungsbedingungen der Linie erkunden. Es ergeben sich folgende Alternativen:

- man hat ein Klapprad und kann das Verkehrsmittel benutzen.
- man kann oder will sein Fahrrad nicht zerlegen, dann wird man nicht mitgenommen und kann höchstens ein Taxi mit Dachgepäckträger anfordern (den Fahrradhalter vorher am Fahrrad montieren.)
- man kann sein Fahrrad zerlegen und in eine (nicht billige) Spezialtasche stecken, Rahmen und je ein Rad in getrennte Fächer. Mit der Tasche an der Schulter wird man wieder in die Stadtverkehrsmittel eingelassen, aber nur edle Fahrräder ziehen mit weniger als 10 kg an der Schulter.

Modellversuch des kalifornischen Verkehrsdepartments bei den Stadtbussen von San Diego. Die Fahrräder können nicht an jeder Haltestelle ein- und ausgeladen werden, sondern nur an gekennzeichneten in etwa sechs Kilometer Abstand, die anhand von Verkehrsbeobachtungen ausgewählt wurden.

Eisenbahn

Wenn man selbst ein-, um- und auslädt, kann man das Fahrrad unzerlegt auf beliebige Entfernungen mit einer Fahrradkarte zu 2,50 Mark mitnehmen. So kann man sich selbst überzeugen, daß das Fahrrad im Gepäckwagen so abgestellt ist, daß es nicht umfallen kann oder schwere Sachen drauffallen können. Man hat ein besseres Gefühl, als wenn man das Fahrrad einen Tag zuvor als Reisegepäck zu 5 Mark auf- und damit in andere Hände gibt. In Holland werden die Fahrräder eigens mit einer Gummikordel an einer Stange befestigt, außerdem gibt es dort bewachte Abstellplätze an den Bahnhöfen. Bei Zügen, die in den Fahrplänen mit ◆ gekennzeichnet sind, ist die Mitnahme von Fahrrädern nicht möglich, außer eben zerlegt als Handgepäck.

Den Kundendienst «Fahrrad am Bahnhof» gibt es an mehr als 200 Bahnhöfen der Bundesrepublik, allerdings nicht bei allen ganzjährig (siehe Anhang). Bahnreisende zahlen 4 Mark pro Fahrrad und Tag. Man kann aber auch einfach am Ort hingehen und eins leihen, dann kostet es 8 Mark pro Fahrrad und Tag, allemal billiger als ein Taxi für einen ganzen Tag, z. B. wenn Besuch da ist und Sie mit ihm eine Radtour machen wollen. Der Mieter haftet für Verlust oder Beschädigung, nur gegen Schaden durch Dritte ist er bis zu 150 Mark versichert. Man kann das Fahrrad auch an einem anderen Bahnhof zurückgeben, sollte aber beim Ausleihen fragen, ob das am gewählten Ziel geht. Die Ersparnis von einer Mark gegenüber zwei Fahrradkarten hin und zurück sollten einen allerdings nicht davon abhalten, das vertraute eigene Fahrrad mit optimal eingestelltem Sattel und Lenker mitzunehmen. Das Leihfahrrad muß ja erst der eigenen Anatomie angepaßt werden.

Schiff

Amerikanische Radtouristen haben die Ozeandampfer als luxuriöses Verkehrsmittel wiederentdeckt. In den 250 Kilogramm Freigepäck ist ein Fahrrad leicht unterzubringen. Auf einigen Linien darf man allerdings das Fahrrad nicht mit in die Kabine nehmen, obgleich die Aussicht auf ein paar Runden auf dem mitternächtlichen Deck verlockend ist. Für kombinierte Fahrrad-Paddelboot-Touren kann man nur die leichtgewichtigen Portables empfehlen. Flußschiffe wird man wohl kaum beanspruchen, denn neben den Flüssen verlaufen ja die besten Fahrradstrecken.

Flugzeug

Die europäischen Fluggesellschaften hat der Radtourismus noch nicht so stark ereilt wie die amerikanischen. Man recherchiere also rechtzeitig vor dem Flug die Modalitäten. Manche werden versuchen, einen zu überreden, das Fahrrad als Fracht aufzugeben. Das ist aber unbequem, man muß zwei Tage vor Abflug schon zum Flugplatz, nur um das Fahrrad abzuliefern. Interessant ist eigentlich nur, das Fahrrad als Reisegepäck ohne Sonderbedingungen mitnehmen zu können. Bei der Lufthansa geht das Freigepäck bis 20 kg, worin bei sonst bescheidenem Gepäckumfang ein leichtes Fahrrad durchaus unterzubringen ist. Sonst bezahlt man für jedes Kilogramm darüber hinaus 1 % des Erste-Klasse-Flugpreises. Wichtig bei Verhandlungen mit anderen Fluggesellschaften ist, daß das Fahrrad nicht von vornherein als Zusatzgepäck eingestuft wird, wo dann gleich das ganze Fahrradgewicht so teuer bezahlt werden muß. Fracht ist dann billiger, aber wie gesagt, unbequemer. Bei der Übergabe ist dann ein weiteres Mal Gelegenheit, persönliches Verhandlungsgeschick zu beweisen. Manche Fluggesellschaften wollen das Fahrrad im Karton verpackt haben. TWA hat hierzu spezielle Fahrradkartons, in die das Fahrrad aber erst nach Abnahme von Lenker und Sattel und Pedalen paßt; sonst wird erwartet, daß man den Karton selbst beibringt. Mit eigenen Vorarbeiten kann man aber erreichen, daß das Bodenpersonal das Fahrrad unverpackt «auf Risiko des Eigentümers» mitnimmt: Pedale abschrauben und nach innen wieder anschrauben, Kette gründlich reinigen, vorstehende, scharfe Kanten mit Schaumstoff und Klebestreifen entschärfen, Vordergabel mit einer Gummikordel am Herumschwingen hindern. So nehmen die Schienbeine des Personals und anderes Gepäck keinen Schaden. Man kann das zerlegte Fahrrad auch in der Tragetasche abgeben, aber der Achtungseffekt des unverpackten Fahrrads fehlt hier, und es kann einem passieren, daß die Tragetasche mit Inhalt achtlos in eine Ecke gefeuert wird – mit entsprechenden Folgekosten. Die meisten Flugzeuge haben einen Frachtraum für sperriges Gut. Ein Tandem wird man allerdings erst in Flugzeugen der Größe einer DC 9 unterbringen können – man muß sich eben vorher erkundigen.

Projekt: Räder ausbauen

Für den Transport in Kofferraum oder Tragetasche und für das Reifenflicken gilt es, Vorder- und/oder Hinterrad auszubauen – mit Abstand die häufigste Wartungsübung am Fahrrad. Die Zahl der Handgriffe hängt von der Art der Befestigung ab, sie nimmt in der Reihenfolge Schnellspann-Naben, Flügelmuttern, gewöhnliche Muttern und von Vorderrad zu Hinterrad zu.

Vorderrad-Ausbau: Das Fahrrad braucht hierzu nicht umgedreht zu werden, wenn es eine zweibeinige Fahrradstütze hat. Ist vorn eine Felgenbremse installiert, muß dafür gesorgt werden, daß der Reifen die Bremsklötze passieren kann, ohne sie aus den Bremsschuhen zu hebeln. Fahrräder mit *Schnellspann-Naben* haben hierzu meist einen Schnellverschluß, entweder ein Druckknopf am Handbremshebel oder ein Hebel an der Felgenbremse selbst, deren Betätigung sofort die Bremsbacken weit genug auseinanderklaffen läßt. Damit kann das Vorderrad mit zwei Handgriffen ausgebaut werden: Schnellverschluß lösen – Schnellspannhebel umlegen – das Vorderrad fällt von selbst aus der Gabel.

Vorderräder mit *Muttern* haben nach der Sicherheitsnorm DIN 79100 neuerdings einen sog. Vorderradhalter, der verhindern soll, daß das Vorderrad bei unabsichtlich gelösten Muttern herausfällt. In der einfachsten Form ist das eine Scheibe auf der Achse mit einer Nase, die von innen in eine entsprechende Öffnung der Gabel eingehängt ist. Das kann den Ausbau ziemlich verzweifelt machen und mehr als zwei Hände erfordern, denn die Gabel muß mit Gewalt gespreizt werden, damit die Vorderradhalter freikommen. Also Achsmuttern lösen – Felgenbremse spreizen oder Bremsschuhe abschrauben oder Luft aus dem Reifen lassen – Gabel spreizen – Vorderradhalter einzeln aushängen – und Rad herausmanövrieren. Sitzt noch ein Tachometer-Antrieb oder Kilometerzähler auf der Achse, sollte man sich für den Wiedereinbau die Reihenfolge der Teile merken, ebenso bei Tourenrädern, wo die Schutzblechstreben mit auf der Achse sitzen.

Hinterrad-Ausbau: Ohne spezielle Montageständer oder Aufhängung am Oberrohr wird es hier nötig, das Fahrrad umzudrehen und auf einer weichen Unterlage auf Lenker und Sattel abzustellen. Die *Kettenschaltung* kompliziert selbst mit Schnellspann-Nabe die Prozedur. Um die Kette leicht abnehmen zu können, unbedingt vorher auf den schnellsten Gang schalten, so daß die Kette auf dem kleinsten Kettenrad liegt. Der Reifen muß wieder die Felgenbremse passieren können, siehe Vorderrad-Ausbau. Also Schnellverschluß lösen – Schnellspanner umlegen – und jetzt den Schaltarm nach hinten ziehen, wobei die Achse aus dem Ausfallende heraus nach vorn bugsiert wird. Ist ein Schutzblech vorhanden, kann es erforderlich werden, die Luft aus dem Reifen zu lassen, um das Rad freizubekommen. Beim Einbau muß das Rad zentriert werden, bevor der Schnellspanner festgemacht wird, damit der Reifen nicht am Hinterbau schleift. In besseren Ausfallenden besorgen das justierbare Anschläge.

Hinterachsen mit Muttern werden analog ausgebaut, wobei nun aber der Luxus der Schnellspreizung der Felgenbremse mit Sicherheit nicht vorhanden ist, also behilft man sich mit der schon beim Vorderrad mit Muttern erwähnten Möglichkeit.

Bei *Rücktrittnaben* muß zusätzlich der Bremshebel von der Rohrschelle losgeschraubt werden, die ihn am linken Hinterrohr festhält. Beim Wiedereinbau erst spielfrei festschrauben, nachdem das Rad erfolgreich zentriert ist, aber nicht vergessen, sonst endet einer der folgenden Bremsversuche voraussichtlich katastrophal. Bei der *Dreigangnabe* läuft rechtsseitig noch das Schaltkettchen in die Achse. Vor dem Ausbau Position der Rändelmutter mit Filzstift markieren, Rändelmuttern lockern und geriffelte Einstellhülse ganz herausdrehen. Nachdem so Kettchen und Bowdenzug getrennt sind, können Kettenleitmutter und Fixierscheibe abgezogen werden. Beim Tourenrad müssen noch die Kettenspanner gelöst werden, die sich dafür beim Zentrieren nach dem Wiedereinbau nützlich machen.

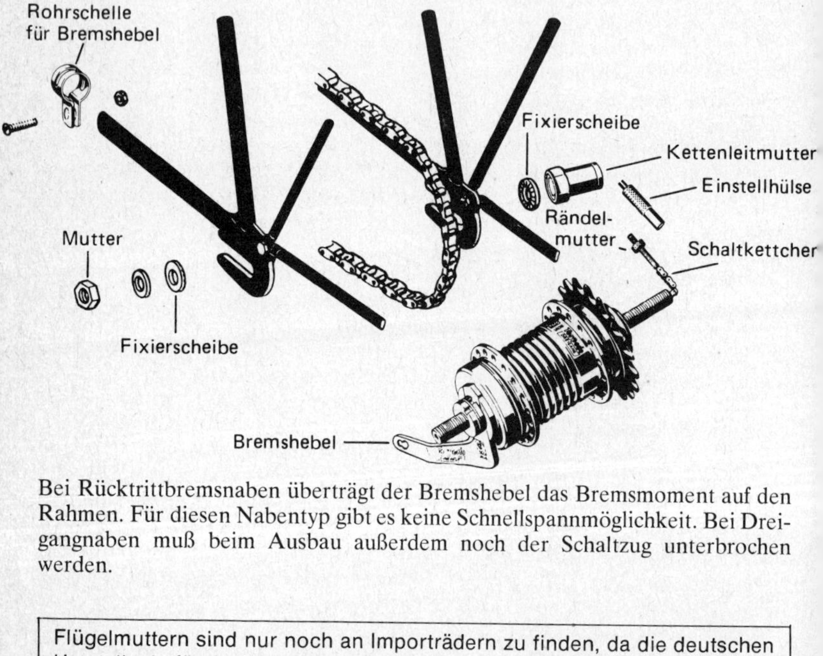

Bei Rücktrittbremsnaben überträgt der Bremshebel das Bremsmoment auf den Rahmen. Für diesen Nabentyp gibt es keine Schnellspannmöglichkeit. Bei Dreigangnaben muß beim Ausbau außerdem noch der Schaltzug unterbrochen werden.

Flügelmuttern sind nur noch an Importrädern zu finden, da die deutschen Hersteller befürchten, mit den Vorstellungen der Sicherheitsnorm DIN 79100 zu kollidieren. Für den Radausbau ohne Werkzeug sind sie aber neben den Schnellspann-Naben der billigste Weg. Allerdings sollte man sich Flügelmuttern in abgerundeter Ausführung anschaffen oder die konventionellen mit Plastik-Ecken entschärfen. Vorsicht beim Einkauf: Vorder- und Hinterachse haben verschiedene Gewinde, 7,9 mm bzw. 9,5 mm, und bei Nabenschaltungen wieder andere, z. B. Fichtel & Sachs 10,5 mm, dagegen Sturmey-Archer 10,3 mm.

Vorderradbefestigungen

Drei Arten der Achsbefestigung in den Ausfallenden: Flügelmuttern, Schnellspanner oder gewöhnliche Sechskantmuttern. Nur für letztere braucht man einen Schraubenschlüssel, üblicherweise mit 15 mm Maulweite.

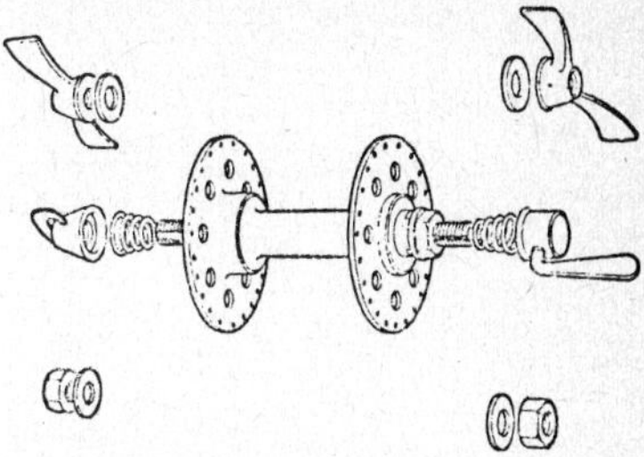

Konventionelle Vorderradbefestigung. Bei Ausführungen ohne Vorderradhalter ist es wichtig, daß die Zahnung der Rändel- oder Fixierscheiben auf die Ausfallenden der Gabel zu liegen kommt und stumpfe Rändelscheiben erneuert werden. Sonst kann die Achse verrutschen.

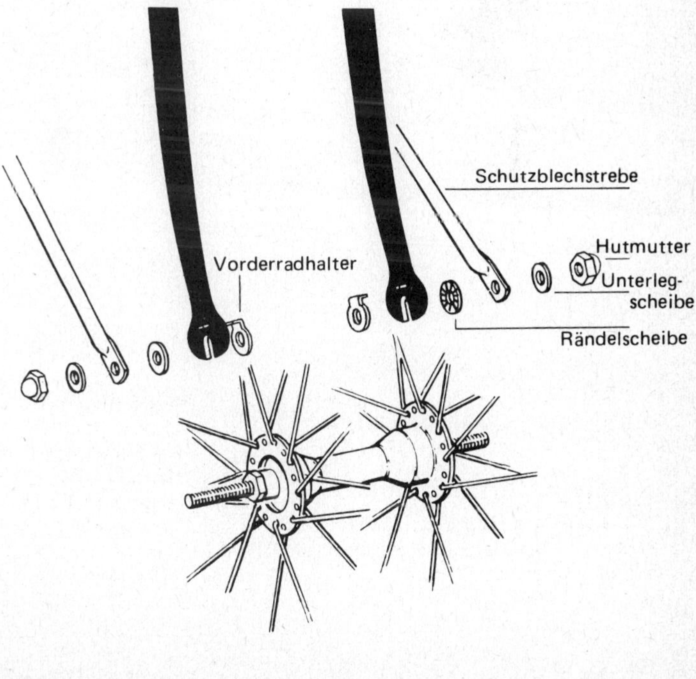

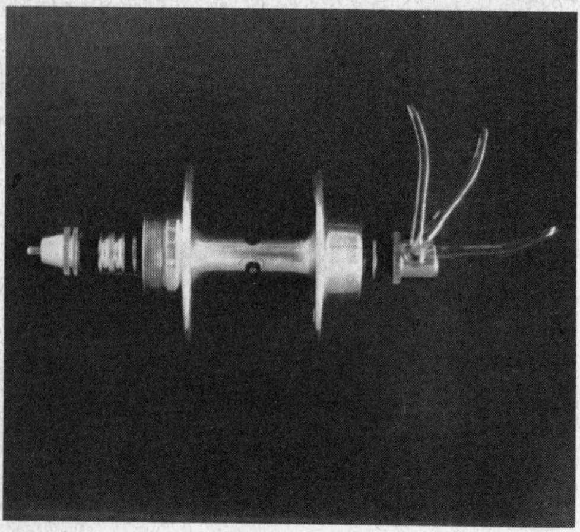

Schnellspann-Naben vereinfachen den Radausbau erheblich: Hebel nach außen umlegen – und das Rad fällt heraus. Für alle Vorderräder geeignet.

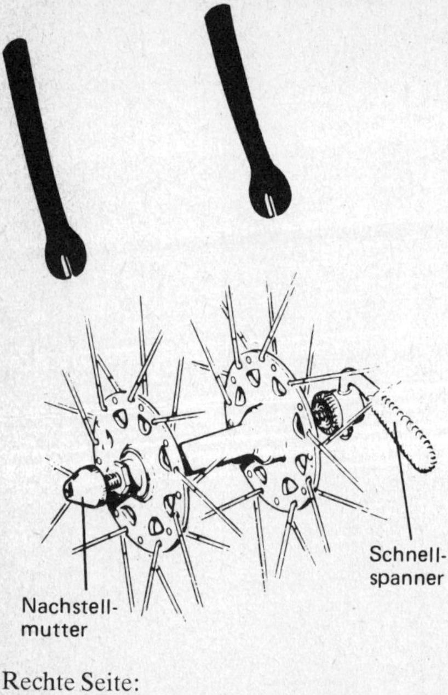

Durch Umlegen des Schnellspannhebels fällt das Vorderrad von selbst aus der Gabel. Sitzt nach dem Einbau die Achse zu locker, muß nochmals geöffnet und die Justiermutter etwas im Uhrzeigersinn gedreht werden.

Rechte Seite:
Konventionelle Hinterachsbefestigung mit Muttern, Schlüsselweite 15 mm. Beim Hinterrad ist es besonders wichtig, daß sich die Rändelscheiben in das Metall der Ausfallenden krallen.
Schnellspann-Naben gibt es nur für Kettenschaltungen. Fester Sitz ist bei der Hinterachse wegen des einseitigen Zugs der Kette besonders wichtig.

Hinterradbefestigungen

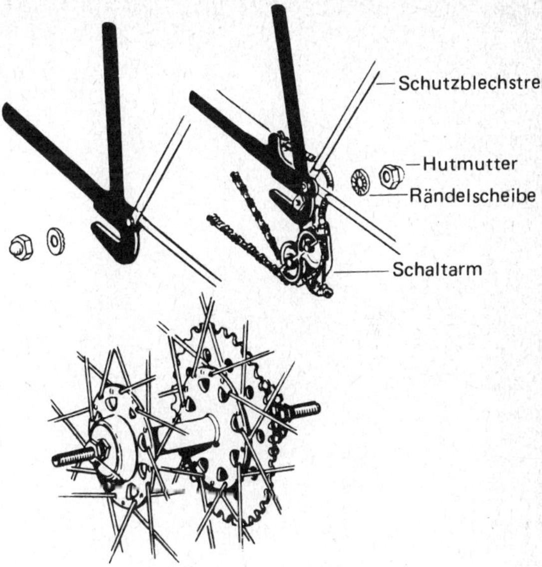

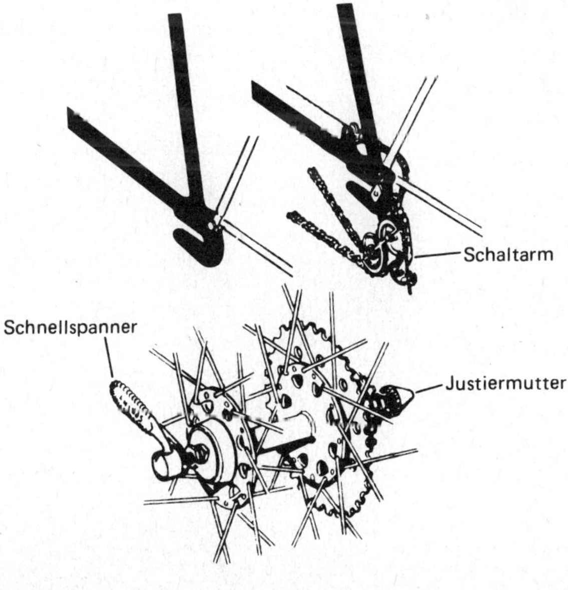

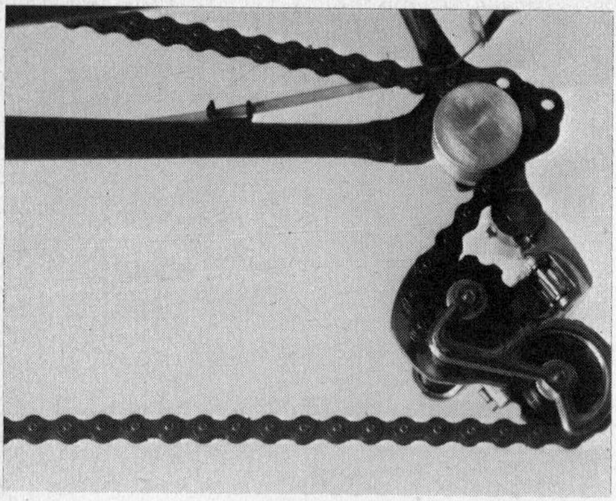

Ein Kettenhalter im Ausfallende löst bei ausgebautem Hinterrad das Problem der herumschlenkernden schmutzigen Kette, was vor allem für den Transport wichtig ist (zu beziehen bei Brügelmann).

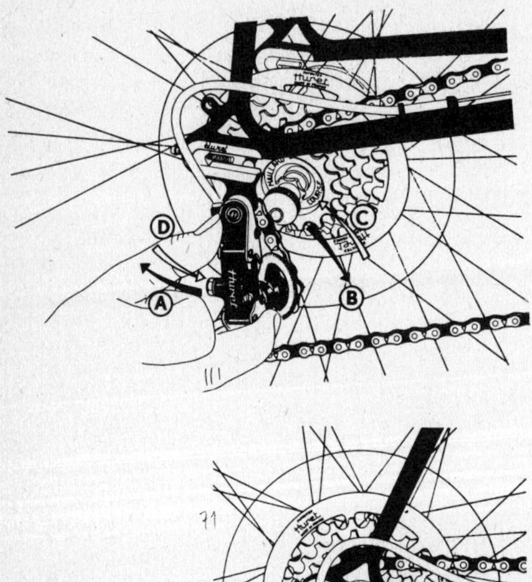

Zum Ausbau Schaltarm nach hinten ziehen (A), die Hinterachse bewegt sich dann nach vorn (B). Zum Einbau Schaltarm nach vorn drücken (D), Kette über kleinstes Ritzel hängen und die Achse in Richtung C bugsieren.

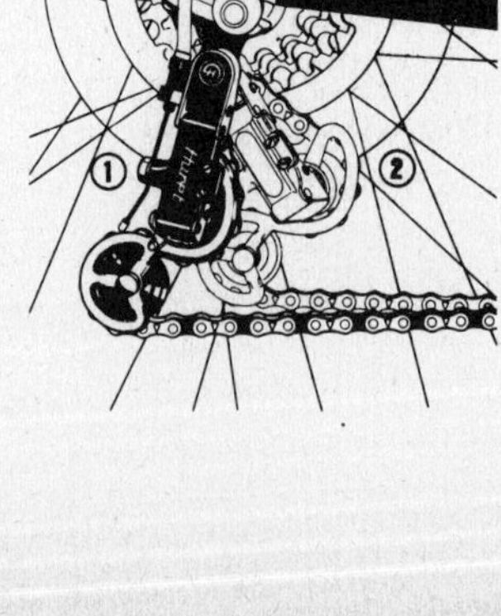

Nach dem Hinterradeinbau sollte der Schaltarm in Stellung 2 stehen, sonst hat sich etwas verändert. Die Schraube im Ausfallende dient als Anschlag für die Hinterachse.

9
Unterwegs auf Tour

Radwandern ist das Salz des Radfahrens. Beim Genießen der Landschaft kann nur noch das Fußwandern konkurrieren. Ein breites Spektrum von Möglichkeiten und Erfahrungen bietet sich an. In Frankreich haben die «Randonnées» eine lange Tradition, weite Reisen über Hunderte von Kilometern, die mit einer Gruppe von Gleichgesinnten Tag und Nacht gefahren werden, um eine vorgegebene Zeit einzuhalten. Dafür gibt's dann «carnets», die von den Franzosen ebenso gesammelt werden, wie bei uns andere sportliche Leistungsabzeichen. Das andere Extrem ist die gemütliche Sonntagsausfahrt, nicht weit von zu Hause. An was alles es zu denken gilt, ist im Folgenden in Listenform zusammengestellt. Vorher soll aber noch Paul de Vivie zitiert werden, der «Apostel» des französischen Radtourismus. Unter seinem Schriftstellernamen «Velocio» veröffentlichte er in seiner Zeitschrift «Le Cycliste» um die Jahrhundertwende seine sieben Gebote zum Radfahren. Er gilt übrigens als der Entwickler und Verfechter der Kettenschaltung.

Velocios sieben Gebote für den Radtouristen

1. Halten Sie selten und nur kurz an, damit Sie nicht Ihren Antrieb verlieren.
2. Nehmen Sie wenig zu sich, aber häufig. Essen Sie, bevor sie hungrig werden, und trinken Sie, bevor Sie durstig werden.
3. Fahren Sie nie, bis Sie so müde sind, daß Sie nicht mehr essen oder schlafen können.
4. Ziehen Sie zusätzliche Kleidung an, bevor Ihnen kalt werden könnte. Oder ziehen Sie etwas aus, bevor Ihnen heiß werden könnte. Zieren Sie sich nicht, Ihre Haut Sonne, Luft und Regen auszusetzen.
5. Meiden Sie Wein, Fleisch oder Tabak in jeder Menge, während Sie im Sattel sind.
6. Erzwingen Sie nie etwas. Fahren Sie nicht über Ihre Körperreserven hinaus, vor allem während der ersten paar Stunden einer Fahrt, wenn Sie sich stark und versucht fühlen, das Tempo zu forcieren.
7. Fahren Sie nicht Fahrrad, um auf andere Eindruck zu machen.

Jede Tour sollte man so planen, daß die Rückfahrt voraussichtlich mit Rückenwind erfolgt, d. h. in Europa die meiste Zeit von West nach Ost.

Unterwegs immer dabeizuhaben:

- Pumpe (mit dem passenden Ventilstecker)
- Flickzeug (für Drahtreifen oder Schlauchreifen, je nachdem)
- Gummilösung (stets trocknen lassen, bevor Flicken draufgelegt wird)
- Schmirgelleinen (zum Aufrauhen der Flickstelle)
- Kleiner Rollgabelschlüssel
- Reifenhebel
- Kleingeld (für Nottelefonate)
- Ausweise
- angemessenes Schloß

Weitere Notwendigkeiten:

- Hosenklammer oder -band
- Gepäckträger
- Lenkertasche
- Trinkflasche
- Gürteltasche (Wertsachen nicht am abgestellten Fahrrad lassen)

Für Regenfahrten:

- Schutzbleche
- Regenhut
- Regencape
- Handtuch (an trockenem Platz)
- Satteldecke (Plastiktüte genügt)

Zusätzlich für Tagesausflüge:

(vor dem Start Reifen und Bremsen prüfen)

- lange oder kurze Hosen (ohne dicke Nähte im Schritt)
- Radfahrhose (mit Ziegenledereinsatz im Schritt)
- Beinwärmer (zur Radfahrhose bei kaltem Wetter oder frühmorgens, danach leicht abzustreifen)
- T-Shirt (in Signalfarben, der Sicherheit wegen)
- leichtes Baumwollhemd (mit langen Ärmeln gegen Sonnenbrand)
- Radfahrtrikot (mit praktischen Taschen auf dem Rücken)
- Armwärmer (zum Radfahrtrikot, bei Kälte oder morgens, danach leicht abzunehmen)
- Windjacke (nicht wasserdicht, sonst unangenehmes Schwitzen)
- Jacke für wirklich kaltes Wetter (nicht wasserdicht)
- Socken aus Naturfaser
- leichte Schuhe mit Metalleinlage in der Sohle
- Radschuhe mit Schuhplatten (für wirksameres Pedalieren mit Pedalhaken und -riemen)
- Radfahrhandschuhe (keine Eitelkeit, dämpfen Fahrbahnstöße)
- Schutzhelm (mit freien Ohren und Kühllöchern)
- Sonnenhut und Strickmütze gegen Kälte

Sonstiges:

- Landkarten (Deutsche Generalkarte 1:200000 oder detaillierter)
- Rückspiegel zum Anklemmen an Sonnenbrille, Schutzhelm oder Hut
- Sonnenbrille
- Handtuch
- Badeanzug

- Sonnencreme
- Kamera und Film
- Bargeld
- Erste-Hilfe-Päckchen (Wund- und Heftpflaster, Verbandmull, elastische und Mullbinden, Desinfektionsmittel, Schmerztabletten, Lippenpomade, Seifenstückchen)
- Studentenfutter (keine Schokoriegel, geben schnellen Schub und noch schnelleren Abfall)

Werkzeug
- Schraubenzieher
- Speichennippel-Spanner

Zusätzlich für mehrtägige Fahrten:
- Packtaschen (kein Rucksack: zu instabile Fahrweise!) Beide Seiten gleichschwer beladen, schwere Sachen nach unten
- für Camping: Leichtzelt, Schlafsack, Luftmatratze, Kocher, leichte Fahrrad-Plastikhülle
- für Unterkünfte: Leichte Stadtkleidung
- für Jugendherberge: Ausweis und Leinenschlafsack

Werkzeug und Ersatzteile:
- Taschenmesser
- Kurbelanzieher (für keillose Kurbeln)
- Zahnkranz-Abnehmer (passend zum eigenen Zahnkranz)
- Inbusschlüssel
- Öl
- Kettennietenentferner, Ersatz-Kettenglieder
- Gepäckträger-Spannbänder (keine brüchigen, können in die Speichen geraten)
- Ersatzspeichen (passende Länge kaufen)
- hinterer Bremszug (gekürzt als vorderer verwendbar)
- hinterer Schaltzug (gekürzt als vorderer verwendbar)
- Bremsgummis
- Lenkerband
- Ersatz-Pedalriemen
- Plastiktüten
- Ersatzbirnen und -kabel

Für Begleitfahrzeug:
Ein reiselustiger Bekannter ohne Fahrrad-Absichten kann vielleicht dafür interessiert werden, bei größeren Vorhaben die Begleitung zu übernehmen, einen Teil des Gepäcks oder zusätzliche Ausrüstung, die man sonst nicht mitnehmen könnte, zu transportieren und müde Fahrer aufzulesen.
- Ersatzräder
- Rad-Zentrierständer
- extra großer, verstellbarer Schraubenschlüssel
- Essen und Trinken
- Handkompressor-Pumpe
- Eisbox für Gekühltes und Getränke
- Fahrradträger

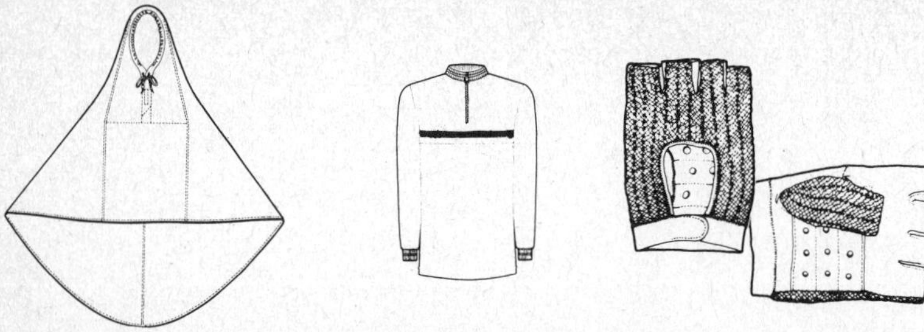

Kleidung für die Radtour: Ein Regencape, das über den Lenker geht – Radfahrtrikot mit langen Ärmeln, falls Sonnenbrand droht (Porolastic) – Radfahrerhandschuhe. Man lasse sich vom Rennfahrerlook der beiden letzten Sachen nicht vergraulen: sie sind wirklich praktisch. Zwei Taschen hinten am Trikot und gepolsterte Handballen sind unterwegs hilfreich. Regencape: ab etwa DM 24,–, Trikot: etwa DM 60,–, Handschuhe: ab etwa DM 20,–.

Nylon-Fahrradtaschen sind in der BRD noch selten. Hier eine Lenkertasche mit Landkartenhalter und Doppelpacktasche für den hinteren Gepäckträger (von: Stölzle, Memmingen). Hinten etwa DM 50,–, vorne etwa DM 30,–.

Amerikanische Fahrradtaschen bei den Peugeot-Händlern: Packtasche fürs Oberrohr (links) und Satteltasche mit Reißverschluß. Packtasche fürs Oberrohr etwa DM 20,–, Satteltasche etwa DM 35,–.

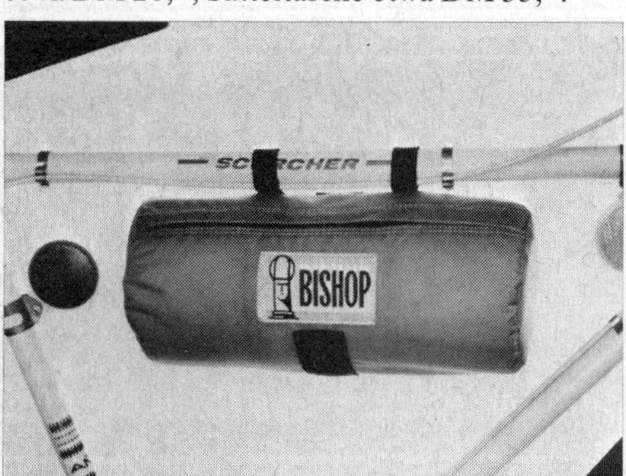

Spezielle Radfahrerhelme aus den USA sind in der BRD leider nicht erhältlich. Als Ersatz bietet sich zum Beispiel der Wildwasserhelm von Römer an, der leicht und für alle Größen innen verstellbar ist. Das Geräusch des Fahrtwinds in den Luftlöchern stört allerdings die Unterhaltung vom Fahrrad aus. Freie Ohren sind besser. Etwa DM 35,–.

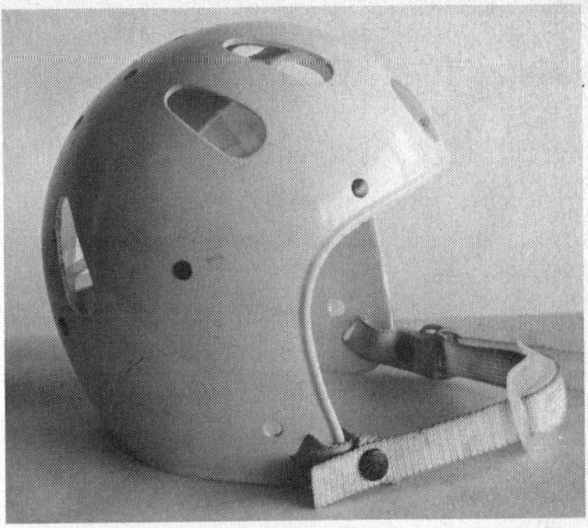

In Kindergrößen erhältlich: Radfahrerhelm von Rampinelli, innenverstellbar. Nachteil: Kein Kinnschutz. Etwa DM 10,–.

Japanischer Hockey-Helm von Kunoh, dreiteilig, durch Schnürung verstellbar. Die am Kopf anliegende Innenpolsterung macht warm. In Sportgeschäften erhältlich. Etwa DM 15,–.

Projekt: Fotografieren vom Fahrrad aus (nur mit leichten Kameras)

Freihändig zu fahren ist zwar keine Kunst, aber gleichzeitig noch die Kamera vors Auge zu halten und durch den Sucher zu blicken, ist auf die Dauer riskant. Also wird man die Kamera auf Radtouren am Lenker installieren, wo man sie bei Bedarf auch ein bißchen schwenken kann. Wenn man sich eine HAMA Blitzschiene im Fotogeschäft kauft, geht das besonders einfach. Von den zwei Drehknöpfen mit Kameragewinde dreht man den einen durch ein Loch am Ende des Mittelschlitzes heraus. Durch dieses Loch paßt der Lenkerklemmbolzen; notfalls muß man die Plastik-Beschichtung an diesem Ende entfernen. Lenkerklemmbolzen vorsichtig aus dem Lenkerkopf herausschrauben, damit der Gußkonus nicht gelockert wird, durch das Loch in der Blitzschiene stecken und wieder einschrauben und dadurch die Blitzschiene befestigen. Am anderen Ende kann man jetzt die Kamera mit der verbliebenen Klemmschraube festmachen. Aus Sicherheitsgründen darf man sich aber nicht zufrieden geben, wenn der Bolzen nur noch eine Umdrehung einzuschrauben geht. Allerdings federt das ganze ziemlich. Ist ein Tacho oder Scheinwerfer installiert, kann man ihn hochstellen, um die Blitzschiene mit Kamera zu unterstützen. Ein Drahtauslöser, der am rechten Lenkergriff mit Klebeband fixiert wird, ergänzt die Ausrüstung.

Unten links: Konica C 35 auf einer Blitzschiene am Lenkerklemmbolzen – besonders geeignet durch automatische Scharfstellung. Rechts: Aufnahme während der Fahrt. Anne Katrin auf Tour mit ausgeschwenktem Abstandhalter.

10
Fahrradwege

Der Fortschritt ist die
Verwirklichung von Utopien
(Oscar Wilde)

Städtebauliche Alternativen

Fünfzig Kilometer nördich von London liegt Stevenage, eine Stadt von 72000 Einwohnern in der Grafschaft Hertfordshire. Mit einer Fläche von vierundzwanzig Quadratkilometern hat Stevenage eine größere Bevölkerungsdichte als die City von London, und doch gibt es im ganzen Ort keine einzige Straßen-, Fußgänger- oder Fahrradampel und kein einziges Stop-Schild! Der Verkehr der so verschiedenen Teilnehmer fließt selbst in Stoßzeiten so reibungslos, daß der Eindruck entsteht, es sei überhaupt niemand unterwegs. Man schaut auf die Uhr und sieht sich nach den Verkehrsstaus um, die hierzulande für die Büroschlußzeiten typisch sind. Es gibt keine. Und auch keinen Gestank, denn nichts und niemand braucht anzuhalten und wieder aus dem Stand zu beschleunigen.

Stevenage wurde 1946 unter dem «New Towns Act» unter Einbezug des 7000 Einwohner zählenden Landstädtchens Stevenage gegründet, um den Londoner Bevölkerungsüberhang aufzunehmen. Im Endausbau soll es 100000 Einwohner haben. Entwurf und Aufbau der Stadt sind das Werk des genialen Eric Claxton, der Chefingenieur der «Stevenage Development Corporation» war und heute im Ruhestand lebt. Daß von vornherein ein totales Verkehrssystem geplant werden konnte, in dem Fußgänger-, Fahrrad- und Autotrassen getrennt sind und nie in Konflikt geraten können, ist die eigentliche Ursache für den Erfolg von Stevenage. Autofahrer können durch den ganzen Ort fahren, ohne jemals einem Radfahrer oder Fußgänger zu begegnen. Das hat zur Folge, daß die durchschnittliche Geschwindigkeit in Stoßzeiten 30 Stundenkilometer, also doppelt so hoch wie in anderen Städten und auch besser als der Durchschnitt in Großstädten wie etwa London selbst ist. Auch findet jeder Autofahrer einen Parkplatz ganz in der Nähe seines Ziels außer an den Adventssamstagen. Busdienste fahren zur Ortsmitte, die tatsächlich nur einige Schritte von Einkaufs- und öffentlichen Einrichtungen halten. Es gibt keine Wohnungen, die weiter als fünf Minuten zu Fuß von einer Bushaltestelle entfernt sind. Die meisten liegen näher.

Auch der Radfahrer kann im Ort überall hinfahren, und zwar auf nur durch Markierungslinien getrennten Rad- und Fußwegen von vier Metern Breite, ohne je einem Auto zu begegnen. Bei der Mischung von Fußgängern, Radfahrern und Mofafahrern hat es seit 1955 keinen Unfall gegeben. Auf den Radwegen ist der Gegenverkehr zugelassen. Für Fußgänger gibt es zu dem umfassenden Netz von kombinierten Rad-Fuß-Wegen reine Fußgängerzonen in der Ortsmitte und einigen Nebenzentren, die eigentlich von Radfahrern nicht befahren werden dürfen. Doch wird das Radfahren dort stillschweigend geduldet, da es dabei keine Probleme gegeben hat und gibt. Die Fußgängerzonen sind übrigens durch Überdachung voll wettergeschützt.

Das offizielle Radwegesystem ist 40 Kilometer lang und wird von allen Radfahrern, Mofa-Fahrern und Fußgängern genutzt. Die Radwege verlaufen häufig parallel zu Hauptverkehrsstraßen, sind dann aber durch Grasstreifen und Bäume von den Straßen und Fußwegen abgesetzt. Zusätzlich gibt es eine Reihe von Querverbindungen durch den Ort, die von den Straßen unabhängig verlaufen – zum Teil die ursprünglichen Landstraßen, die vom sonstigen Verkehr befreit wurden. Darüber hinaus stehen den Radfahrern über 150 Kilometer Fußwege zur freien Verfügung, so daß die meisten von Tür zu Tür fahren können. Es gibt keine Vorschriften und Verkehrsregelungen für Radwege und Fußwege. Die Polizei braucht nicht darüber zu wachen, was der Radfahrer darf oder nicht. Wenn sie wollen, können Radfahrer auch die Autostraßen benutzen. Es hat sich aber gezeigt, daß das vorhandene Radwegenetz so attraktiv ist, daß nur die verhinderten Rennfahrer, die gern mehr als 40 Stundenkilometer fahren, es vorziehen, sich ins Autogetümmel zu begeben.

Die verschiedenen Verkehrsströme wurden durch den großzügigen Einsatz von Unterführungen auseinandergehalten. Die Unterführungen in Stevenage sind ein Musterbeispiel vernünftigen Tiefbaus. Eine Überführung für Radfahrer müßte mindestens fünf Meter über der Straße verlaufen, wodurch steile oder lange Rampen nötig würden. Eine Unterführung für Radfahrer erfordert nur eine lichte Höhe von 2,30 Metern. In Stevenage grub man nur zwei Meter tief, und die ausgehobene Erde diente zur Erhöhung der Straße um einen Meter. Dadurch wurden die Steigungsunterschiede zwischen den beiden Trassenführungen erträglich. Der so mit vertretbaren Kosten erstellbare Tunnel ist bei Tag und Nacht erhellt, und man kann von einem Ende zum andern durchsehen. In diesen Bereichen sind die Radwege von den Fußwegen durch einen Markierungsstrich getrennt. Die gemeinsame Breite ist rund vier Meter, wobei Gegenverkehr zugelassen ist. Die Ausführung auch der separaten Radwege ist den Fußwegen vergleichbar, mit geringem Beleuchtungs- und Entwässerungsaufwand. Die hauptsächlichen Kosten entstehen natürlich durch die Erdbewegungen für den kreuzungsfreien Verkehr und durch die betonierten Unterführungen.

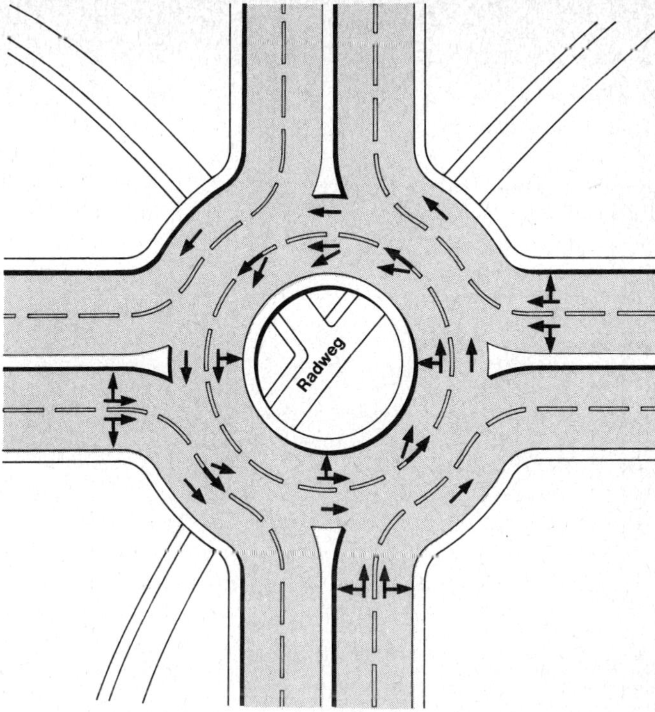

Kreisverkehr in Stevenage: Autoverkehr auf der oberen, Radfahrer und Fußgänger auf der unteren Ebene.

Vorbildliche Einmündung eines Radwegs in eine Hauptstraße und Fortführung in ihr in Form von Radfahrerspuren (unten). Ebenfalls vorbildlich die Regelung für den von der Hauptstraße links in den Radweg einbiegenden Radfahrer (oben).

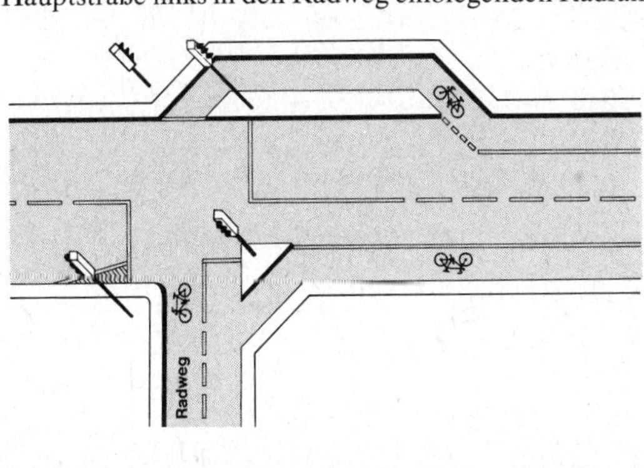

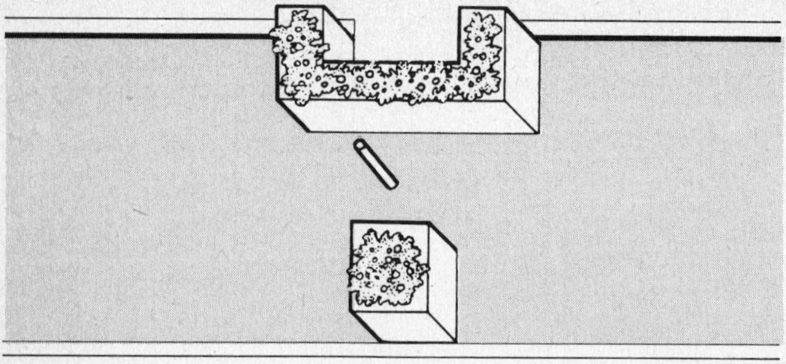

Oben: Abschluß einer Spielstraße – für Radfahrer passierbar. Blumenkästen geben der Maßnahme einen freundlichen Anstrich. Rechts: In Portsmouth wird der Anlieger-Autoverkehr aus der Radfahrerstraße auf der nächsten Kreuzung wieder weggeleitet. Rechts unten: Schwelle an der Einfahrt zu einer Radfahrerstraße. Links unten: Verkehrsberuhigung durch gepolsterte Schwingtür, die mit dem Auto aufgestoßen werden kann. Darunter: Verkehrsberuhigung durch Fahrbahnschwellen – für Radfahrer passierbar.

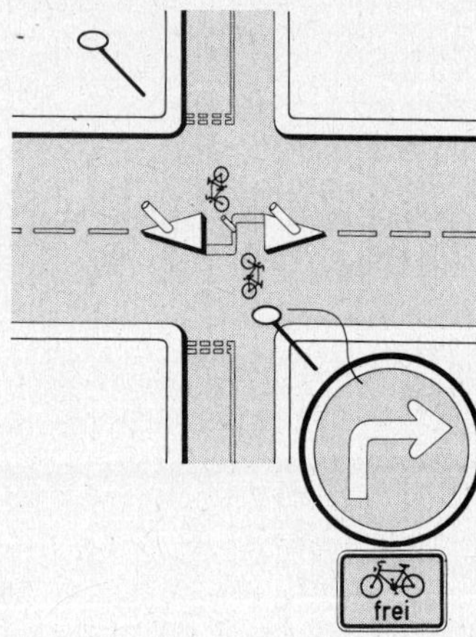

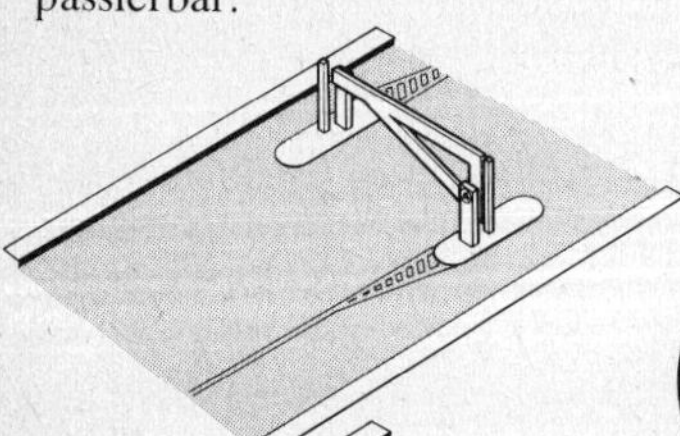

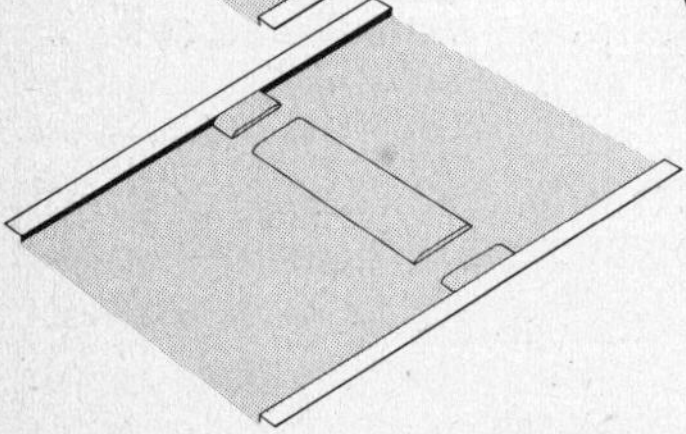

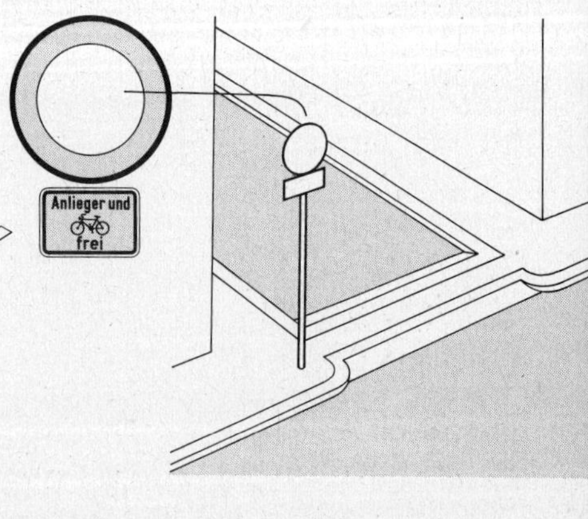

Für den Erfolg von Stevenage gleich wichtig sind aber auch die einfallsreich verbesserten Kreisverkehre. Im konventionellen Kreisverkehr müssen die Fahrzeuge weitgehend stoppen, bevor sie in den Kreis einfahren können, und Konfliktsituationen bei der Durchfahrt sind vorprogrammiert. Praktisch bringt ein Kreisverkehr ja vier Kreuzungen mit sich, wo bisher nur eine war. Zwar wird, wenn man die Vorfahrt der im Kreis fahrenden Fahrzeuge beachtet, der Verkehrsfluß verbessert, aber dichter Verkehr aus einer Straße behindert schwachen Verkehr von einer anderen.

Beim Stevenager Kreisverkehr sind die Konfliktstellen durch entflechtende Spuren ersetzt. Vor der Einfahrt in den Kreis ordnet sich der Autofahrer in die richtige Spur für die beabsichtigte Weiterfahrt ein. Es hat sich gezeigt, daß zu verkehrsreichen Zeiten die meisten Autofahrer wissen, wohin sie wollen. Die wenigen, die sich an Wegweisern orientieren müssen, bevor sie eine Spur wählen, schaffen es trotzdem, sich durchzuarbeiten. Die Fahrzeuge fahren mit einer Geschwindigkeit zwischen 25 und 40 Stundenkilometern in den Ring ein – derselben Geschwindigkeit, die der Verkehr im Kreis bereits hat und die durch den Krümmungsradius der Anlage vorprogrammiert wurde. Fahrzeuge, die nur nach rechts wollen, haben überhaupt kein Problem und können einfach drauflosfahren. Es ist also festzuhalten, daß nicht nur Fußgänger und Radfahrer, sondern auch die Autofahrer von dem neuen Verkehrssystem profitieren.

Wieviel ein solches System wie das von Stevenage wert ist, ist nicht immer in Zahlen faßbar: Wie hoch soll man die Tatsache ansetzen, daß es nie, wirklich niemals zu einem Verkehrsstau kommt? Das ganze Arsenal von Reibungsmöglichkeiten, Verkehrskonflikten und -problemen, gegen die wir uns täglich wappnen müssen, exisitert in Stevenage einfach nicht. Wieviel ist das ruhige Gefühl einer Mutter wert, die die Gewißheit hat, daß ihre Kinder überallhin gehen oder radeln können – und dabei nie einem Auto begegnen? Sechzig Prozent der Berufstätigen von Stevenage gehen zum Mittagessen nach Hause. Wie mißt man den Wert eines verbesserten Familienlebens? Und all das nicht durch ein Zurück-zur-Natur, sondern in Harmonie mit moderner Technik. Die Statistiken runden dieses Bild nur ab:

- Die Radwege dienen einem großen Teil der Einwohner zwischen sechs und sechzig Jahren, die nicht Auto fahren. 17 Prozent der Kinder radeln täglich zur «secondary school». Die Zahl für die Kinder der Grundschule ist niedriger, weil diese in Stevenage leicht zu Fuß erreichbar sind.
- Die wenigen Unfälle auf den Radwegen sind nicht folgenschwer. Fußgänger, Radfahrer und Mofa-Fahrer sind ja alle gleich verwundbar und vermeiden deshalb von selbst, einander zu verletzen. Steven-

age hat insgesamt im Mittel vier tödliche Verkehrsunfälle im Jahr pro 1000 Einwohner – halbsoviel wie im übrigen Großbritannien.

- 4000 Einwohner fahren regelmäßig Rad, das sind elf Prozent der Berufstätigen. 10000 fahren in der Freizeit und zum Einkaufen mit dem Fahrrad. Für viele Leute ist das die einzige körperliche Betätigung, und dadurch, daß Stevenage dazu ermuntert, verlängert es das Leben seiner Einwohner.
- Der Zeitgewinn für alle ist enorm. Pro Haushalt gibt es 0,8 Kraftfahrzeuge – gewiß kein Mangel. Aber die Leute bewegen sich zu Fuß oder mit dem Fahrrad, weil es einfach bequemer geht.

Das Modell der Neugründung Stevenage ist natürlich auf gewachsene Städte mit ihren verfestigten Strukturen nicht übertragbar. Nur wenn es gelingt, auf vorhandenen Trassen den Fahrradverkehr vom Autoverkehr zu trennen, wird das Fahrrad den Bewohnern als attraktive Alternative zum Auto und Nahverkehr erscheinen. Eine Chance hierzu bieten die in letzter Zeit unter dem Stichwort «Verkehrsberuhigung» geäußerten Vorstellungen der Stadtplaner aller Länder. Wo ganze Nebenstraßen zu Spielstraßen oder – wie in Holland – Wohnhöfen werden, ist auch Platz für ihre Nutzung als bevorrechtigte Fahrradstraßen.

Bei dem Plan verkehrsberuhigter Wohnhöfe («Woonerf») in Holland sollen in Stadtteilen mit überwiegendem Wohncharakter die Straßen wieder zum Lebensraum aller Anlieger, vor allem der Kinder und der Älteren, werden. Bisher dem Autoverkehr dienende Nebenstraßen werden für Nichtanlieger verboten oder gesperrt. Grünanlagen und Spielflächen sollen die Qualität des Wohnbereichs verbessern. Vorrang hat überall der Fußgänger, so daß Radfahrer und Autoverkehr der Anlieger Schritt bis mittlere Radfahrgeschwindigkeit einhalten müssen. Durchgehender Fahrrad- und Mopedverkehr sowie der öffentliche Nahverkehr erhalten gesonderte Trassen.

Ohne so weitgehende Zurückdrängung des Autoverkehrs arbeiten die britischen Modelle in Portsmouth und Bedford. Der Fahrradverkehr in Portsmouth aus den Wohngebieten zur Stadtmitte und den Arbeitsplätzen auf den Werften lief über eine gefährliche Hauptstraße ab. Eine ruhige, parallel verlaufende Nebenstraße wurde als Radfahrerstraße eingerichtet. Das Fahrradsymbol ist auf die Straßendecke gemalt. Auf der Radfahrerstraße darf nur der Anlieger- und Anlieferverkehr fahren und hat die für ihn vorgesehene Fahrspur zu nehmen, außer wenn sie durch parkende Fahrzeuge blockiert ist. Dann erst dürfen die Autos vorsichtig auf die Fahrradspur in der Mitte ausweichen. Bei der nächsten Abbiegemöglichkeit wird der Autofahrer wieder von der Fahrradstraße weggeleitet. Der Erfolg zeigte sich in einer 38prozentigen Zunahme des Fahrradverkehrsanteils auf dieser Straße. Allerdings halten sich die Autofahrer nicht immer an die Regeln.

In der skandinavischen Verkehrsplanung geht man heute nach folgendem Konzept vor:

- Gestaltung und Ausbau großzügiger Radwege und Kreuzungen, so daß die Radwege attraktiver werden als das Straßennetz für Autofahrer.
- Trennung von Fahrrad- und Autoverkehr aus Sicherheits- und Emissionsschutzgründen.
- Bildung eines Radwegenetzes, das Schulen, Gewerbegebiete, Wohn- und Einkaufsbereich, Nahverkehrs-Haltestellen, Sportplätze und die Naherholungsgebiete miteinander über radiale und tangentiale Strekken verbindet.

In Schweden wurde 1975 in Malmö eine vorfahrtsberechtigte Radfahrerstraße geschaffen, die einen 25prozentigen Anstieg des Fahrradverkehrs brachte. Inzwischen sind weitere Fahrradstraßen eingerichtet worden. In Landskrona soll eine Fußweg- und Fahrradstadt entstehen, wozu vier Fahrradstraßen im Bau sind, zwei von Ost nach West und zwei von Nord nach Süd. Sie haben eine Länge von 40 Kilometern. Außerdem werden Abstellmöglichkeiten für einige hundert Fahrräder geschaffen. Die Innenstadt wird für den Auto-Durchgangsverkehr gesperrt. Es gibt nur ein «Taschensystem», das den Autoverkehr immer wieder auf die Tangenten der Stadt führt. Die Innenstadt kann nur noch mit Fahrrad oder Bussen durchquert werden. In Stockholm wurden die gesonderten Busspuren für den Fahrradverkehr freigegeben. In Göteborg werden Straßen in Sackgassen verwandelt, wobei für Fahrräder und Mopeds eine Durchfahrtsmöglichkeit bestehen bleibt.

In den USA hat die kalifornische Universitätstadt Davis ein vorbildliches Radwegenetz entwickelt, indem in neuen Stadtteilen die Häuserreihen so gestaltet wurden, daß Raum für separate Radwege vorhanden ist. Der Radfahreranteil am Verkehr ist 40 Prozent. Während der Hauptverkehrzeiten sind 90 % davon Erwachsene. Vorangegangen war eine von der Stadtverwaltung angeforderte Studie, der folgende Liste über die Voraussetzungen für eine Zunahme des Radverkehrs entnommen sind:

- Radfahrer benutzen einen vorhandenen Radweg, wenn er bequem, möglichst eben und nicht zu weit von der eigentlichen Fahrstrecke des Radfahrers entfernt liegt.
- Die Diebstahlsicherung des Fahrrades und für Teile des Fahrrads muß erreicht werden.
- Das Vorhandensein von Radwegen (getrennt von Fußgängern und Autos) führt zu einer höheren Fahrradnutzung; ein effektives Radwegenetz reduziert den Kfz-Gebrauch.
- Der Einkaufsverkehr wird z. Z. nur von einer Minderheit mit dem Fahrrad durchgeführt (10 % der Einkäufer bei Supermärkten).
- «Bicycle lanes» sind die sichersten Radwege, doch entstehen Proble-

me an den Kreuzungen.

- «Bike paths» (Radwege, die durch eine auf die Fahrbahn gemalte Linie von den Autospuren abgetrennt sind) sind problematisch, da sie von Autos zum Parken oder Abbiegen benutzt werden.
- Es besteht die Notwendigkeit, für den Radverkehr spezielle Verkehrsschilder zu entwickeln und aufzustellen (für fließenden als auch ruhenden Verkehr).
- Breite und Lage des Radwegs, bedarfsgerecht geplant, hängen von der Geschwindigkeit des Auto-Verkehrs ebenso ab wie von Beeinträchtigungen durch parkende Autos und der Höhe des Bordsteins.
- Probleme bestehen bei Linksabbiegevorgängen an Hauptkreuzungen, die für den Radfahrer eine zweimalige Querung von Straßen bedeuten, die er nicht gerne ausführt und folglich die Regelung ignoriert: Eine Signalsteuerung ist erforderlich.

Bundesrepublik Deutschland

Der erste Radweg in Deutschland wurde 1898 in Hannover angelegt. Er war zweieinhalb Kilometer lang und führte durch den Stadtwald Eilenriede vom Zoologischen Garten bis zum Pferdeturm. Im Gefolge des Fahrradaufschwungs der zwanziger Jahre gründete die Fahrrad-Industrie 1927 in Berlin eine «Zentralstelle für Radfahrwege e. V.», die der heute im Ruhestand lebende Dr. Schacht bis 1945 leitete. 1953 wurde beim Fachverband Fahrrad- und Kraftradteile-Industrie in Wuppertal die Gruppe Radwegebau eingerichtet.

Der Bund Deutscher Radfahrer e. V. versteht sich als Sportverband; sein amtliches Organ «Radsport» berichtet hauptsächlich über die Ausreißversuche der Clubkameraden bei den Vereinsrennen des vergangenen Wochenendes – mit Radwegen hat es nichts im Sinn.

Die Einrichtung von Radwegen liegt bei den Kommunen. Daß sie nach dem Kriege überwiegend die autogerechte Stadt betrieben haben, ist augenfällig. Die Generalverkehrspläne werden nach den gültigen Merkblättern aufgestellt, und die vernachlässigen meist den Radverkehr ganz. So wird im «Merkblatt für die Vorausschätzung des Verkehrsaufkommens von Städtischen Wohnsiedlungen (1969)» das Verkehrsaufkommen von vornherein ohne besonderen Hinweis als das Aufkommen des Kfz-Verkehrs verstanden. Auch im «Merkblatt Generalverkehrspläne der Gemeinden (1969)» wird Zählung und Prognose des Fahrrad- und Fußgängerverkehrs «nur in wichtigen Straßenzügen und an bedeutenden Knotenpunkten» gefordert. Die Vorschläge im Generalverkehrsplan sollen es beim «Ausweisen von . . . Fußgängerzonen . . . und von besonders wichtigen Rad- und Fußwegen (z. B. Hauptwanderwege,

Promenaden) bewenden lassen. Umgekehrt sind Beschränkungen des individuellen Autoverkehrs nur «aus der allgemeinen Verkehrssituation in den Großstädten» denkbar, aber keinesfalls Gegenstand möglicher Planungsüberlegungen. Daß bei solcher Handhabung der Fahrradverkehr rückläufig war, gehörte mit zu der Methode der sich von selbst erfüllenden Vorhersagen zugunsten des Autos. In der Bundesrepublik wurden die Radwege nicht nach dem unbestreitbar vorhandenen Bedarf gebaut, sondern – wie es A. Groth 1960 formulierte – nach folgenden Gesichtspunkten:

- vorhandener Platz an den Straßen
- verfügbare Mittel
- Einsicht der Verantwortlichen.

Selbst wenn der Radverkehr einmal analysiert wird, wie im Generalverkehrsplan von Karlsruhe (1974), wird wenigstens im Vorwort seine Bedeutung gemindert:

«. . . Gemessen an den materiellen Aufwendungen für Verkehrsbauten ist die Vorlage der neuesten Untersuchungen zum Hauptverkehrsstraßennetz oder zum künftigen öffentlichen Personennahverkehr sicher dringlicher als der Radwegeplan. Doch in zahlreichen Anfragen aus der Bevölkerung und aus dem Gemeinderat wurde eine unverzügliche Vorlage des Radwegekonzepts gefordert . . .»

Der Gesichtspunkt «vorhandener Platz an den Straßen» bedeutet, daß Radwege vor allem im Außenbereich und nur an Straßen, die nicht verbreitert werden mußten, angelegt wurden. In den engen Innenstädten wurde fast nichts gebaut, außer einigen unzusammenhängenden Teilstrecken – und damit die Radfahrer entmutigt. Oft werden dem Radfahrer Notlösungen zugemutet, etwa, daß er über Treppen oder auf reine Fußwege oder streckenweise ohne Regelung auf die Fahrbahn geleitet wird. Das ist etwa so, wie wenn die Autofahrer eine kurze Strecke auf U-Bahn-Geleise verwiesen würden.

Für Radverkehrsanlagen haben die meisten Städte notorisch kein Geld. Sie bauen sie vor allem dort, wo andere die Kosten übernehmen müssen, z. B. an Landes- und Bundesstraßen, die als Hauptverkehrsstraßen nicht immer die rechte Eignung für Radwege haben. Unabhängig von Straßen geführte Radwege stellen keine öffentliche Erschließungsanlage dar und können daher nicht durch Erschließungsbeiträge mitfinanziert werden. Oft wird der Schülerradverkehr beschränkt, nur weil keine ausreichenden Stellflächen geplant waren oder für die Anschaffung raumsparender Fahrradständer kein Haushaltstitel besteht. Für den Schulbusverkehr, der das Ausleben des Bewegungsdrangs der Kinder vereitelt, sind aber wachsende Zuschüsse in Millionenhöhe da. Hier bestätigt sich die alte Regel: Wo ein Mißstand im öffentlichen Dienst scheinbar nicht abzustellen geht, ist ein Nutznießer nicht weit.

Zum letzten Punkt «Einsicht der Verantwortlichen» eine Passage aus dem Brief des Geschäftsführers einer Stadtratsfraktion an den Verkehrsdezernenten (1978) seiner Stadt:

«... Sie, Herr B, treten mit Nachdruck für den Bau der Stadtautobahn ein. Hierzu liegt kein Ratsauftrag vor. Wir und mit uns die Bürger dieser Stadt ... würden es begrüßen, wenn Sie sich künftig statt dessen mit größerem Nachdruck für ein sicheres und ausgebauteres Radwegenetz in Köln engagieren würden – hierzu haben Sie einen Auftrag.»

Eine vom Bundesministerium für Raumordnung, Bauwesen und Städtebau in Auftrag gegebene Studie «Mit welchen Maßnahmen kann eine stärkere Benutzung des Fahrrads im Nahverkehr unterstützt werden?», der auch einige der obigen Beispiele entnommen sind, setzt folgende Ziele:

Erhöhung des Fahrradanteils am Gesamtverkehr, und damit

- Verkehrsberuhigung in Wohngebieten
- Emissionsverminderung durch teilweise Ersetzung des Autoverkehrs
- Mobilitätsverbesserung breiter Bevölkerungsschichten

sowie die Teilziele

- Erhöhung der Verkehrssicherheit für den Radfahrer
- Verbesserung der Bequemlichkeit im Fahrradverkehr
- Popularisierung des Fahrrads
- Einführung von Beschränkungen für andere Verkehrsmittel.

Zur Lösung werden folgende Maßnahmen empfohlen, die allerdings ohne entsprechende Aktionen der Bundesbehörden für die Gemeinden unverbindlich sind:

- Erhöhung des Radwegeanteils am Gesamtstraßennetz
- Verbesserung der Radwegstruktur (Zuordnung und Netzverknüpfung)
- bestmögliche Anordnung des Radweges im Straßenraum
- Verbesserung der Lösungen für Querung und Kreuzung des Radverkehrs mit sonstigen Verkehrsbändern
- Erstellung verbesserter Rad-Abstelleinrichtungen (Diebstahlschutz)
- Verbesserung der Radverkehrsanlagen durch örtlich unterschiedliche Nebenanlagen (Beleuchtung, Wetterdächer, Fahrbahnbeheizung)
- Verbesserung der Verkehrsregelung in Fußgängerbereichen
- Regelung der Auto-Verkehrsströme zugunsten des Fahrradverkehrs
- Verbesserung der Randgestaltung an Radwegen bzw. deren verbesserte Führung durch ein ansprechendes «Umfeld« (Farbgebung und Grünausstattung)
- Anlage und Erschließung der Versorgungs-Infrastruktur durch Radwege
- kleinräumigere Mischung der städtebaulichen Funktionen (Wohnen, Bilden, Erholen, Einkaufen, Arbeiten)

- Minderung des Straßenerschließungsgrades in Wohnbereichen
- verbesserte Kennzeichnung der Radwege, verbesserte Führung zu den Hauptradwegen hin und verbesserte Orientierungsmöglichkeiten *auf* den Radwegen
- Bereitstellung von Fahrrädern
- verstärkte Nutzung der Medien zur Popularisierung des Fahrrads und zur Information.

Was die Planersprache zum Thema hergibt, ist damit in etwa gesagt und in der Studie ausführlich aufgeschrieben. Bleibt nur noch die Realisierung.

Nach der Größe des vorhandenen Radwegenetzes relativ zum Gesamtstraßennetz führende Städte der Bundesrepublik sind zur Zeit (1977)

1 Million und mehr Einwohner:	Hamburg	19,3 %
	Berlin	14,3 %
500000 bis 1 Million Einwohner:	Bremen	33 %
	Hannover	26,6 %
	Duisburg	25,1 %
	Frankfurt	20,5 %
300000 bis 500000 Einwohner	Mannheim	19,9 %
200000 bis 300000 Einwohner	Kiel	22,8 %
	Oberhausen	21 %
	Braunschweig	20,9 %
150000 bis 200000 Einwohner	Leverkusen	13,1 %
120000 bis 150000 Einwohner	Bremerhaven	15,2 %
	Oldenburg	15,2 %
100000 bis 120000 Einwohner	Erlangen	37,1 %
	Moers	15 %
80000 bis 100000 Einwohner	Marl	23,1 %
	Flensburg	20,1 %
	Neumünster	21,2 %
60000 bis 80000 Einwohner	Norderstedt	87,3 %
	Delmenhorst	35 %
	Lüneburg	32,8 %
40000 bis 60000 Einwohner	Waiblingen	56,9 %
	Hürth	23,4 %
	Elmshorn	21,5 %

Einzelne Städte haben vorbildliche Initiativen ergriffen.

In Bremen sollen die auf dem Fundamt sich ansammelnden Fahrräder neu gestrichen als kostenlose Leihfahrräder im Stadtgebiet verteilt zur Verfügung gestellt werden. Die Wartung und Instandhaltung soll in einer zentralen Werkstätte von arbeitslosen Jugendlichen durchgeführt werden, die auf diese Weise einen Beruf erlernen können.

Der originelle Vorschlag, Fahrräder mit charakteristischer Rahmenform einzusetzen, die zur Vermeidung von Diebstählen des ganzen Fahrrads oder seiner Teile überall Linksgewinde statt der üblichen Rechtsgewinde haben, ließe sich aus Kostengründen erst verwirklichen, wenn bundesweit solche Taxifahrräder eingesetzt würden. Die Glühbirnen der Londoner U-Bahnstationen haben zum Beispiel Linksgewinde, damit sie nicht herausgeschraubt und zu Hause verwendet werden.

Einen Punkt hat die Studie nicht erfaßt: Die Fahrradfeindlichkeit anderer Bundesbehörden und -verordnungen. Beim Fahrrad läßt sich so richtig schön rigoros verordnen, ohne daß gleich eine finanzstarke Lobby lästig wird. § 67 der Straßenverkehrsordnung engt zum Beispiel die Lichtanlage des Fahrrads perfekt ein. Sie darf nur 3 Watt haben, nicht weniger und nicht mehr. So kann die paradoxe Situation entstehen, daß die Tochter, nur weil sie ein Mofa fährt, mit 15-Watt-Licht fahren und eine höhere Überlebenschance haben darf als ihr radfahrender Vater, der noch eine Weile für ihren Unterhalt aufkommen muß. Einer verfassungsrichterlichen Überprüfung im Hinblick auf den Gleichheitsgrundsatz dürfte dieser Punkt nicht standhalten.

Andere Länder haben andere Vorstellungen, ohne daß das Gemeinwohl Schaden nimmt, im Gegenteil. Ein Musterbeispiel: Die skandinavischen Abstandhalter, eine leuchtend rote Kelle, die das Fahrrad breiter erscheinen läßt und die überholenden Autofahrer an die Einhaltung des Sicherheitsabstands erinnert. Der Freiburger Polizeihauptkommissar Heinz Luche bekam sie im Urlaub zu Gesicht. Ihm und der Freiburger Stadträtin Sigrun Löwisch ist es zu verdanken, daß sich der Zweiradhandel dieses sinnvolle Zubehör zu verkaufen traut:

«*Anläßlich eines Urlaubsaufenthaltes in Norwegen 1976 lernte ich den Fahrrad-Abstandhalter kennen. Etwa 80 % aller Fahrräder sind dort mit diesem Gerät ausgerüstet.*

Es läßt eine eindeutige linke Begrenzung des Fahrzeuges erkennen und dient dem Nachfolgenden als Orientierung zum Abschätzen des notwendigen Sicherheitsabstandes. Damit wird der optische Mittelpunkt (Silhouette des Radfahrers, Orientierung an der Fahrzeugmitte) um 40 cm nach links verlegt. Das bedeutet 40 cm mehr Sicherheit! Nach Auskunft norwegischer Polizeibeamter sind nach Einführung dieses Geräts die Unfälle erheblich zurückgegangen.

Nachdem ich als Leiter des Sachgebiets Verkehrswesen u. a. die örtliche Unfallursachenforschung zu betreiben habe und nach Möglichkeiten und Abhilfemaßnahmen suchen muß, begann ich nach Rückkehr durch Vorstellung und Initiativen mein Bemühen um Einführung dieses Geräts auch bei uns.

Es gab zunächst viele Rückschläge und Absagen, weil sich niemand zur Übernahme des Risikos bereit erklären wollte.

Im August 1977 begann ich, die Aktion selbst durchzuführen. Frau Sigrun Löwisch, die sich als Stadträtin in ihren Aktivitäten um den Radwegebau ebenfalls um mehr Sicherheit für Radfahrer bemüht, erklärte sich spontan zur Mithilfe bereit.

In vielen Gesprächen, Verhandlungen und Vorträgen gelang es uns, 15 namhafte Freiburger Firmen und Institutionen von unserer Idee zu überzeugen.

Mit ihrer Hilfe konnte für 5000 Fahrrad-Abstandhalter ein Betrag von 30000 DM als Spende unter dem Motto ‹Mehr Sicherheit für Radfahrer› zusammengetragen werden.

Die Geräte werden kostenlos abgegeben.

Durch Konzentration auf den Raum Freiburg sollen sie bekanntgemacht werden.

Angestrebtes Ziel ist die Übernahme durch den Fahrrad- und Zubehörhandel. Es sollte künftig kein Fahrrad mehr ohne dieses Sicherheitsgerät in den Handel kommen.»

(Zitat aus einer Pressemitteilung anläßlich der Vorstellung des Fahrradabstandhalters in Freiburg.)

In Skandinavien eingeführt, vom Kraftfahrt-Bundesamt befehdet: Fahrrad-Abstandhalter «Böygen». Der Freiburger Polizeikommissar Heinz Luche und die Stadträtin Sigrun Löwisch vermochten ihn durchzusetzen. S. Löwisch textete: «Ob junger Radler oder alter – wir fahren nur mit Abstandhalter.» Etwa DM 10,–. fasi-Vertriebs GmbH, Lerchenweg 1, 3410 Northeim.

Bedenken gegen Abstandsanzeiger

Nicht zulässig sind nach Auffassung des Kraftfahrt-Bundesamtes Abstandsanzeiger, die – am Fahrrad befestigt – nach links in die Fahrbahn ragen und überholende Fahrer auf den notwendigen Sicherheitsabstand hinweisen sollen. Durch die Stange würden Fußgänger z. B. auf solchen Wegen gefährdet, die von Fußgängern und Radfahrern gemeinsam benutzt werden; es könnten auch Kraftfahrzeuge beschädigt werden, wenn Radfahrer rechts an stehenden Fahrzeugkolonnen vorbeifahren. Der Gegenverkehr auf Radwegen, die für beide Verkehrsrichtungen zugelassen sind, würde zumindest stark behindert. Außerdem sei an einem Fahrrad in der Richtung nach hinten nur ein roter Rückstrahler zulässig.

Notiz aus dem «Radmarkt», Fachorgan der Zweirad-Branche. Die abwartende Haltung des Handels in solchen Fällen geht aus der Berichterstattung des Blattes über Freiburg hervor: «Durch die kostenlose Verteilung möchten die Initiatoren erreichen, daß der Zweiradhandel das Gerät anbietet. Doch dazu müßte wohl zunächst verbindlich geklärt werden, ob der Einsatz auch erlaubt ist.»

Anfang 1978 hat sich dann das Kraftfahrt-Bundesamt gemeldet und die Auffassung geäußert, daß der Abstandhalter nicht zulässig sei. Es freute die Radfahrer der Bundesrepublik besonders, bei dieser Gelegenheit zu erfahren, daß Ihre Belange in einer Behörde wahrgenommen werden, die ausgerechnet den Namen Kraftfahrt-Bundesamt trägt. Die Abstandhalter sind inzwischen im Handel. Man erkennt nun auch, warum die praktischen Heck-Fahrradträger fürs Auto aus Holland im deutschen Handel nicht zu bekommen sind. Was nicht ausdrücklich erlaubt ist, nimmt der Handel nicht ins Lager. Man kann nur hoffen, daß bei der Angleichung der nationalen Bestimmungen an die europäischen Nachbarn die Bundesrepublik aus ihrer restriktiven Ecke gezogen wird.

Und wer sorgt jetzt dafür, daß Radwege am Ort installiert werden? Die Antwort liegt nahe: die Radfahrer selbst – oder niemand. Sie brauchen dazu Verstärkung:

- **eine Stadtratsfraktion, vorzugsweise die mit der Mehrheit**
- **einen Verein, z. B. für Umweltschutz**
- **eine Organisation, etwa den Stadtelternbeirat**
- **die örtliche Zeitung, die gern Fotos von unfertigen Radwegen oder gefährlichen Situationen bringt**
- **eine Bürgerinitiative, die zu diesem Zweck gegründet wird.**

Man besorgt sich die
- **«Vorläufigen Richtlinien für Radverkehrsanlagen, Ausgabe 1963» bei der Forschungsgesellschaft für das Straßenwesen e. V., Maastrichter Straße 45, 5000 Köln für DM 6,60.**
- **Studie 03.066 «Fahrrad im Nahverkehr» aus der Schriftenreihe des Bundesministers für Raumordnung, Bauwesen und Städtebau, Deichmanns Aue, 5300 Bonn 2 (kostenlos).**
- **einen Stadtplan**

und eventuell noch Material von der Gruppe Radwegebau, Postfach 131471, 5600 Wuppertal-Elberfeld (sie schicken ihren Tätigkeitsbericht).

Das Weitere ist naheliegend: Man markiert auf dem Stadtplan Schulen, Kindergärten, Fabriken, Bürozentren, Geschäfte, Kasernen, Parks und alle sonstigen Stellen, zu denen ein Radweg führen sollte. Realistischerweise wählt man Strecken, die einen möglichst geringen Bauaufwand erfordern. Am besten fährt man die Strekken ab und denkt auch an Abstellmöglichkeiten. Das Ergebnis, das auch eine kooperative «Schularbeitsgemeinschaft» erarbeiten kann, sollte an den Bürgermeister oder besser noch an einen für die Idee gewonnenen Stadtrat geschickt werden.

Sozialdemokratische Partei Deutschlands
Landesorganisation Hamburg

a.o. Landesparteitag
am 13./14.1.1978

Drucksache Nr.. D 8
Kreis: IV

Betr.: Generalverkehrsplan für Fahrräder in Hamburg

Der Landesparteitag möge beschließen:

Senat und Bürgerschaft werden aufgefordert, bis zum Ende des Jahres die Grundzüge eines Generalverkehrsplans für Fahrräder zu erstellen. Diesem Generalverkehrsplan für Fahrräder liegt die Notwendigkeit zugrunde, das Fahrrad zu einem integrierten Verkehrsmittel in der Hansestadt zu machen, das im engen Verbund mit dem öffentlichen Nahverkehr die Verkehrs- und Energieprobleme der Zukunft meistern helfen soll.

In diesem Generalverkehrsplan für Fahrräder sind folgende Gesichtspunkte aufzunehmen:

1. Mittel- und langfristig sind alle Straßen mit breiten Fahrradwegen auszustatten. Wo es nötig ist, sind eigene Fahrradtrassen zu erstellen. Besonderen Vorrang bei diesen Maßnahmen sollen die Zu- und Abfahrwege für die Hamburger Schulen haben. Dazu wird es nötig sein, das Parken auf den Bürgersteigen mehr als bisher zu kontrollieren, da heute die Fahrräder häufig auf den für Fußgänger vorgesehenen Gehwegen ausweichen müssen.
2. Zufahrts- und Abfahrwege zu den U- und S-Bahn-Stationen sind besonders zu fördern.
3. Langfristig sind alle S- und U-Bahnhöfe mit Zufahrtsrampen auszustatten, die es gestatten, mit dem Fahrrad auf die Bahnsteige zu fahren. Die Züge sind mit Fahrrad-Großraumwagen auszustatten, die das Mitführen des Fahrrads ermöglichen.
4. Analog zur Reichsgaragenordnung soll der Gesetzgeber die Möglichkeit anstreben, das Einrichten von Fahrrad-Abstellplätzen anzuordnen.
5. Die Nutzung des Fahrrads für den Weg zum Arbeitsplatz und zur Schule soll ähnlich den km-Geldern steuerlich begünstigt werden.

Begründung:

Nahezu alle Energie-Experten sind sich einig, daß Ende der achtziger Jahre die Erdölpreise in einem Maße steigen werden, das den motorisierten Individualverkehr erheblich treffen wird. Derzeit ist das Auto nach wie vor die zentrale Quelle der Konjunktur. Maßnahmen zur Begünstigung des Fahrrades haben zum Ziel, eine Kette von langfristig sinnvollen Investitionen auszulösen, anstatt heute Gelder in Straßenbauvorhaben (Osttangente) zu stecken, für die der Bedarf nicht mehr vorhanden sein wird. Es gilt, heute alle Weichen zu stellen für die notwendige tiefgreifende Umrüstung unserer Gesellschaft auf eine neue Energienutzung.

Oder wenn man meint, daß die Zeit nicht drängt, bittet man den Stadtrat, einen Generalverkehrsplan für Fahrräder zu fordern. Ein Beispiel ist der Antrag, (links abgebildet) den die SPD Hamburg beschlossen hat.

Die Verbesserung der steuerlichen Absetzung der Fahrradbenutzung sollte man von einer Kommune, die nicht zugleich Bundesland ist, nicht fordern: dies steht nicht in ihrer Macht. Für den Arbeitsweg können fürs Fahrrad gegenwärtig 4 Pfennig pro Entfernungskilometer abgesetzt werden.

Sollte das alles an Ihrem Ort noch nicht erledigt sein, liegt es nun an Ihnen, verehrter Leser!

Von links nach rechts: Ernst Sachs, Feinmechaniker und erfolgreicher Radrennfahrer der Amateurklasse aus Konstanz, vor seinem Sturz auf der Frankfurter Bahn. Gründete mit K. Fichtel 1885 die Schweinfurter Präzisions-Kugellagerwerke Fichtel & Sachs mit einem Angestellten. 1903 wurde die «Torpedo»-Rücktritt-Freilaufnabe entwickelt. Karl Fichtel, Sohn eines Schweinfurter Spinnereibesitzers, gründete 32jährig mit Ernst Sachs, damals 28jährig, die Schweinfurter Präzisions-Kugellagerwerke Fichtel & Sachs in der elterlichen Scheune. Er war Kaufmann. Frank Bowden, der Vater des Bowdenzuges. Auf den Rat seines Arztes kam er zum Radfahren. 1890 Buchveröffentlichung: «Cycling for Health». Wenig später kaufte er Aktien einer Fahrradfabrik in der Raleighstreet in Nottingham. 1896 war die Raleigh Cycle Company die größte Englands, heute ist der Konzern das größte Fahrradwerk der Welt.

Unten: Henry Sturmey war Lehrer und Ingenieur und schrieb mehrere Jahrbücher über das Radfahren. Entwickelte eine 1902 patentierte Dreigangnabe, die von Bowden sofort produziert wurde. James Archer war Ingenieur und entwikkelte unabhängig von Sturmey eine Dreigangnabe. Beide Konstruktionen hatten ihre Vorzüge. Bowden vereinigte die Talente beider in seiner Firma.

Shozaburo Shimano, zur Zeit der Gründung seiner Shimano Eisenwerke 1921 in Sakai (Japan). Fünfzehnjährig hatte der Sohn armer Bauern aus Sakai bereits eine eigene Messerschmiede aufgemacht. Das erste Produkt der Eisenwerke war ein Freilauf-Kettenrad. In drei Werken stellt der Konzern heute ausschließlich Fahrradteile und Angelgerät kaltgeschmiedet aus Leichtmetall her.

11 Fahrradtechnik

Rahmen

Der Rahmen ist das Rückgrat des Fahrrads. Er ist der entscheidende Faktor für sein Gesamtgewicht. Je leichter der Rahmen bei gleichbleibender Stärke, desto höher sein Preis. Seine Elastizität, die die Fahrbahnstöße mildert, ist vom Herstellungsverfahren und von der Materialqualität abhängig. Ein einmal gekaufter billiger Rahmen läßt sich nicht nachträglich verbessern. Alle übrigen Bauteile des Fahrrads können verändert oder ausgetauscht werden – der Rahmen bleibt sein Leben lang so, wie er gekauft wurde. Dabei besteht er selbst wieder aus Untergruppen von Bauteilen: den Rohren, den Muffen und den Anlötteilen. Die billigen Eingang-, Dreigang- und Zehngangräder haben gerollte Rohre aus Bandstahl, dessen Stoßkanten während der Herstellung kontinuierlich elektrisch verschweißt werden. Das Material ist einfachster Stahl, der zum Teil eigens hierfür aus Altmetall erschmolzen wird. Die Rohre werden an den Verbindungsstellen des Rahmens stumpf aufeinandergeschweißt, desgleichen die Tretlagerbuchse und die Ausfallenden – fertig ist der Rahmen. Eine Fabrik kann so leicht 10000 Rahmen pro Tag fertigen. Die schweren Kinderräder, aber auch Tourenfahrräder werden so hergestellt.

Eine etwas bessere Verbindung der Rahmenrohre aus diesem Einfachst-Stahl geben die schweren geraden Muffen, die maschinell gelötet werden können, so daß immer noch 2000 Rahmen pro Tag ausgestoßen werden. Die Ausfallenden sind stumpf mit den Rohren verschweißt.

Auch etwas bessere Fahrräder werden immer noch aus geschweißten Rohren hergestellt, die aber durch höheren Kohlenstoffgehalt eine Zugfestigkeit von mindestens 360 Newton pro Quadratmillimeter aufweisen. Dies ist zumindest die Forderung der DIN-Sicherheitsnorm 79100, und Fahrräder von Herstellern, die das DIN-Zeichen aufkleben, dürften solche Rahmenrohre verarbeiten. Meist werden hierzu auch geschweifte Kurzmuffen verarbeitet, die von Hand gelötet werden müssen. Auch die Ausfallenden sind jetzt in die Rohre eingelassen und verlötet. Solche «gemufften, handgelöteten Rahmen» lassen sich etwa zu 200 Stück pro Tag fertigen. Aus dem besseren Stahl können die Rohre dünnwandiger und damit leichter sein. Ein typischer Diamantrahmen dieser Sorte wiegt mit Gabel etwa 3,5 Kilogramm bei 560 mm Rahmenhöhe. Auf solche Rahmen kleben einige Hersteller bereits ein Etikett, z. B. Peugeot oder

Raleigh. Die Muffenverbindung mit Hartlötung statt der Schweißverbindung wird gewählt, da der bessere Stahl bei den Schweißtemperaturen spröde wird.

Erstklassige Rahmenrohre werden aus hochlegierten Spezialstählen produziert, wie sie in der Flugzeugindustrie verwendet werden: Entweder Chrom-Molybdän- oder Mangan-Molybdän-Stählen. Die wenigen Firmen, die hieraus nahtlose Rohre für den Fahrradbau fertigen, sind den Radtouristen und Rennfahrern aller Länder namentlich bekannt, und ihre Etiketten werden von jedem Fahrradhersteller als Gütezeichen auf seinen Fahrrädern angebracht und überlackiert. Findet der Käufer an einem Fahrrad kein solches Etikett einer Rohrfirma, kann er davon ausgehen, daß der Rahmen nicht erstklassig ist.

Das Geheimnis der erstklassigen Rahmen liegt in der Gestaltung der Rohrenden, also dort, wo sie in die Muffen eingelötet werden. Ebendort konzentrieren sich ja die Spannungen im Rahmen. Außerdem verliert der vorbehandelte Stahl wie gesagt durch die Erhitzung beim Hartlöten wieder etwas von seiner Festigkeit. Außerdem wird an den Muffen nach dem Löten aus kosmetischen Rücksichten gefeilt. Wenn man Gewicht sparen will, darf man dort an der Wandstärke der Rohre nichts wegnehmen, während weiter weg von den Muffen die Situation nicht so kritisch ist. Die Patentlösung für diese Situation sind die sogenannten *endverstärkten* oder *konifizierten* Rohre, die also an den Enden relativ dickwandig, bis zu einem Millimeter, dazwischen aber extrem dünnwandig sind – bis herab zu 0,4 mm. Die einfach konifizierten Rohre haben die Verstärkung nur an einem Ende, die doppelt-konifizierten an beiden. Einfach konifizierte Rohre werden für Sitzrohre oder Gabelschäfte verwendet, die doppelt-konifizierten für Ober- und Unterrohre und den Hinterbau. Die technische Realisierung geht auf Alfred Milward Reynolds zurück, der 1897 begann, aus durchbohrten Rohlingen mittels geformter Kerne konifizierte Rohre kalt zu ziehen. Die Firma Reynolds ist heute ein Teil des TI-Konzerns, zu dem auch Raleigh und Sturmey-Archer gehören. Das Verfahren wird inzwischen auch von den anderen Rohrherstellern beherrscht.

Allerdings muß man die Etiketten genau lesen, um zu wissen, wieviel konifizierte Rohre der Rahmen enthält, oder ob nur gerade Rohre vom selben Hersteller verwendet wurden.

Rahmenrohre für erstklassige Rahmen (Gewicht eines Satzes von 11 Rohren, falls nicht anders angegeben).

Ateliers de la Rive, Frankreich (konifiziert)
«Durifort» (2430 g)
«Vitus 172» (2228 g)
«Super-Vitus 971» (2030 g)

Camus, Frankreich (nicht konifiziert)
«Camus 779» (1884 g, 9 Rohre)

A. L. Colombo, Italien (konifiziert)
«Columbus SL» (2065 g)
«Columbus SP» (2375 g)
«Columbus PL» (1830 g)
«Columbus Prototyp» (710 g);

Ishiwata, Japan (konifiziert)
«IS–024» (2430 g)
«IS–022» (2160 g)
«IS–019» (1970 g)
«IS–017» (1740 g)
«IS–015, Alpha» (1500 g)

Reynolds Tube Co., Großbritannien (konifiziert)
«531 Club Standard» (2445 g)
«531-Racing» (2065 g)
«753» (1660 g)

Tange, Japan (konifiziert)
«Champion No. 1» (2050 g)
«Champion No. 2» (2110 g)
«Champion No. 3» (2190 g)
«Champion No. 4» (2230 g)
«Champion No. 5» (2290 g)
«Serie No. 102» (2630 g)
«Serie PRO» (1600 g)

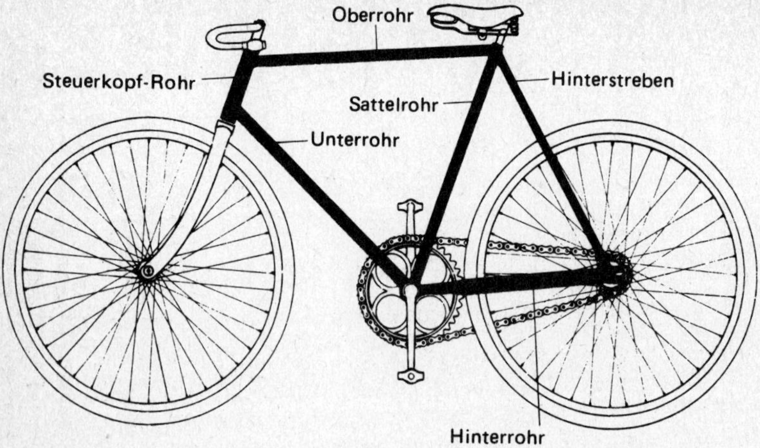

Zwei steife Dreiecke bilden den Diamantrahmen, so genannt, weil er mit dem stumpfen Ende am Steuerkopf tatsächlich der Kristallform des Diamants ähnlich sieht. Diese Rahmenform ist allen anderen überlegen und wird daher auch von den wenigen Frauen benutzt, die Rennen fahren.
Während der Herrenrahmen sich in diesem Jahrhundert nicht mehr geändert hat, entstanden durch unterschiedliche Entwicklungen von Damenrahmen eine Vielzahl von Fahrradtypen.

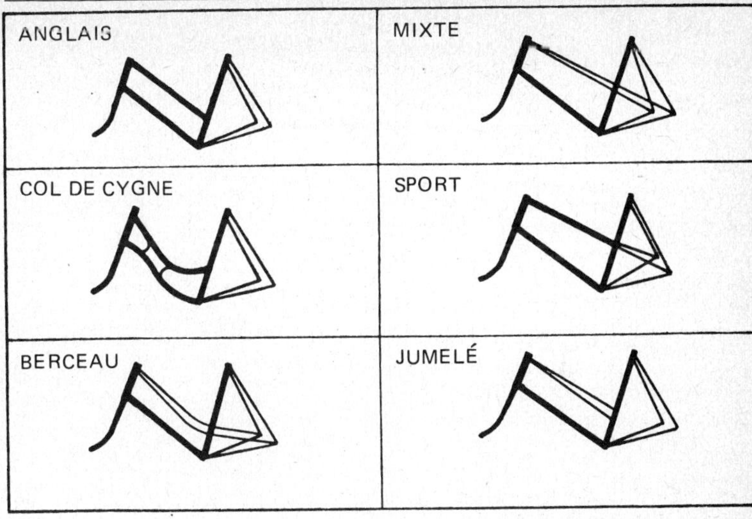

Die Namen der Durchstiegs- oder Damenrahmen lassen erkennen, daß man sich besonders in Frankreich um Lebensqualität für radfahrende Frauen bemüht. Die deutschen Handelsbezeichnungen sind: Anglais = Sport-; Col de Cygne = Touren-, Tourensport-; Sport = Leichtsport. Die anderen Namen bedeuten: Berceau = Wiege; Mixte = zusammengesetzt; Jumelé = aneinander gesetzt. Rechts und unten: Industrielle Stahlrohrfertigung aus Bandstahl bei Kynast in Quakenbrück.

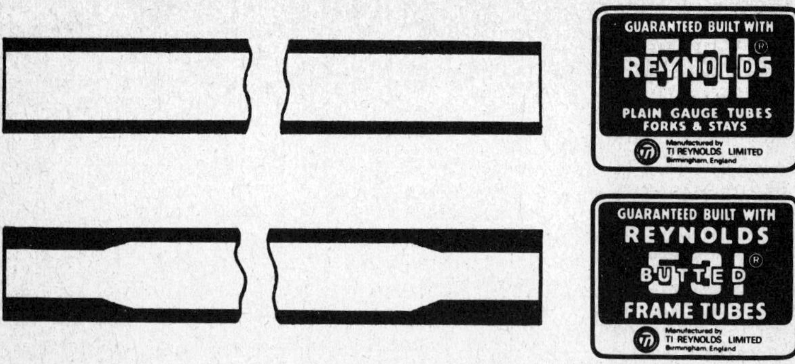

Gewöhnliches (oben) und doppelt-konifiziertes Rohr (unten), von außen nicht zu unterscheiden. Die Markenrohre tragen deshalb Aufkleber mit den wichtigsten Angaben. Kein Hinweis oder «plain gauge» bedeuten gerade, «butted» konifizierte Rohre.

Die Muffen und Lötteile am Fahrradrahmen.

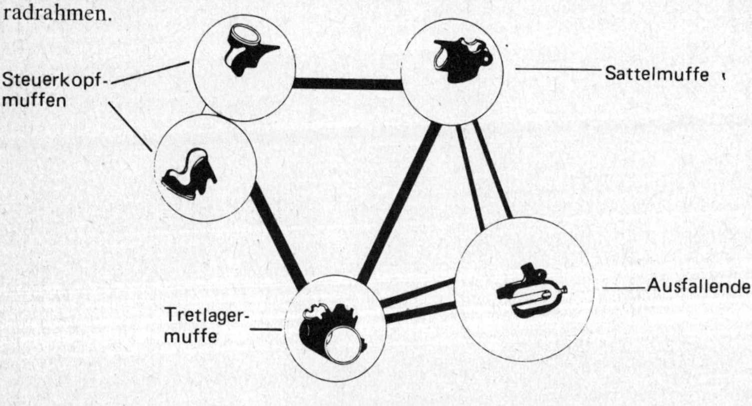

Stumpf angelötete Rohre (links) und Verbindung mit Muffen (rechts) am Steuerkopf.

Gemuffte Rahmen sind nicht generell besser als stumpf geschweißte: Bei der Verarbeitung von Aluminium-Rahmen sind Muffen überflüssig, weil hier beim Schweißen kein Überhitzungsproblem wie bei den Stahlrohren existiert.

Industrielle Rahmenfertigung bei Kettler in Hanweiler: Lackierstraße.

Mit diesen Leichtbaurohren fertigen die größeren Fahrradwerke und die Maßrahmenbauer die hochwertigen Rahmen für Radtouristik und Radrennen. Je mehr Qualitätsrohre verwendet werden, um so leichter wird der Rahmen. Werden zum Beispiel nur Sitz-, Ober- und Unterrohr aus hochlegierten, geraden Stahlrohren ohne Etikett gefertigt, wiegt der Rahmen noch etwa 3,4 Kilogramm für 560 mm Rahmenhöhe. Mit neun konifizierten Markenrohren wiegt solch ein Rahmen nur noch 2,4 Kilogramm, mit elf konifizierten Rohren 2,2 Kilogramm. Zur Verbindung der besseren Rohre werden auch hochwertigere, leichtere Muffen verwendet, die nicht mehr gerade abgeschnitten, sondern an spannungsreichen Stellen lang ausgeschweift sind. Für die besten Rahmen wird Silberlot verwendet, durch dessen niedrigen Schmelzpunkt die Festigkeit der Qualitätsrohre weniger beeinträchtigt wird.

Die Qualitätsrohre geben dem Rahmen außer der erstrebten Leichtigkeit auch die richtige Relation von Elastizität und Steifheit. Diese Eigenschaften lassen sich schlecht messen und hängen auch noch von der Rahmengröße ab; zur Beurteilung muß man sie selbst erfahren und bei verschiedenen Rahmen verglichen haben. Ist der Rahmen zu steif, überträgt er jeden Stoß von der Fahrbahn auf den Fahrer. Ist er zu flexibel, federt er bei jedem Tritt auf die Pedale weg und die Fahrt wird instabil.

Zwei Tests im Stand können wenigstens qualitative Aussagen geben:

1. Man hebt das Fahrrad eine Handbreit hoch und läßt es, ohne ganz loszulassen, auf die Räder fallen. Bessere Rahmen springen höher zurück.
2. Man stellt sich vor das Fahrrad und hält es mit ausgestreckten Armen an Lenker und Sattel fest. Man setzt eine Fußspitze aufs Tretlager und drückt ganz leicht. Ein guter Rahmen gibt nach und springt wieder zurück. Aber Vorsicht: Billige Rahmen kommen nicht wieder zurück, wenn man zu stark tritt – und der Händler wird sich bedanken.

Qualitätsfahrplan: Rahmen I: Rohre

sehr gut:	konifizierte Rohre aus Chrom-Molybdän-Stahlsorten: Columbus, Super Vitus, Ishiwata, Reynolds, Tange; oder Titan-Rahmen
gut:	gerade Rohre aus diesen Sorten; konifizierte Rohre Vitus 172 oder Durifort
befriedigend:	Stahlrohre mit höherem Kohlenstoffgehalt
ausreichend:	Stahlrohre mit Sitz- und Unterrohr-Durchmesser von 28 mm. Kleinere Durchmesser, die Rennrohre simulieren sollen, schlechter

Qualitätsfahrplan: Rahmen II: Verarbeitung

sehr gut:	in Präzisions-Vorrichtung handgelötet mit Bronze- oder Silberlot und geschweiften Muffen
gut:	ohne maßhaltige Vorrichtung mit höherschmelzendem Lot und Kurzmuffen gelötet und nachgerichtet
befriedigend:	stumpf elektrogeschweißte Verbindungen, manchmal imitierte Muffen

Bei den Muffen und Anlötteilen kann sich dann die handwerkliche Kunst der Rahmenbauer voll entfalten. Hier können nützliche Details pfiffig gestaltet werden, die in der Massenfertigung aus Rationalisierungsgründen wegfallen. Die Muffen werden nach dem Löten glattgefeilt und nach der Lackierung andersfarbig liniert. Überstehende Schraubenköpfe sind durch versenkte Inbusschrauben ersetzt, z. B. beim Sattelklemmbolzen und der Felgenbremsbefestigung. Und schließlich sind Pumpenhalter, Flaschenhalter, Bowdenzugführungen usw. viel leichter, wenn sie direkt angelötet werden, als wenn sie jeweils mit einer gewichterhöhenden Schelle angeschraubt werden.

Entscheidendes Merkmal des Rahmens sind auch die Ausfallenden, deren unterschiedliche Ausführung sich in den deutschen Handelsbezeichnungen widerspiegelt. Bei den Tourenrädern wird noch einfach das Hinterrohrende plattgedrückt und mit einem Schlitz versehen. Geschmiedete Ausfallenden gibt es dann ab den Tourensporträdern. Sie sind aber in der billigeren Version noch dünn und daher leichter zu verbiegen, so daß das Hinterrad aus der Spur geraten kann. Die besseren Ausführungen sind um den Achsschlitz herum verdickt (5 mm), und in dem Ausfallende an der rechten hinteren Seite ist ein Auge ausgearbeitet, in das der Schaltarm der Kettenschaltung montiert werden kann – besonders praktisch bei der Verwendung von Schnellspann-Naben. An sich sind die Längsschlitze der Ausfallenden bei Kettenschaltungen überflüssig: Den Längenausgleich für die Kette besorgt ja der Schaltarm. Trotzdem werden die langgeschlitzten Ausfallenden von den Herstellern verwendet, da der Rahmen dann nicht so exakt gefertigt werden muß und das Hinterrad vom Fahrer richtig justiert werden kann. Bei den sog. *vertikalen* (senkrechten) Ausfallenden muß der Rahmen stimmen, da die Lage der Hinterachse jetzt eindeutig festgelegt ist. Für den Fahrer wird der Radeinbau nach Plattfuß durch diese Ausfallenden viel einfacher: Das lästige Justieren des Hinterrads entfällt. Bessere Radtouristikräder haben vertikale Ausfallenden, da die Radtouristen an einem schnellen Radwechsel interessiert sind.

Räder

Die Branche nennt sie Laufräder, weil das Wort «Rad» ja auch als Abkürzung für Fahrrad gebraucht wird. Die Speichenräder sind immer noch als technisches Wunderwerk zu sehen, das das beste Verhältnis von Steifigkeit zu Gewicht bietet. Gegossene Scheibenräder sind viel ungünstiger. Man findet sie deshalb auch nur dort, wo die Leistung im Überfluß vorhanden ist, also an motorisierten Zweirädern. Bei den *Speichen* gibt es Qualitätsunterschiede, die sich bemerkbar machen, wenn das Rad etwa während einer Fahrradtour stärker belastet wird: Am Abend wird man gebrochene Speichen feststellen. Es gibt – aus denselben Gründen wie bei den Rahmenrohren – gerade, Einfachdick-End- und Doppeldick-End-Speichen. Die letztgenannten sind die besten.

Die *Felgen* sind der Dauergesprächsstoff der Rennfahrer. Für sie sind Felgen Verschleißartikel, denn sie fahren superleichte Felgen, die nach einigen Rennen reif zum Wegwerfen sind. Dies erscheint zunächst unverständlich: Warum füllen sie nicht ihre Trinkflasche nur halb voll und fahren dafür eine schwerere, aber stabilere Felge? Die Antwort ist, daß Laufräder mit leichteren Felgen ein kleineres Trägheitsmoment besitzen und damit spurtschneller sind. Hierzu ein Selbstversuch: Man dreht ein Erwachsenenfahrrad und ein Kinderfahrrad mit kleineren Rädern um, und versucht bei jedem, ruckartig die Kurbel zu drehen. Im ersten Moment geht es nicht, man spürt einen unüberwindlichen Widerstand, eine Folge des Trägheitsmoments. Beim Kinderrad geht es leichter, weil das Trägheitsmoment kleiner ist. Für schnelle Beschleunigung muß der Felgendurchmesser kleiner oder – das interessiert die Rennfahrer – die Felge leichter sein. Und man kann das nicht etwa dadurch ausgleichen, daß man an einem ruhenden Teil des Fahrrads Gewicht spart. Für den Normal-Radfahrer sind Aluminiumfelgen auch besser als Stahlfelgen – aber aus einem anderen Grund: Die Bremswirkung der Bremsgummis der Felgenbremsen ist auf Aluminium besser als auf Stahl. Die Felgenseiten sollen eben sein, damit die Bremsgummis gut anliegen. Es hat sich gezeigt, daß irgendwelche Riffelungen der Oberfläche für die Bremswirkung nichts bringen.

Auch die *Bereifung* wählen die Rennfahrer im Hinblick auf die Spurtbeschleunigung aus. Besonders leicht sind die *Schlauchreifen,* die auf spezielle Felgen gekittet werden müssen. Die Tourenfahrer sind froh, daß es die neuen *Hochdruck-Drahtreifen,* auch «Clincher» genannt, gibt. Wenn sie nämlich bergab zu lange mit den Felgenbremsen bremsten, wurden die Felgen warm, der Kitt weich, und der Schlauchreifen verließ die Felge – mit unangenehmsten Folgen.

Was Tourenfahrer und Rennfahrer gemeinsam haben, ist die Suche nach einem möglichst kleinen Rollwiderstand der Reifen. Neben Luftwiderstand und Reibung in der Kraftübertragung ist er der hauptsächliche Verzehrer der Fahrerleistung. Der Rollwiderstand ist schwierig zu messen, und die Reifenfirmen geben allenfalls Relativwerte. Auf dem Fahrrad spürt man den Unterschied aber deutlich. Schon ein gewöhnlicher Reifen 37–590 mit schwarzer Reifenwand kann einen 40 % höheren Rollwiderstand haben als ein guter Reifen 28–630. Ein Ballonreifen 47–622 mit niederem Druck kann sogar 300 % der Leistung verzehren, die ein guter Reifen einem abfordert. Denn der Rollwiderstand nimmt sowohl mit kleinerem Raddurchmesser als auch mit niedrigerem Druck zu. Gleichgroße Reifen mit gleichem Druck können auf Grund von Materialunterschieden immer noch Unterschiede bis 250 Prozent in ihrem Rollwiderstand aufweisen. Es ist schon ein himmelweiter Unterschied, wenn man auf einen der neuen Drahtreifen überwechselt, und wer das nicht selbst erfahren hat, kann schlecht mitreden. Die hohen Luftdrucke bis 7 bar (etwa 6,9 at), die die Hersteller empfehlen, erfordern allerdings auch eine bessere Luftpumpe. Der Michelin Elan TS besitzt sogar einen flexiblen Nylondraht, so daß man – wie bei den Schlauchreifen – eine komplette Ersatzbereifung gebündelt am Sattel hängend mitführen kann. Allerdings hält er nur auf bestimmten Hornfelgen.

Reifenprobleme:

Bruch beim Überfahren von Steinen und Bordkanten

Längsrisse an der Felge infolge kleinen Luftdrucks oder Überlastung (Fahren zu zweit)

Draht gebrochen infolge falschen Montierwerkzeugs (Schraubenzieher!)

Platzen des Schlauchs infolge Überdruck (Tankstelle!) oder falscher Montage

Sternförmiger Bruch oder Schnitte von scharfen Gegenständen

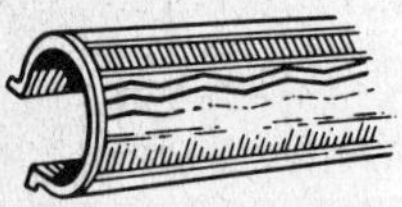

Ungleiche Abnutzung durch Radieren oder schlechte Ausrichtung der Räder

Geknicktes oder gebrochenes Ventilstück bei zuwenig aufgepumpten Reifen

Altersrisse, Verfärbung, allgemeine Undichtigkeit (dauernde Sonneneinstrahlung)

Eleganteste Lösung des Pannenproblems: utra-Pannenspray von Asperg. Die Druckdose pumpt den Reifen auf, gleichzeitig verschließt Vulkanisiermaterial das Leck. Nach einer Minute kann man weiterfahren. Es bleibt allerdings Glückssache, ob das Ventil danach noch dichtet. Die Fahrradgröße à 100 g paßt in die Handtasche, die diebstahlbedrohte Luftpumpe kann zu Hause bleiben. Etwa DM 7,–.

Beim Hinterrad eines Zehngangrades ist die Felge nicht zwischen den Nabenflanschen zentriert, sondern zwischen den Ausfallenden der Hintergabel, damit der Zahnkranz Platz findet. Folglich müssen die Speichen auf der linken Seite länger als auf der rechten sein.

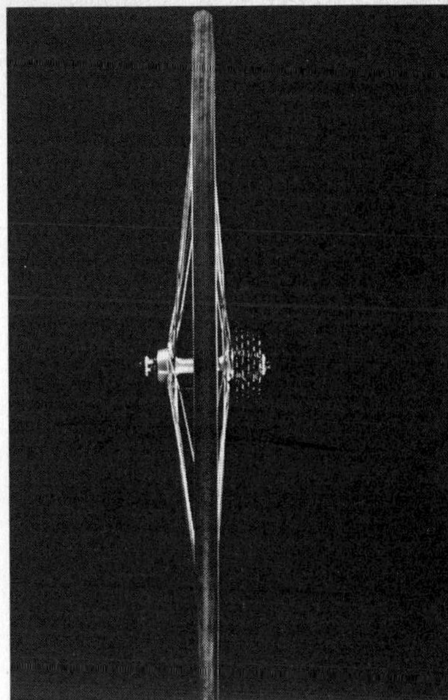

Fahrradreifen für jeden Zweck:
links: Spikesreifen 44-622 der finnischen Nokia für Schnee und Eis
Mitte: Semperit 37-590 Normalprofil
rechts: Michelin Elan 25-622 schmaler Hochdruckreifen

Die programmierbare Rahmenluftpumpe Zéfal hps von Poutrait-Morin. Am gerändelten Drehgriff wird der Endpunkt in Bar eingestellt. Ist er erreicht, bringen weitere Pumpstöße keine Luft mehr in den Reifen. Wird einfach zwischen Tretlager und Oberrohr gesteckt, daher in Größen 6 bis 9 für Rahmenhöhen von 500 bis 640 mm lieferbar. Preis unter DM 40,–.

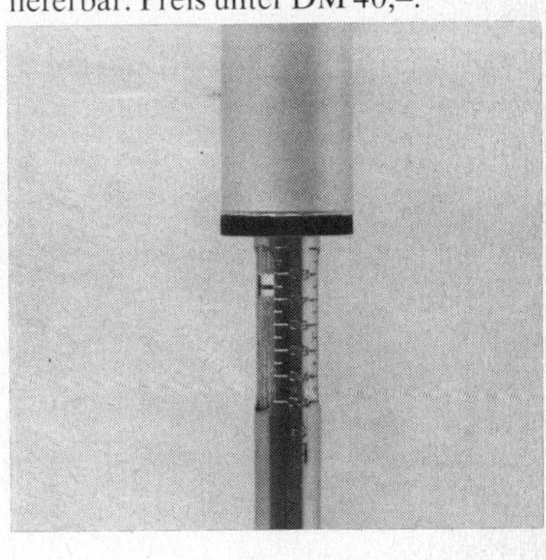

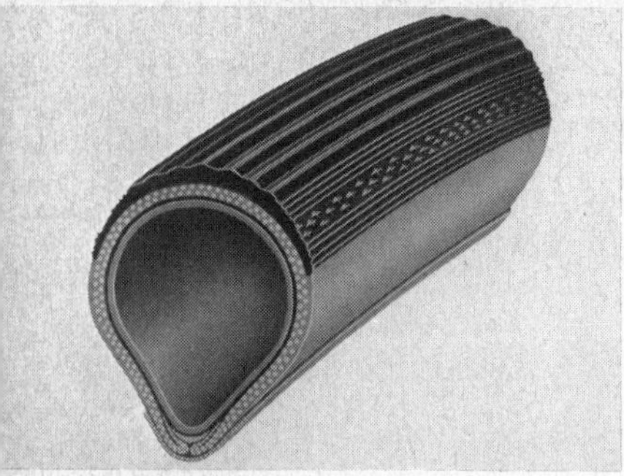

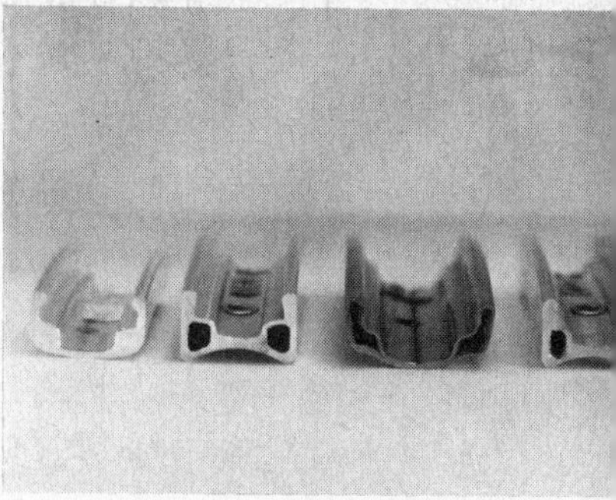

Bei Schlauchreifen wird der Schlauch mit 600 Nadelstichen eingenäht. Einziger deutscher Hersteller ist Continental in seinem Werk im hessischen Korbach. Für die Straße sind die wenigsten geeignet, etwa der Typ IV mit 415 g Gewicht. Preis etwa DM 37,–.

Felgenprofile aus dem belgischen Werk Alesa von Weinmann: A 125 (16 mm) für Michelin Elan TS, A 129 (16 mm) für schmale Reifen, 215 IST rostfreie Stahlfelge, A 124 (14 mm) für schmale Reifen (von links nach rechts).

Häufiges Malheur bei Schlauchreifen – der aufgekittete Schlauch springt von der Felge. Zum Glück trägt dieser Fahrer einen richtigen Sturzhelm. Die Kopfbedekkung des rechten Fahrers, die sogenannten Sturzringe aus Leder, bieten allenfalls psychologischen Schutz vor Schädelbruch.

Schmale Hochdruckreifen

Marke Typ	Breite (mm)		Masse (g)		Luftdruck bar		Preis komplett DM
	Reifen	Felge	mit Schlauch	ohne Schlauch	vorn	hinten	
CLEMENT							
Gentleman	22	13–16	360	300	6,5	6,5	
Super-Gentleman	22	13–16	320	260	6,5	6,5	
HUTCHINSON							
Super Touring	23	13	423	310	6-6,3	6–6,3	
Touring (25–622)	25	13	550	420	6–6,3	6–6,3	20,55
MICHELIN							
Elan	23	13–17	400	320	5–6,5	5–6,5	20,20
Elan TS	23	13–15	280	220	5–6,5	5–6,5	26,65 Nylondraht
VREDESTEIN							
«Sprint Vederlicht» (25–622)	25	14	–	–	–	–	18,75
SWALLOW							
«Skin 25» 25–622	25	13–17	–	350	5–7	5–7	15,15
«Skin 25» 25–630	25	13–17	–	350	5–7	5–7	
25–590	25	13–17					
28–622	28						Nylondraht
WOLBER							
W 20 (20–622, 20–630)	19,7	13	380	300	6	7	20,50
W 25 (25–622, 25–630)	24,8	13–16	470	365	6	7	
Sport (25–622)	25	13–16	480	380	6	7	

Projekt: Umrüsten auf Hochdruckreifen

Bevor man gleich neue Laufräder beschafft, um die schmalen Hochdruckreifen benutzen zu können, kann man auch erst mal die breiteren Versionen probieren, die auf die vorhandene Felge passen. Es gibt hierfür:

VREDESTEIN «Sprint-Vederlicht»
28–622 (28 × 1 1/8 × 1 3/4)
32–622 (28 × 1 1/4 × 1 3/4)
37–622 (28 × 1 3/8 × 1 5/8)
32–630 (27 × 1 1/4)

WOLBER
«Sport» 28–622, 28–630 etwa DM 13,– komplett (650 g)
«Super Sport» 26–622 etwa DM 17,50 komplett (540 g)
«Super-Randonneur» 35–584 (650 g)

Projekt: Umrüstung auf Schnellspann-Naben

Wenigstens das Vorderrad eines jeden Fahrrads kann mit einer Schnellspann-Nabe versehen werden, es sei denn, es besitzt eine Backenbremse oder einen Nabendynamo. Eine Schnellspann-Nabe fürs Hinterrad einzubauen, geht nur bei den Fahrrädern mit Kettenschaltung (ausgenommen Kinderräder mit den 3- oder 4-Gang-Kettenschaltungen mit breiter 3.17-mm-Kette). Sobald am Hinterrad zusätzlich eine Backenbremse (Maillard) oder Scheibenbremse (Shimano) installiert ist, ist Schnellspannen nicht mehr möglich.

Der einfachste Weg ist, komplette Räder mit Schnellspann-Naben zu kaufen. Ein Vorderrad mit Leichtmetallfelgen kostet etwa 45 Mark, ein ebensolches Hinterrad etwa 50 Mark. Man kann bei dieser Gelegenheit gleich die schmalen Felgen für die Hochdruck-Drahtreifen nehmen. Zu beachten ist lediglich, daß die Naben in den inneren Abstand der Ausfallenden passen. Diese Dimension ist je nach Herkunftsland der Schnellspann-Nabe beim Vorderrad 96 mm (Frankreich und Japan), 100 mm (Campagnolo) oder 102 mm (übriges Italien). Beim Hinterrad gibt es 122 mm (Frankreich und Italien) und 125 mm (Japan). Außerdem muß man angeben, ob man einen Fünffach- oder Sechsfach-Zahnkranz verwenden will. Notfalls muß man die Enden äußerst vorsichtig etwas spreizen oder zusammendrücken und danach wieder parallel richten. Man sollte allerdings niemals den Schnellspanner benützen, um die Gabel zusammenzudrücken.

Nur wenn man Glück hat, lassen sich die Achsen der vorhandenen Naben gegen Schnellspann-Achsen austauschen.

Wer es sich zutraut, kann versuchen, ein Paar Schnellspann-Naben, die es schon für 30 Mark gibt, selbst einzuspeichen. Um die bisherigen Speichen verwenden zu können, sollte der Durchmesser der Lochreihe im neuen Nabenflansch mit dem bisherigen übereinstimmen – also Hochflanschnabe durch Hochflanschnabe, Niederflanschnabe durch Niederflanschnabe ersetzen. Die Übereinstimmung ist nicht sehr kritisch: Eine Änderung in diesem Durchmesser von 2 bis 3 Millimetern bewirkt eine Änderung der Speichenlänge von weniger als einem Millimeter, was durch Verdrehen der Speichennippel leicht ausgeglichen werden kann.

	Lochkreisdurchmesser (mm)
Hochflanschnaben, erstklassige	67
Hochflanschnaben, standard	63
Niederflansch, hinten	44,5
Niederflansch, vorn, erstklassig	40
Niederflansch, vorn, standard	34

Wichtig ist die Zahl der Speichen, für die in der Nabe genausoviel Löcher vorhanden sein müssen. Angegeben wird die Gesamtzahl der Löcher; es genügt natürlich, auf einer Seite zu zählen und dann zu verdoppeln. Üblich für 675-mm-Räder sind 36 Loch. Es gibt aber auch 24 Loch, 28 Loch, 32 Loch und 40 Loch.

Das Aus- und Einspeichen geht am besten, wenn man bequem sitzt und das Rad vor sich auf dem Tisch hat. Das Lösen der Speichennippel geht am schnellsten nach Abnahme von Bereifung und Felgenband, denn die Nippelköpfe haben entweder Schlitze für den Schraubenzieher oder Sechskantköpfe (5,5 mm Schlüsselweite).

Die folgende Anleitung ist nicht zur Abschreckung, sondern für die Bequemlichkeit gedacht. Man kann nämlich ein Rad auch ganz nach der Anschauung einspeichen, indem man das andere Rad des Fahrrads als Vorbild nimmt. Allerdings wird einem dabei unterlaufen, daß man Speichen wieder ausbauen muß, um andere einziehen zu können. Nur um diese Frustration zu vermeiden, also die ausführliche Anleitung. Ansonsten ist das Einspeichen ein lustiges Mikado, bei dem auch Kinder gerne mithelfen. Selbst wenn das Rad nachher nicht rund genug läuft, ist doch die Hauptarbeit getan, und der Fachhändler wird für das reine Zentrieren nicht mehr viel verlangen. Die folgende Anleitung gilt für Dreifachkreuzung von 36 Speichen und eine Rechtsfelge.

Hat die neue Nabe einen von der alten sehr verschiedenen Lochkreisdurchmesser, muß auch ein Satz neuer Speichen gekauft werden. Die Formel für die Berechnung der Länge findet sich in der Einspeichanleitung – eine Aufgabe für den Taschenrechner.

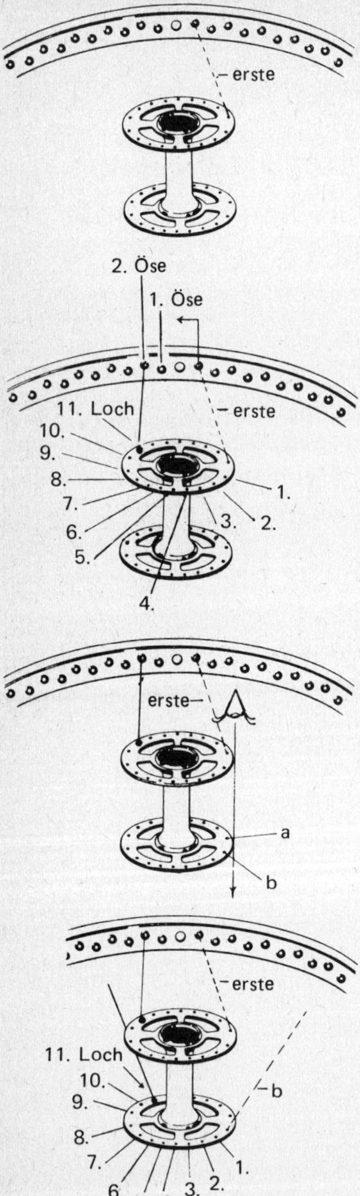

Einspeich-Anleitung

Die Einspeichanleitung muß man nur beim erstenmal hinzuziehen. Sobald man den Dreh erkannt hat, braucht man sie nie wieder. Sie gilt für eine 36-Loch-Rechtsfelge mit Dreifachkreuzung – den häufigsten Laufradtyp.

A Man fädelt irgendwo im oberen Flansch eine Speiche Kopfnieder ein und markiert sie als «erste» mit einem Faden oder Klebeband.

B Man steckt das Speichenende in die obere Öse nächst dem Ventilloch der Felge.

C Man zählt auf der Nabe elf Löcher von der ersten Kopfnieder-Speiche im Uhrzeigersinn weiter und fädelt im 11. Loch eine Speiche kopfhoch ein.

D Man zählt zwei Ösen von der zuletzt eingesteckten Kopfnieder-Speiche im Gegenuhrzeigersinn weiter. Egal ob in der zweiten Öse schon eine Speiche steckt oder nicht, die Kopfhoch-Speiche hier einstecken.

E Man peilt entlang dem Loch, in das die erste Speiche eingefädelt ist, nach unten. Genau darunter befindet sich im unteren Flansch kein Loch, aber zu beiden Seiten die Löcher a und b. Man nimmt das vom Ventilloch entferntere Loch b und fädelt eine Speiche kopfnieder ein.

F Elf Löcher von der zuletzt eingefädelten Speiche b im Uhrzeigersinn weiterzählen. Ins 11. Loch eine Speiche kopfhoch einfädeln. Noch nicht in die Felge einstecken.

G Das ganze Rad umkehren.

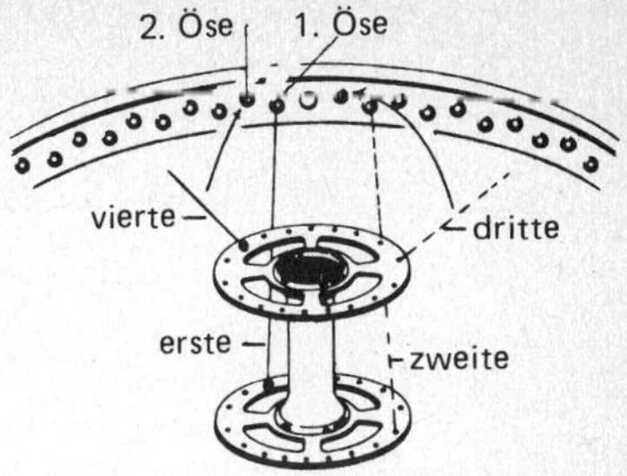

H Schritt B wiederholen.

J Schritt D wiederholen.

K Alle Kopfhoch-Speichen im jetzt oberen Flansch einfädeln, dabei immer ein Loch freilassen für die Kopfnieder-Speichen. Noch nicht in die Felge einstecken.

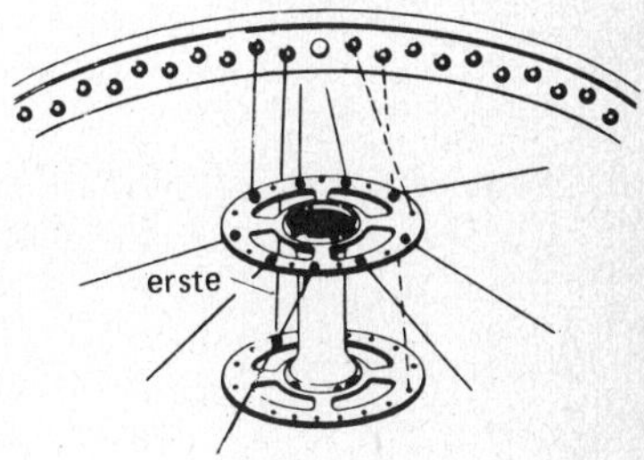

L Zur vierten Speiche gehen, die in die Felge eingesteckt wurde: Sie sollte die einzige Kopfhoch-Speiche im oberen Flansch sein, die schon eingesteckt ist. Im Uhrzeigersinn zur nächsten Speiche, genannt c, weitergehen. Jetzt im Uhrzeigersinn vier Ösen von der letzten Kopfhoch-Speiche, die in der Felge steckt, weiterzählen und die Kopfhoch-Speiche c dort einstecken. In diesem Sinne weitermachen, bis alle Kopfhoch-Speichen in die Felge eingesteckt sind.

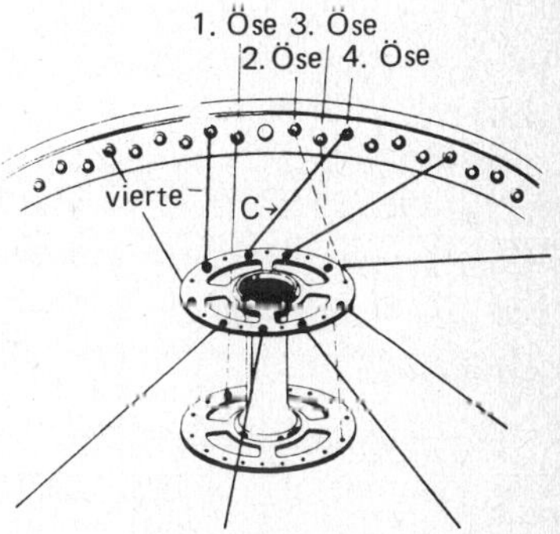

M Alle Kopfnieder-Speichen in den oberen Flansch einfädeln, aber noch nicht in die Felge einstecken.

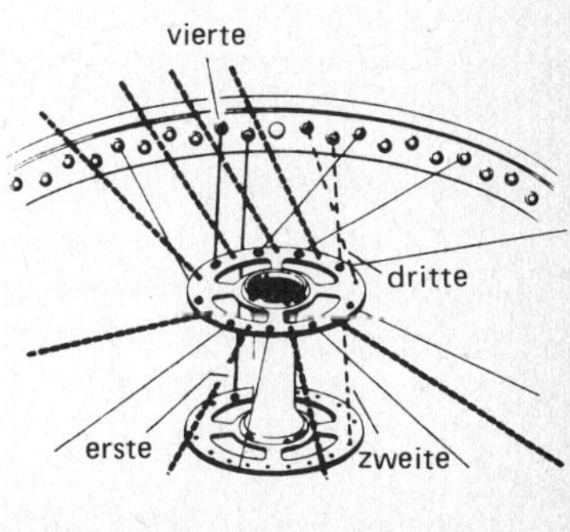

N Zur dritten Speiche zurückgehen, die in die Felge eingesteckt wurde: Sie sollte eine Kopfnieder-Speiche im oberen Flansch sein. Von dort auf der Nabe zur nächsten Kopfnieder-Speiche, genannt e, gehen. Von der letzten Kopfnieder-Speiche, die in die Felge eingesteckt ist, vier Ösen im Uhrzeigersinn weiterzählen (es ist fürs Zählen egal, ob in der Öse eine Speiche steckt oder nicht). Die Kopfnieder-Speiche in die 4. Öse einstecken. In diesem Sinne weitermachen, bis alle Kopfnieder-Speichen in die Felge eingesteckt sind. Dabei Kopfhoch-Speichen *über* Kopfnieder-Speichen kreuzen.

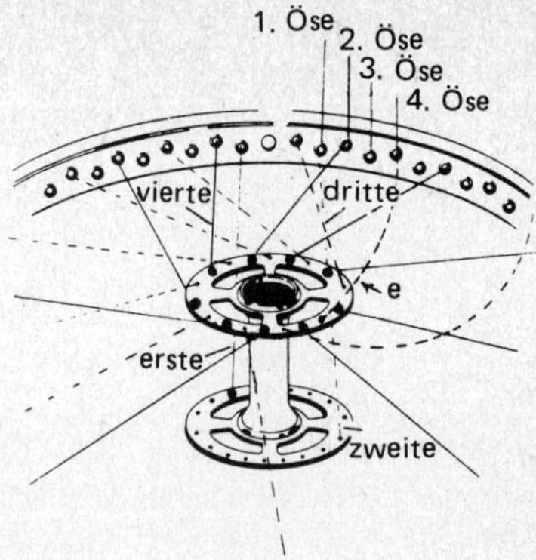

O Das ganze Rad umkehren.

P Schritte K und L wiederholen

Q Schritte M und N wiederholen

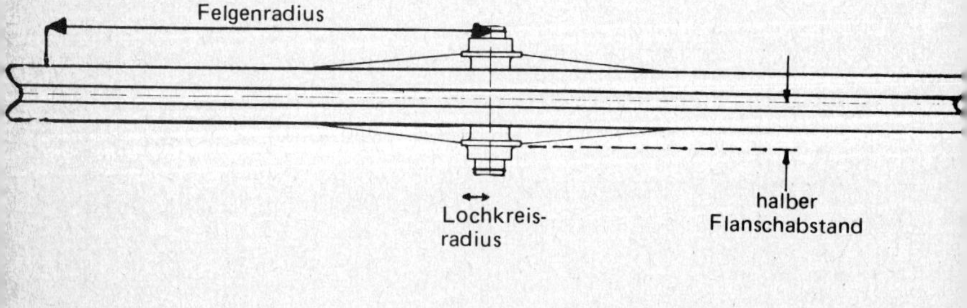

Danach von Hand die Speichennippel mit einem Nippelspanner gleichmäßig anziehen. (Mit dem gegossenen Nippelspanner von VERMA kann man besonders gut arbeiten.) Man kann sich am Gewinde der Speichen orientieren und darauf achten, daß es überall gleichweit aus den Nippeln übersteht. So erhält man die beste Ausgangssituation für das Zentrieren des Rads. Hierzu steckt man es mit der Achse lose in die Vorder- oder Hintergabel des aufgebockten Fahrrads und zentriert die Felgenbremszange. Wenn man jetzt das Rad dreht, erkennt man durch Beobachtung des Abstands Felge-Bremsklotz, ob und wo das Rad eiert. Man kann auch eine Kreide an den Bremsklotz halten, dann werden alle zu nahe kommenden Stellen der Felge weiß gekennzeichnet. Mit dem Nippelspanner dann die Speichen spannen, die der weißen Stelle gegenüberliegen – aber mit Gefühl.

Wem das Zentrieren zu langwierig erscheint, geht damit zum Händler.

Hat die neue Nabe einen anderen Lochkreisradius, muß man neue Speichen besorgen. Hierzu neue Nabe neben das alte Laufrad halten und durch Anlegen verschiedene Speichenlängen probieren. Oder eben ausrechnen: Die Formel für den Taschenrechner lautet:

$$\text{Speichenlänge} = \sqrt{l^2 + r^2 + a^2 - 2\,lr\cos(720\,k/n)}$$

wobei l der Lochkreisradius, r der innen im Rad gemessene Felgenradius, a der halbe Flanschabstand, n die Zahl der Speichen und k die Kreuzungszahl bedeutet. Hat der Taschenrechner keine cos-Taste, verläßt man sich lieber aufs Probieren. Ein Beispiel eines 650-mm-Laufrads soll folgen: Der Lochkreisradius war zweiunddreißig Millimeter, der Felgenradius zweihundertachtundsechzig Millimeter und der Flanschabstand vierundsechzig Millimeter, der halbe also zweiunddreißig Millimeter. Dreifachkreuzung und 36 Loch wie üblich. Ergibt: rund zweihundertsechsundfünfzig Millimeter.

Übrigens: Ohne Anleitung nimmt man sich das intakte andere Rad als Vorlage.

Ein kurzer Vergleich der Leistungskennlinie von Mensch und Automotor zeigt deutlich: Das in jedem Radfahrer steckende Verlangen, an der Ampel bei Grün das neben im stehende Auto in einer Wolke stinkenden Gummis hinter sich zu lassen, muß ein Wunschtraum bleiben – es sei denn, die Zukunft brächte irgendeinen wunderbaren Energiespeicher. Eine weitere Schmach des Radfahrers, nämlich am Berg absteigen und schieben zu müssen, während die Autos vorbeipfeifen, kann die gegenwärtige Technik jedoch lindern: Es gibt heute Fahrradschaltungen mit so weitem Bereich, daß man jede im Straßennetz vorkommende Steigung auf dem Fahrrad sitzend bewältigen kann.

Der Motor des Fahrrads hat – ganz wie der Ottomotor – einen günstigsten Drehzahlbereich. Während der Autofahrer mit dem Ohr herausfindet, wann es Zeit ist zu schalten, spürt es der Radfahrer in den Beinen: Zu langsame Drehzahl der Tretkurbel geht oft mit unangenehm hohem Kraftaufwand einher, zu schnelle Drehzahl resultiert in dem unangenehmen Schlenkern der Beine, das mit dem Schmähwort «Strampeln» für das Radfahren nicht ganz unrichtig beschrieben ist. Für gemütliches Radfahren liegt die individuelle bequemste Drehzahl in der Gegend von einer Kurbelumdrehung in der Sekunde: Bis man «ein-und-zwanzig» gesagt hat, tritt einmal der linke Fuß und einmal der rechte Fuß. Ermitteln Sie selbst Ihre persönliche Drehzahl, bei der Sie am liebsten treten! Mittels einer Armbanduhr mit Sekundenzeiger zählen Sie einfach die Kurbelumdrehungen in einer Minute; z. B. können Sie mit «Null» beginnen, wenn der linke Fuß ganz unten ist und zählen nun jedes weitere Mal, bis die Minute voll ist.

Ein durchschnittlicher Radfahrer kann im Drehzahlbereich von 30 bis 60 Umdrehungen pro Minute rund 40 Watt Dauerleistung erbringen – ein Mensch könnte also in Energiekrisen gerade eine Haushaltsglühbirne zum Leuchten bringen. Wer menschliche Leistung gern in Pferdestärken angeben möchte: 40 Watt entsprechen 1/18 Pferdestärke. Man kann berechnen – und die Erfahrung bestätigt es – daß so mit einem Tourenrad in der Ebene ohne Wind eine Geschwindigkeit von 13 km/h erreicht wird, und der Kettenantrieb wird von den Herstellern gewöhnlich danach eingerichtet.

Die Leistung errechnet sich aus Tretkraft mal Kurbelarmlänge mal Drehzahl. Für höhere Leistungen muß man also kräftiger oder schneller treten. Der Tretkraft ist durch das Körpergewicht eine Grenze gesetzt – man kann schließlich nicht kräftiger treten, als man durch Stehen auf einem Pedal erreicht.

Weitere Leistungssteigerung ist nur durch Erhöhung der Drehzahl möglich. Entsprechend verschiebt sich der Drehzahlbereich der leistungsfähigeren Fahrer zu immer höheren Drehzahlen, ebenso die Drehzahl bei der Höchstleistung der einzelnen Fahrer. Interessanterweise wird dabei der «Treibstoff» immer besser ausgenutzt: Ein durchnittlicher Radfahrer verwandelt nur 12,5 % des verbrannten Sauerstoffs in mechanische Energie, ein Rennfahrer dagegen 26 %. Es muß dazu gesagt werden, daß die höheren Leistungen nur für zusehends kürzere Zeitspannen aufrechterhalten werden können. Die höchste bisher gemessene Leistung liegt bei 1100 Watt, die 5 Sekunden lang aufrechterhalten werden konnten.

Fahrrad ohne Schaltung:
Übersetzung und Entfaltung

Der weite Drehzahlbereich mit flacher Leistungscharakteristik des durchschnittlichen Radfahrers liefert die Rechtfertigung dafür, daß heute noch Fahrräder ohne Schaltung verkauft werden. Wer bereit ist, bei aufkommendem Gegenwind oder Berganfahrt abzusteigen und zu schieben, kommt auch ohne Schaltung aus – allerdings auf unökonomische Weise: Bis zu einer Steigung von 15 % muß der sein Fahrrad schiebende Mensch nachweislich mehr Sauerstoff verbrennen, als wenn er auf dem Fahrrad säße und mittels einer berggängigen Schaltung mit 2,4 km/h bergan träte.

Am Beispiel des schaltungslosen Fahrrads lassen sich einige grundlegende Begriffe der Fahrradtechnik gut erläutern, nämlich Übersetzungsverhältnis und Entfaltung.

Die aus einer vorgegebenen Kurbel-Drehzahl resultierende Fahrgeschwindigkeit hängt vom Übersetzungsverhältnis zwischen vorderem Kettenblatt und hinterem Kettenritzel und vom Durchmesser des Hinterrads ab. Es ist

$$\underset{\text{(in km/h)}}{\text{Geschwindigkeit}} = 0{,}06 \times \underset{\text{(in U/min)}}{\text{Drehzahl}} \times \underbrace{\underbrace{\frac{\text{Zähnezahl vorn}}{\text{Zähnezahl hinten}}}_{\text{Übersetzungsverhältnis}} \times \underbrace{3{,}14 \times \underset{\text{(in m)}}{\text{Rad}\varnothing}}_{\text{Radumfang}}}_{\text{Entfaltung oder Entwicklung}}$$

– heute eine Aufgabe für den Taschenrechner. (Falls vorhanden, kann auf ihm die Taste π anstelle von 3,14 benutzt werden.)

Als Beispiel für die Anwendung der Formel dient ein Fahrrad mit 700 mm Durchmesser des Hinterrads, 19 Zähnen hinten, 46 Zähnen vorn bei einer Kurbeldrehzahl von 40 U/min. Ergebnis Geschwindigkeit: rund 13 km/h für dieses Rad, für ein Klapprad mit 500 mm Raddurchmesser unter sonst gleichen Bedingungen nur 9 km/h.

Was ist Entfaltung? Bei einer Drehung des Hinterrads wird dessen Umfang «abgewickelt», d. h. das Fahrrad bewegt sich um genau diese Strecke weiter, beim 700-mm-Rad also um 2,20 m, beim 500-mm-Rad um 1,60 m. Das Übersetzungsverhältnis 46 : 19 = 2,42 besagt, daß sich bei einer Drehung der Kurbel das Hinterrad 2,42 mal dreht. Die Entfaltung oder Entwicklung – diese Begriffe stehen für Radumfang mal Übersetzungsverhältnis – gibt also Auskunft darüber, wie weit das Fahrrad sich bei einer Kurbelumdrehung fortbewegt, für das 700-mm-Rad um 5,30 m, für das 500-mm-Rad um 3,80m. Jetzt ist klar, daß die Fahrgeschwindigkeit einfach Entfaltung (in m) mal Drehzahl (in U/min) mal Umrechnungsfaktor 0,06 (von m/min in km/h) beträgt.

Die Hersteller halten sich an folgende Entfaltungen: für Herrenräder 4,80 bis 5,60 m, für Damenräder 4,40 bis 4,80 m und für Kinderräder 3,50 bis 4,40 m. Bei den Klapprädern mit 500-mm-Rädern allerdings sind die Entfaltungen in aller Regel zu klein, einfach weil zur Zeit des Klapprad-Booms große vordere Kettenblätter nicht billig lieferbar waren. Dies erklärt die Frustration der Klappradbenutzer, wenn sie bei einer Radtour mithalten wollen, denn sie kommen dabei unweigerlich ins «Strampeln».

Unabhängig von der Klapprad-Problematik muß sich jeder Teilnehmer einer Radtour fragen, ob er in seinem schaltungslosen Fahrrad wenigstens in etwa die gleiche Entfaltung hat wie die anderen Partner. Wenn nicht, kann es passieren, daß der Fahrer an der Spitze mit seiner ihm bequemen Kurbeldrehzahl eine Geschwindigkeit vorgibt, bei der die Partner nur mit unangenehmen Drehzahlen mithalten können. Besonders Familienväter sollten deshalb bei gemeinsamen Ausfahrten dafür sorgen, daß alle Fahrräder möglichst dieselbe Entfaltung erhalten, so daß bei gleicher Geschwindigkeit auch die Kurbeldrehzahlen gleich sind. Aber auch schon die Fahrt zu zweit kann dadurch nur gewinnen.

Die Konfektionsräder werden gegenwärtig mit einem vorderen Kettenblatt von 44 oder 46 Zähnen ausgerüstet, das mit rechter Kurbel und Tretlagerachse eine Einheit bildet. Andere Zähnezahlen vorn sind nur durch Ausbau dieser Einheit und Übergang auf ein andersgeartetes System möglich. Einfacher ist dagegen der Wechsel des hinteren Kettenritzels, das es mit Zähnezahlen zwischen 12 und 24 gibt, siehe Tabelle S. 207. Das Auswechseln ist im Projekt «Übersetzung verbessern» beschrieben.

Rechte Seite der Hinterradnabe
1 Antreiber
2 Staubdeckel
3 steckbarer Zahnkranz (dargestellt ist ein flacher)
4 Sprengring

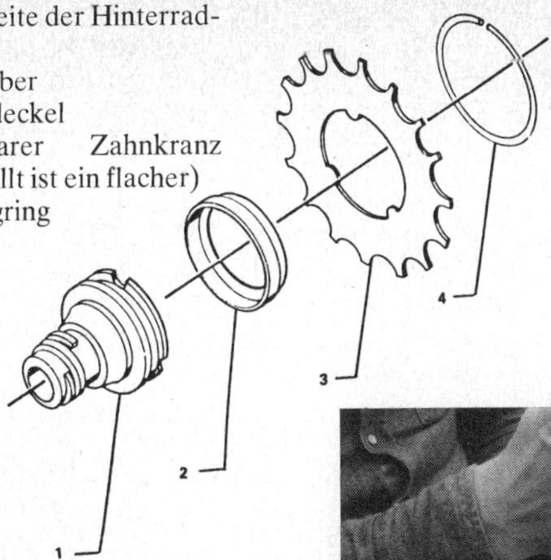

Heraushebeln des Sprengrings mit einem Schraubenzieher: Hier dargestellt eine einigermaßen unvorsichtige Arbeitsweise. Vorsicht! Man muß so fest drücken, daß der Schraubenzieher beim Abrutschen in den Schenkel eindringen kann.

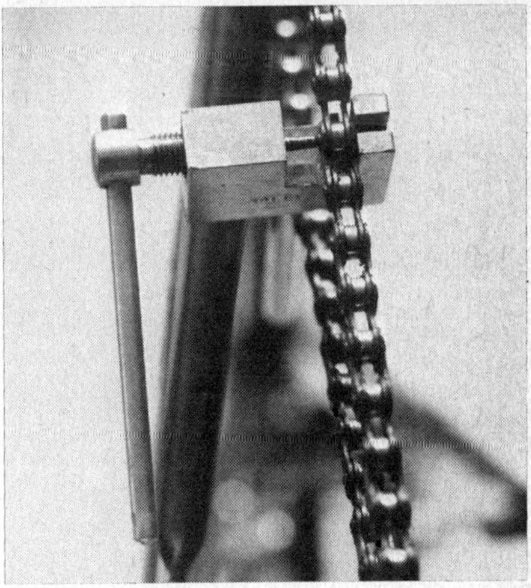

Leichter Kettennietenentferner. Niete nicht ganz herausdrücken, sondern nur soweit, bis die Kette auseinander gezogen werden kann. So ist das Wiedereindrücken gesichert.

Projekt: Übersetzung verbessern

Wenn ein Fahrrad ohne Schaltung schon vorhanden ist, lohnt sich dann immer ein Blick auf das Übersetzungsverhältnis, wenn einem das Treten zuviel Kraft abverlangt. Sei es, daß die übliche Route überwiegend bergig verläuft, sei es, daß den Kindern der Start auf dem Fahrrad erleichtert werden soll, in jedem Falle ist die Verkleinerung des Übersetzungsverhältnisses lohnend und zudem technisch sehr einfach. Umgekehrt wurden die Klappräder in der Regel mit zu kleiner Übersetzung ausgestattet, einfach weil – wie schon erwähnt – zur Zeit des Klapprad-Booms große Frontkettenblätter von den Teileherstellern nicht billig lieferbar waren, die den kleineren Rad-Durchmesser von 500 mm hätten ausgleichen können. Hier kann durch Vergrößerung des Übersetzungsverhältnisses nachträglich noch eine akzeptablere, weil langsamere Tretgeschwindigkeit erreicht werden.

Während der Ersatz des vorderen Kettenblatts durch eines mit anderer Zähnezahl bei den Konfektionsrädern technisch und finanziell aufwendig ist, liegt der Austausch des Kettenritzels am Hinterrad auf der Hand: Bei den Fichtel & Sachs-Rücktrittnaben und Mehrgangnaben wird der Zahnkranz einfach auf den Nabenkörper gesteckt, wobei drei Nasen des Zahnkranzes in entsprechende Nuten des Nabenkörpers passen und mit einem Sprengring gesichert sind. Wenn das Treten zu schwer ging, probieren Sie gleich den größten erhältlichen Zahnkranz mit 24 Zähnen, im Fall des Klapprades nehmen Sie gleich den kleinsten erhältlichen Zahnkranz mit 12 Zähnen. Wenn sie z. B. in Ihrem Rad vorn 52 Zähne und hinten 18 Zähne vorgefunden haben, ändert sich das Übersetzungsverhältnis $\frac{52}{18}$ beim Ersatz der 18 Zähne durch 24 in $\frac{52}{24}$, Sie treten also 33 % leichter. Beim Ersatz durch 12 Zähne im Klapprad ergibt sich ein Übersetzungsverhältnis $\frac{52}{12}$, Sie treten also 33 % schwerer, aber für gleiche Geschwindigkeit 33 % langsamer, was bei den Klappädern angenehmer empfunden wird.

Zähnezahlen zwischen 12 und 24 sind erhältlich (DM 1,86 bis DM 2,70) von den Firmen Fichtel & Sachs, ESJOT und REICH.

Durchführung:

1) Man zählt die Zähne des hinteren Kettenritzels und betrachtet seine Form. Ist das Ritzel eine ebene Scheibe («gerade») oder in der Mitte einseitig durchgedrückt («versetzt»)? Im Interesse einer einwandfreien Kettenlinie – also, daß Kette und vorderes und hinteres Kettenrad in derselben Ebene laufen – kauft man möglichst für ein versetztes Ritzel wieder ein versetztes, für ein gerades wieder ein gerades.
2) Das Hinterrad wird ausgebaut und mit dem Kettenritzel nach oben vor sich hingelegt. Bei versetztem Ritzel feststellen und merken, ob die Zähne zur Nabe hin oder von der Nabe weg versetzt sind.
3) Mit einem kräftigen Schraubenzieher den Sprengring aus seiner Rille im Nabenkörper hebeln (Verletzungsgefahr durch Abrutschen! Unbedingt vom Körper weg drücken!), das Davonfliegen des Sprengrings verhindern.
4) Altes Ritzel abziehen. Die Reihenfolge eventueller Unterlagsscheiben merken.

5) Hat das neue Ritzel dieselbe Form wie das alte, es mit den Unterlagsscheiben in der richtigen Reihenfolge aufstecken – ein versetztes richtig herum (s. oben 1). Hat das neue Ritzel nicht die gleiche Form wie das alte, kann durch andere Anordnung der Unterlagsscheiben versucht werden, die neue Zahnebene möglichst nahe zur alten zu legen. Besonders bei den kleinen Zähnezahlen hat andererseits die Überlegung Vorrang, daß die Kettennieten nicht an der Stirnfläche des Nabenkörpers scheuern sollten.
6) Unter den gleichen Vorsichtsmaßregeln wie in 3) den Sprengring wieder in seine Rille hebeln.
7) Kette am Ketten-Steckschloß öffnen. Sollte keines vorhanden sein, muß die Kette mit einem Kettennieten-Entferner geöffnet werden. Da die Kette nur auf dem halben Umfang des Ritzels anliegt und die Kettenlänge nur um Gliederpaare geändert werden kann, ein Gliederpaar entfernen, wenn das neue Ritzel 4 Zähne weniger hat, bzw. ein Gliederpaar hinzufügen, wenn das neue Ritzel 4 Zähne mehr hat usw. Der Rest des Spiels wird beim Einbau des Rades und Einstellung der Kettenspannung ausgeglichen.

Fällt Ihnen nach Einbau des größeren Ritzels nun unangenehm auf, daß Sie in der Ebene zu schnell treten müssen, gehören Sie nicht mehr zur Riege der anspruchslosen Radfahrer: Sie sind reif für eine Gangschaltung.
Dieselben Überlegungen gelten übrigens auch, wenn das Fahrrad schon eine Nabenschaltung besitzt. Durch Vergrößerung des hinteren Kettenritzels kann dann der Schaltbereich mehr zur Bergtüchtigkeit hin oder durch Verkleinerung mehr zur Schnelligkeit in der Ebene hin verlegt werden. Der Übersetzungsbereich, also das Verhältnis größter zu kleinstem Gang, bleibt dabei derselbe.

Tabelle:
Lieferbare Zähnezahlen für starre Einfach-Zahnkränze zum Stecken
(für 3,17-mm-Kette)

SACHS		ESJOT		
flach	versetzt	flach	versetzt	DM
12				
14		14		1,86
15	15	15		1,86
16	16	16		1,86
	17		17	2,25
18	18		18	2,25
19	19		19	2,25
20	20		20	2,25
	21		21	2,25
	22		22	2,55
			23	2,55
			24	2,70

Projekt: Kettenkasten anbauen

Ein geschlossener Kettenkasten ist für Stadtfahrten zwingend, wenn die Kleidung nicht schmutzig werden darf. Wie die Bezeichnung Hollandrad für Fahrräder mit Kettenkasten schon ahnen läßt, wird in Deutschland kein geschlossener Kettenkasten hergestellt. Der Kunststoffkettenkasten W 2 der holländischen Firma De Woerd ist für nachträgliche Montage geeignet und in Deutschland erhältlich (etwa DM 20,–). Notfalls weist die Firma deutsche Bezugsquellen nach (De Woerd B. V., Postbus 23, Barneveld, Niederlande).

Der Kettenkasten ist ursprünglich für Touren-Ausfallenden mit Kettenspanner ausgelegt worden, dürfte aber auch zu den Sport-Ausfallenden passen. Kunststoff ist ja leicht zu bearbeiten. Für Kettenschaltungen ist er nicht gedacht; man müßte da ziemlich viel wegschneiden. Man mißt an seinem Fahrrad den Abstand Hinterachse – Kurbelachse und den Durchmesser des Tretlagergehäuses. Der Kettenkasten ist für Abstände von 445 bis 495 mm anpaßbar, die Montageklemme auf 45 bis 40 mm Durchmesser des Tretlagergehäuses.

Nachdem man den alten Kettenschutz entfernt hat, schiebt man die Montageklemme neben dem Kettenrad übers Tretlagergehäuse und spannt sie fest. Danach wird die Hinterachsplatte zwischen Nabe und rechtem Ausfallende auf die Hinterachse geschoben und festgeklemmt. Die Kastenhälften werden dann an den beiden Stützpunkten eingerastet. Reinigung des Kettenkastens mit Warmwasser und Seife.

Nabenschaltung oder Kettenschaltung?

Nabenschaltungen erscheinen durch ihre weitgehende Wartungsfreiheit vielen Radfahrern attraktiver als die offenliegenden Kettenschaltungen. Erkauft ist dieser Komfort allerdings auf Kosten der Flexibilität im Übersetzungsbereich.

Die Leistungsverluste einer *Kettenschaltung* stammen

- aus der Reibung an den Zahnkränzen, wenn die Kette bei ungünstigem Kettenlauf seitlich scheuert,
- aus der zusätzlich erforderlichen Durchbiegung der Kette beim Lauf um die Führungsrolle und die Spannrolle und
- aus der Reibung in den einfachen Gleitlagern von Führungs- und Spannrolle.

Die Abmessungen und der Verschmutzungsgrad variieren allerdings von Fall zu Fall so stark, daß eine Angabe für den Leistungsverlust für alle denkbaren Bedingungen eigentlich nicht möglich ist. Für eine saubere, gutgeölte Schaltung liegen die Verluste vermutlich bei etwa 5 %, der Wirkungsgrad also bei etwa 95 %.

Der Leistungsverlust in der geschlossenen, im Ölbad laufenden *Nabenschaltung* hängt von der Reibung zwischen den Zähnen der Zahnräder, deren Achsreibung in simplen Gleitlagern und von dem Druck auf die diversen Ölfilme ab. Die Ingenieurserfahrung besagt, daß pro Zahnradpaar 2 % Leistung und pro Gleitlager ebenfalls 2 % Leistung verloren gehen. Während im Direktgang praktisch nur die Verluste des einfachen Kettenantriebs zählen, können in den Berggängen beträchtliche Leistungsverluste auftreten. Messungen des Engländers F. R. Whitt für die Fünfgangnabe ergaben, daß im 1. Gang ein Leistungsverlust von 15 % stattfindet, wodurch letztlich nur die Nabe erwärmt wird.

Die Kettenschaltung ist also gegenwärtig auf dem Siegeszug, nicht weil sie «sportlicher» ist, sondern weil sie veränderbare Übersetzungsverhältnisse bietet und weil die vergleichbare Nabenschaltung in den Berggängen höhere Reibungsverluste hat.

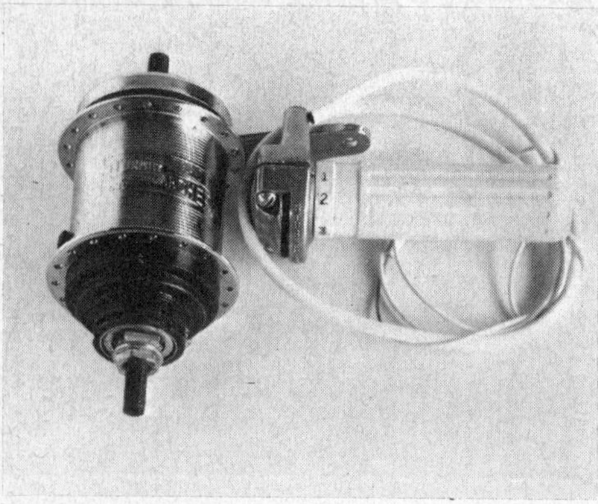

Englische Dreigang-Rücktrittnabe S 3 C von Sturmey-Archer. Den sicheren Drehschaltgriff mit den Farbmarkierungen muß man extra bestellen. Gewöhnlich wird sie mit Klick-Schalter geliefert. Links außen das Käppchen zum Ölen. Übersetzungsbereich 1,78. Etwa DM 91,– ohne Griff.

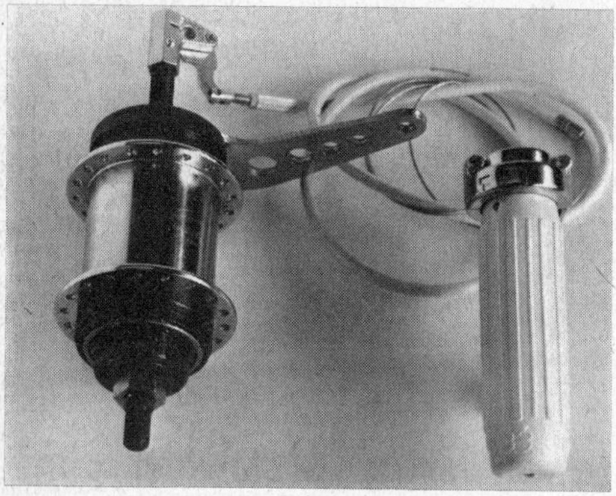

Japanische Dreigang-Rücktritt-Nabe TC-100 von Shimano. Besonders für Kinder geeignet der bequeme und sichere Lenkerdrehgriff mit den Stellungen H(igh)-N(normal)-L(ow). Übersetzungsbereich 1,78. Etwa DM 67,– ohne Griff.

Königin der Nabenschaltungen: Fünfgangnabe S 5 von Sturmey-Archer ohne Rücktrittbremse. Die zwei Schalthebel bedienen zwei Schaltungskettchen, die von links und rechts in die Achse führen. Rechts wird der 2., 3. und 4. Gang geschaltet, links der 1. und 5. Rechts kann auch der Lenkerdrehgriff von Sturmey-Archer eingesetzt werden, mit etwas Nacharbeiten links. Übersetzungsbereich 2,25.

Tabelle:
In Deutschland erhältliche Nabenschaltungen mit Rücktrittbremse

Marke Typ	Zahl der Gänge	Übersetzungsbereich	Direktgang	Gabelbreite mm	Lochkreisdurchmesser mm	Lochzahl	Masse kg
FICHTEL & SACHS							
Duomatic	2	1,36	1.	114	58	28; 36	1,1
Automatic**	2	1,36	1.	114	58	28; 36	1,2
Torpedo S	3	1,86	2.	117	58	28; 36	1,2
SHIMANO							
TC-100***	3	1,78	2.	120	58	28; 36	1,3
STURMEY-ARCHER							
S 3 C***	3	1,78	2.	113	65	28; 36; 40	1,4
S 5*	5	2,25	3.	114	65	28; 36	0,9

* Ohne Rücktrittbremse; alle übrigen auch ohne Rücktrittbremse erhältlich
** Rotring für 500-550-mm-Räder (28; 36 Loch); Blauring für größere (nur 36 Loch)
*** Drehschaltgriff erhältlich

Kettenschaltungen

Das Funktionieren der Kettenschaltung zu beschreiben, wird immer schwieriger, je mehr die alte Technik der gewerblichen Maschinen mit Lederriemen-Antrieb ausstirbt. Wer jemals vor einer Transmission (= Vorrichtung zur Übertragung der Arbeitsenergie von einer Kraftmaschine auf mehrere Arbeitsmaschinen) in einer Mühle, Wäscherei oder in einem Bauernhof gestanden hat, wird das Prinzip kennen: Eine Gabel schiebt den Treibriemen in voller Fahrt auf das nächst kleinere Holzrad – die angetriebene Maschine dreht sich schneller. Die Kettenschaltung macht nichts anderes: Ein Kettenkäfig, begrenzt durch zwei Rollen, schiebt die Kette von einem Kettenrad zum nächsten. Mit dem Fischer-Technik-Baukasten können Kinder ein funktionierendes Modell einer Dreigang-Kettenschaltung bauen. Die Fischer-Werke, 7244 Tumlingen-Waldachtal 3, schicken gegen Übersendung von 3 Mark die Broschüre:

Modellbeispiele zu den Themen «Motorbetriebene Spielfahrzeuge und Fahrrad» (Artikel-Nr. 392671).

Es gibt zwei Grundtypen für die hintere Kettenschaltung: Parallelogramm und Pantograph (Storchschnabel), wobei letzteres nur eine Abwandlung der Parallelogramm-Verschiebung bezeichnet. Beide versetzen den Kettenkäfig parallel zu sich, und jeder hat gewisse Vorteile.

Die *Parallelogramm*-Bauweise (s. Abb. S. 222) ist die älteste und wird von allen europäischen Herstellern benutzt. Sie ist schneller zu schalten, das heißt: Die Schalthebel müssen weniger bewegt werden, um von einem Gang zum andern zu schalten – also etwas für Rennfahrer. Die *Pantographen*-Bauweise (s. Abb. S. 222) wird von den zwei japanischen Herstellern, aber auch vereinzelt in Europa angewandt. Ihr Vorzug ist, daß die Führungsrolle der Kette in gleichem Abstand zum jeweiligen Kettenritzel wandert, wodurch der Schaltvorgang auch für die großen Kettenritzel wesentlich glatter verläuft. Der Schalthebelweg ist dafür größer. Das Pantographen-System ist vor allem für die bergtüchtigen Schaltkränze mit bis zu 34 Zähnen gut. Bei den Schaltzügen darauf achten, daß das Pantographen-System solche mit dickerer Hülle braucht.

Kenngrößen der hinteren Schaltung sind

- größtmögliche Zähnezahl des Ritzels, die beschaltet werden kann;
- *Gesamtkapazität*, für Zahnwechsel vorn und hinten (die Gesamtkapazität einer Schaltung ist direkt abhängig von der Länge der Kette und von der Fähigkeit des Kettenspanners, deren Überlänge bei kleinen Ritzeln noch zu spannen).
- Schaltweg, ausreichend für 5-, 6- oder 7-fach-Zahnkranz.

Ein Beispiel: Die Sachs-Schaltung Super-Sport hat eine Gesamtkapazität von 27 Zähnen und als größtmögliches Ritzel an der Nabe 28 Zähne. Liegt ein Zahnkranz von 12–28 Zähnen vor, so ist die Differenz 16 Zähne; 16 von der Gesamtkapazität 28 abgezogen ergibt 11. Diese 11 Zähne bleiben also für den Kettenwechsler vorn. Das bedeutet demnach, daß das große Kettenblatt höchstens 11 Zähne größer sein darf als das kleine.

Für die bergtüchtigen Zahnkränze mit bis zu 34 Zähnen hinten braucht man den entsprechenden Umwerfer. Diese Tourenmodelle sind meist Versionen der Rennschaltungen mit längerem Kettenkäfig.

Tabelle:
Bergtüchtige hintere Kettenumwerfer für Zahnkranz mit 14–34 Zähnen

Marke Modell	Gesamt-kapazität	möglicher Zahnwechsel vorn	Schalt-weg	Masse (g)
CAMPAGNOLO				
Rally**	36	16	7-Gang	285
HURET				
Duopar	36	16	6-Gang	265
Super Allvit	34	14	5-Gang	335
SHIMANO				
Crane GS	34	14	6-Gang	250
400 FF	34	14	5-Gang	315
500 GS	34	14	5-Gang	325
400 GS	34	14	5-Gang	290
Titlist GS	34	14	5-Gang	250
SIMPLEX				
SLJ 6000 GT	39	19	6-Gang	
SLJ 5000 GT	39	19	6-Gang	
LJ 2000 GT	39	19	5-Gang	
SJ 810 GT	39	19	5-Gang	330
SUNTOUR ((MAEDA)				
Cyclone GT	34*	14*	6-Gang	190
Road VXGT	34	14	6-Gang	210
VGT	34	14	6 Gang	255
Seven GT	34	14	6-Gang	385
GT	34	14	6-Gang	440
außer Konkurrenz: nur für Zahnkranz 12–28				
SACHS				
Super-Sport	27	11	6-Gang	380

* Bei Befestigung im Ausfallende statt in dem speziellen Auge für den Schaltarm

** Pantograph-Mechanismus; alle anderen europäischen haben Parallelogramm-Mechanismus

Die Zähnezahlen des *Freilauf-Zahnkranzes* hinten bestimmen die Übersetzungsverhältnisse der Kettenschaltung. Tourenfahrer und Stadtfahrer werden einen größeren Übersetzungsbereich wählen, Rennfahrer, die ihren Trettakt beibehalten wollen, einen kleinen. Der Standard-Zahnkranz der Tourenfahrer hat 14–34 Zähne, was einen Übersetzungsbereich als Fünfgangschaltung von 2,43 ergibt. Je nach Kapazität des Schaltarms kann dann durch Wahl der Kettenblätter vorn der Übersetzungsbereich noch vergrößert werden. Da jeder, der hier aktiv werden möchte, seine eigenen Vorstellungen haben wird, soll von detaillierten Ratschlägen abgesehen werden. Vielleicht noch folgender Gesichtspunkt:

Bei den Kettenschaltungen lassen sich mit den kleinen Kettenritzeln hinten prozentual drastischere Änderungen der Zähnezahl verwirklichen, etwa von 14 bis 34 Zähnen, d. h. $\frac{34}{14} = 243\,\%$, als am großen Kettenrad vorn. Soll sich bei einer Zehngang-Schaltung vorn die Zähnezahl um 20 ändern, also die beiden Kettenblätter beispielsweise 35 bzw. 55 Zähne erhalten, so bedeutet dies lediglich eine prozentuale Änderung von $\frac{55}{35} = 157\,\%$. Die durch die Änderung der Zähnezahl bedingte Änderung der Kettenlänge muß ja durch einen Spannarm im Schaltwerk ausgeglichen werden, und der kann um so kleiner dimensioniert werden, je kleiner die Differenz der Zähnezahlen ist. Da gleichzeitig der Quotient der Zähnezahlen im Interesse eines weiten Übersetzungsbereichs möglichst groß sein soll, macht man die Zähnezahlvariation besser am hinteren Kettenritzel als am vorderen Kettenblatt. Auf dem Markt sind gegenwärtig Dreifach-, Vierfach-, Fünffach-, Sechsfach- und Siebenfach-Zahnkränze, wobei ein weiter Bereich gegenwärtig nur bei den Fünffach-Zahnkränzen erhältlich ist.

Eine eingebaute Feder sucht die Kette in den höchsten Gang zu schieben. Dem entgegen wirkt der Schaltzug mit dem reibungsabhängigen *Schalthebel* am anderen Ende. Wenn einmal der Schaltzug reißt, landet man automatisch im höchsten Gang. Statt der primitiven Reibungshebel gibt es sinnreiche Verbesserungen. Huret und Maeda haben Ratschen-Mechanismen entwickelt, die aber noch nach Gehör eingestellt werden müssen.

Schalthebel mit Ratschenmechanismus

Huret	Ratchet für Lenkerkopf
Sun-Tour	Power PUB-10 für Lenkerkopf
	Mighty-Shifter II für Lenkergriff
	Bar-Con-Crosshebel für Lenkerenden

Eine andere Möglichkeit sind Gegenfedern, die die Schaltarm-Federwirkung aufheben.

Shimano   Finger-Tip, für Lenkerkopf
Bar-End Control, Crosshebel für Lenkerenden

Am bequemsten sind natürlich die Schalter für die Lenkergriffe oder die Cross-Hebel in den Lenkerenden, da man mit ihnen die Hand nicht vom Lenker nehmen muß, wenn man schalten möchte.

Projekt: Bergtüchtigen Zahnkranz einsetzen

Zunächst muß das Modell des bisherigen Zahnkranzes festgestellt werden und mit einem passenden Abnehmer abgeschraubt werden. Hierzu Abnehmer in Schraubstock spannen, Rad mit Zahnkranz so draufsetzen, daß er eingreift. Rad außen mit beiden Händen fassen und gegen den Uhrzeigersinn drehen. Wenn man's den Händler machen läßt, braucht man für das alte Modell den Abnehmer nicht zu kaufen. Für den neuen Zahnkranz auch gleich den Abnehmer mit besorgen, obwohl er zunächst nicht gebraucht wird. Ein Tropfen Öl aufs Nabengewinde geben, damit das nächste Abnehmen leichter geht. Dann einfach den neuen Zahnkranz mit der Hand auf die Nabe im Uhrzeigersin aufschrauben (anders herum ginge es ja nicht, sondern machte «klick-klick-klick»). Die Kette zieht ihn dann während des Fahrens noch zusätzlich fest. Gleichzeitig muß ein Umwerfer mit langem Kettenkäfig angebracht werden. Huret-Schaltungen kann man mit dem Verlängerungsstück Nr. 2557 billig verlängern. Aber die reine Freude wird das nicht sein.

Tabelle: Bergtüchtige Fünffach-Zahnkränze

Hersteller Modell	Zähnezahl	Übersetzungs-bereich	Masse**	Ritzelwechsel	Preis
CYCLO					
Cyclo-Pans (Stahl)	13–30	2,31	410 g	ohne Ausbau, gesteckt und geschraubt	
Cyclo-Pans (Dural)	13–30	2,31	245 g		
MAILLARD					
Normandy	14–18–23–30–34	2,43	420 g	ohne Ausbau, gesteckt und geschraubt	
	14–17–21–26–32	2,29			
REGINA					
Standard	13–31	2,38	440 g	Ausbau nötig, geschraubt	19,–
Oro	13–31	2,38	440 g		33,–
SHIMANO					
Multiple Freewheel	14–17–22–28*–34*	2,43	480 g	ohne Ausbau, gesteckt und geschraubt	
FF (zum Frontfreilauf)	14–17–21–26*–32*	2,29			
Dura Ace	13–31	2,38	450 g	ohne Ausbau, gesteckt und geschraubt	35,–
STURMEY-ARCHER					
Multiple Freewheel	14–34	2,43	–	ohne Ausbau, gesteckt und geschraubt	
SUN-TOUR (MAEDA)					
Perfect	14–18–22–28–34	2,43	475 g	ohne Ausbau, gesteckt und geschraubt	15,–
	14–17–21–26–32	2,29			
Winner	13–32	2,46	465 g	ohne Ausbau, gesteckt und geschraubt	20,–
ZEUS					
2000	14–30	2,14	290 g	ohne Ausbau, gesteckt und geschraubt	99,–

* alternate teeth = jeder zweite Zahn ausgelassen
** eines Zahnkranzes 14–17–20–24–28 (nur zum Vergleich)

Die zur Zeit beste Lösung für die Schaltungsbedienung ist jedoch das Positron-System von Shimano. Statt des ständigen Suchens nach dem richtigen Gang gibt es hier fünf exakte Rast-Stellen im Umwerfer und eine Ganganzeige an den Schalthebeln. Der zugehörige Schaltzug überträgt Zug- und Druckkräfte.

Projekt: Daumenschalter einbauen

Schalten, ohne die Hand von den Lenkergriffen zu nehmen, ist für Kinder wie Erwachsene sicherer.

Der Sun-Tour «Mighty-Shifter» wird komplett mit neuen Schaltzügen geliefert. Mit einer Bandage wird er am Lenkerrohr mit einer Schraube befestigt. Vorher muß der Lenkergriff mit Hilfe von heißem Wasser abgezogen werden. Die Schelle wird auf den Lenker geschoben und dann festgezogen. Jetzt kann der Schaltzug am Schalthebel eingefädelt und wie der bisherige Zug verlegt werden.

Vordere Umwerfer

Der vordere Umwerfer ist nicht so kompliziert wie der hintere, verdient aber trotzdem einige Überlegung. Es gibt zwei Betätigungsmechanismen: einfache horizontale Schwenkung und den Parallelogramm-Mechanismus. Entscheidend beim vorderen Umwerfer ist der Größenunterschied zwischen großen und kleinen Kettenblättern. Ist er mehr als sechs bis acht Zähne – und das sollte er bei Touristikrädern sein –, dann wird der Parallelogramm-Mechanismus gebraucht, weil der Kettenkäfig der Kette beim Klettern vom kleinen aufs große Kettenblatt behilflich ist.

Vordere Kettenblätter

Wer die vorderen Kettenblätter wechseln will, muß in ein radsportorientiertes Fachgeschäft gehen. Es ist nicht von vornherein gewährleistet, daß alle Befestigungslöcher passen. Ursprünglich dachte jeder Hersteller, daß man nur seine Ersatzblätter nimmt. Mittlerweile hat sich der 5-Arm von Campagnolo zu einer Art Norm durchgesetzt. Für Dreifach-Kettenblätter muß eine andere Tretlagerachse besorgt werden. Kettenblatt-Systeme mit großer Auswahl gibt es nur für Kurbeln mit keilloser Befestigung.

Tabelle:
Leichtmetall-Kettenblattgarnituren vorn für Radtouristik (für keillose Befestigung)

Hersteller Modell	Zähnezahl	Übersetzungsbereich	Befestigungsart	Kurbellänge (mm)	Preis
CAMPAGNOLO					
Record*	42–57	1,36	5-Arm	165–180	235,–
GIPIEMME					
Special	42–54	1,29	5-Arm	165–175	
Mini (Kinder)	35–45	1,29	5-Arm	145	
NERVAR					
5 VIS	30–54	1,80	5-Punkt	170	
3 PINS	36–52		3-Arm	170	
OFMEGA					
Competizione	42–54	1,29	5-Arm	170	
Juniores (Kinder)	35–46	1,31	3-Arm	148	
Baby Sprint (Kinder)	35–42	1,20	3-Arm	125	
SAKAE					
Apex-3 Touring	28–54	1,93	3-Arm	165, 170	
Royal-5*	42–54	1,29	5-Arm	165, 170	90,–
SHIMANO					
600	30–53	1,77	3-Arm	165, 170	
Dura-Ace	39–55	1,41	5-Arm	165–175	171,–
Selecta	34–52	1,53	5-Arm	165, 170	
STRONGLIGHT					
105	38–56	1,47	5-Arm	165–180	155,–
99	28–54	1,93	5-Arm	165–175	
TS	38–52	1,37	3-Arm	170	
SUGINO					
Super Maxy	34–53	1,56	5-Arm	165, 170	
Mighty Tour	34–53	1,56	5-Arm	165–175	
TA					
Cyclotouriste	26–68	2,62	5-Punkt	150–185	
Professional 3 A	36–68	1,89	3-Arm	150–185	
THUN					
Coronado	42–52	1,24	5-Arm	170	

Frontfreilauf-System

Wer hätte nicht gern ein Zehngang-Rad, das

- schon im Schieben geschaltet werden kann
- vor der Ampel ohne Treten geschaltet werden kann
- auch beim Rückwärtstreten während des Schaltens nicht Schaden nimmt
- gleichzeitig vorn und hinten geschaltet werden kann
- auch bergauf ohne zu treten geschaltet werden kann.

Die Schaltung gibt es: Das Frontfreilauf-System von Shimano. Der Freilauf ist ins Tretlager verlegt. Das bedeutet: Die Kette läuft dauernd um, solange das Hinterrad sich dreht. Selbst mit abgegrätschten Füßen durch eine Pfütze fahrend kann man noch schalten. Gekoppelt mit dem Positron-System die ideale Kettenschaltung für Kinder und Erwachsene! Dazu gehört ein Zahnkranz mit einer Rutschkupplung. Denn sollte sich ein Hosenbein in der Kette verfangen, würde das Hinterrad ohne sie blockieren.

Die Schaltung wird in Europa nur (1978) in Holland in Fahrräder eingebaut, von der Bieleveldt B. V., Postbus 54, Terborg. Das FF-System wird auch einzeln verkauft. Man braucht dazu ein geschraubtes Tretlagergehäuse (1,37 × 24 T. P. I.). Bezugsquellen weist die Firma Lange & Co in Stuttgart nach.

Schalten – eine Kunst

Was beim Auto das Kuppeln, ist beim Fahrrad das Nachlassen des Pedaldrucks beim Schalten – wobei aber weitergetreten wird. Dadurch gelingt es leicht, Kette oder Zahnräder aus dem existierenden Eingriff zu ziehen und in neuen Eingriff zu bringen. Man drückt ja auch nicht wie wild gegen eine Tür, die man gerade aufschließen will!

Bei den *Nabenschaltungen* kann man bei der Dreigangschaltung zur Förderung des Schaltvorgangs auch kurz im Treten verhalten oder leicht zurücktippen. Bei der Zweigangschaltung von Fichtel & Sachs, der Torpedo-Duomatic, tritt man sowieso kurz zurück, um den Gangwechsel herbeizuführen, aber natürlich nicht so weit, daß jedesmal das Hinterrad blockiert. Nachteilig ist, daß bei jedem Bremsen mit der Rücktrittbremse auch der Gang wechselt. So kann es passieren, daß man an der Straßenkreuzung im Schnellgang anfahren muß, weil man im Langsamgang daherkam und dann bremste. Allerdings kann man, wenn man daran denkt, vor dem Anfahren gleich noch mal zurücktreten. Diesen Nachteil hat die Torpedo Automatic-Nabe nicht, die durch einen roten oder blauen Ring an der linken Seite gekennzeichnet ist. Sie schaltet bei einer bestimmten Raddrehzahl von selbst in den Schnellgang, zurück dagegen nur, wenn unterhalb der Schaltdrehzahl die Tretkraft kurz weggenommen wird. Dadurch ist man beim Anfahren stets im ersten Gang. Etwas frustrierend ist das Heranfahren an eine Steigung, wenn man ständig durch Rücktreten in den langsameren Gang zu kommen trachtet, das Fahrrad aber noch nicht langsam genug ist. Hier ist ein Tachometer eine große Hilfe, auf dem man die herausgefundene Umschaltgeschwindigkeit mit einem Aufkleber markiert. Dann kann man noch einen kräftigen Anlauf für die Steigung nehmen und erst dann kurz locker lassen, wenn die Nadel unter die Marke gefallen ist. Kleinere Kinder werden durch die Automatic eher irritiert, sie fahren mit der Duomatic besser.

Kettenschaltungen sind da komplizierter. Man muß *immerzu treten, wenn auch ohne Kraft*, während man schaltet. *Niemals* darf man *zurücktreten*, während man schaltet, sonst kann der hintere Umwerfer sich verbiegen oder gar brechen. Wer es das erste Mal macht, wird so seine Probleme haben. Am besten übt man erst mal auf einem Parkplatz fern von Straßenverkehr. Zum Schalten den ganzen Hebel umfassen, nicht nur mit spitzen Fingern bedienen. Außer dem Shimano-Positron-System haben die Schalthebel keine eindeutigen Raststellen für die Gänge. Sie bleiben nur aufgrund von Reibung da stehen, wo man sie losläßt. Tun sie das nicht, kann man die Reibung durch Festziehen einer Mutter auf der Hebelachse erhöhen. Kettenschaltungen schaltet man vielmehr nach Gehör oder Gefühl. Hört man die Kette schon am nächsten Ritzel scheuern, nimmt man den Hebel etwas zurück. Ohne Übung schaltet man meist gleich zwei oder drei Gänge auf einmal oder gar eineinhalb Gänge, d. h. die Kette hängt dann zwischen zwei Ritzeln – mit entsprechender Geräuschentwicklung. Wer so weiterfährt, verschleißt Kette und Kettenräder und obendrein einen Großteil seiner körperlichen Leistung. Durch Weiterschieben des Schalthebels muß man solche Fehleinstellungen korrigieren. Das Gedächtnis wird zudem auf eine harte Probe gestellt. Nach kurzer Zeit hat man nämlich vergessen, in welchem Gang man ist. Und die Entscheidung, ob man jetzt besser vorn die Kette umwirft oder hinten um ein Ritzel weitergeht, ist nicht immer einfach. Eine Gangtabelle löst dieses Problem.

Bei Kettenschaltungen sollte man einen Gang nach dem anderen durchlaufen, nicht gleich mehrere überspringen. Die Kette kann sonst über das größte oder kleinste Ritzel hinausspringen. Besonders im letzteren Fall kann das dazuführen, daß das Hinterrad blockiert und einige Meter radiert – wenn nicht gleich ein Sturz fällig ist. Wenn man bergauf oder im Gegenwind den Pedaldruck zurücknimmt, um weitertretend zu schalten, wird das Fahrrad rasch langsamer – so sehr, daß man Schwierigkeiten hat, es stabil zu halten oder daß man gar absteigen muß. Die Lehre daraus ist, daß man das Terrain im voraus erkunden muß, um rechtzeitig herunterschalten zu können. Wenn man zu langsam geworden ist, hilft nur, unter äußerster Kraftaufwendung wieder zu beschleunigen und danach zu schalten – oder abzusteigen. Nur die besten Schaltungen vertragen es, hin und wieder unter Last geschaltet zu werden, ohne gleich Schaden zu nehmen.

Dasselbe gilt für Ampeln, die auf Rot gehen. Geht es nachher bergan, muß man schnell noch tretend herunterschalten. In aller Regel beginnt dabei der Kurs zu schwanken, vor allem, wenn man dazu den Lenker loslassen und den Schalthebel vor den Knien erreichen muß. Also sollte man eigentlich schnell noch zurückblicken, ob nicht Autos hautnah überholen wollen – gleichzeitig erfordert das eine artistische Körperbeherrschung. Man entgeht solchen Situationen, wenn man vom Handgriff bequem erreichbare Lenkerschalter installiert. Das gilt besonders auch für Kinder, die mit der Positron-Schaltung von Shimano und dem Frontfreilauf besser bedient sind.

Projekt: Gangtabelle anbringen

Wenn man sich die Entfaltungen zu jedem Gang ausrechnet und auf ein Kärtchen schreibt, kommt Ordnung in das Gewirr der zehn Gänge, von denen man aus Verschleißgründen nur sechs nutzen sollte. Das Kärtchen klebt man sich auf den Lenker. Entfaltung ist die Strecke in Metern, die das Fahrrad bei einer vollen Kurbelumdrehung zurücklegt. Man berechnet sie nach: π × Raddurchmesser × Zähnezahl vorn, geteilt durch Zähnezahl hinten. Ohne Taschenrechner (Taste π) setzt man für π die Zahl 3,14.

Der Raddurchmesser ist z. B. für einen Reifen 28–630 (siehe Reifengrößen) 0,686 Meter. Die Zähnezahlen vorn und hinten muß man abzählen. Hierzu den ersten Zahn mit Filzstift markieren. Am besten, man zählt mehrfach, bei der ersten Zählung verzählt man sich zu leicht. Wir nehmen als Beispiel die Kettenblätter vorn mit 52–42 Zähnen, den Zahnkranz hinten mit 14–17–22–28–34 Zähnen. Die Tabelle ordnet man so an, wie nachher die Schalthebel stehen, also vordere Gänge links, hintere Gänge rechts:

vordere Gänge:		hintere Gänge:
klein	groß	
(6,4)	7,9	5.
(5,3)	6,5	4.
4,1	5,0	3.
3,2	(3,9)	2.
2,6	(3,3)	1.

Aus der Gangtabelle erkennt man sofort die Reihenfolge der sechs nutzbaren Gänge, nämlich klein 1. – klein 2. – klein 3. – groß 3. – groß 4. – groß 5. Die eingeklammerten Gänge sollte man nicht einstellen, da hierbei die Kette diagonal läuft und die Zähne der Kettenräder verschleißt. Außerdem erkennt man, daß andere Gänge praktisch gleiche Entfaltung liefern, z. B. 3,2 statt (3,3) oder 6,5 statt (6,4).

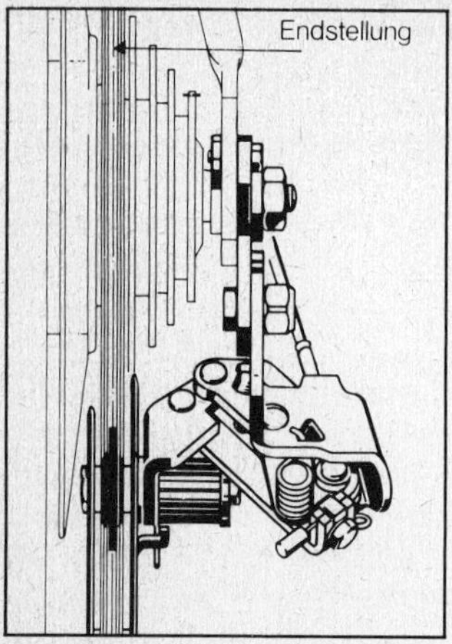

Schaltung mit Parallelogrammführung: Sachs-Sport-Super. Gezeigt ist die Stellung im 1. Gang (oben) und im 5. Gang (unten). Die obere Reihe des Kettenkäfigs ist im 1. Gang dem 1. Ritzel viel näher als im 5. Gang dem 5. Ritzel.

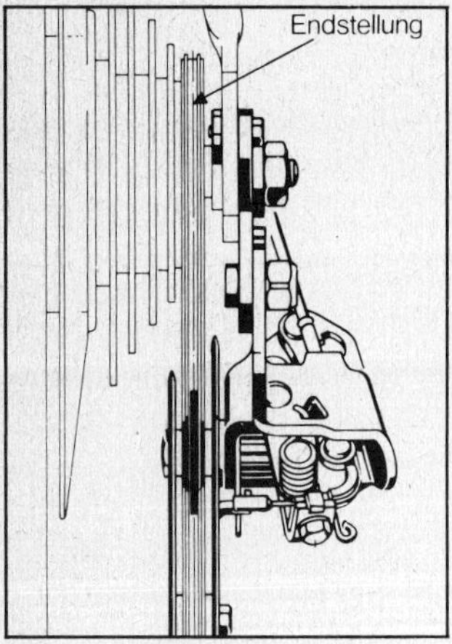

Der Unterschied zwischen Parallelogramm-Mechanismus und Pantograph-Mechanismus ist geringfügig: Bei ersterem erstreckt sich das Parallelogramm lotrecht vom Ausfallende nach unten, bei letzterem liegt es waagerecht unterhalb des Ausfallendes. Beim Pantograph-Mechanismus verläuft der Schaltzug, der ja das Parallelogramm zusammenfaltet, meist diagonal, woraus kleine Schalthebelkräfte, aber lange Schaltwege resultieren. Beim Parallelogramm-Mechanismus verläuft der Schaltzug mehr an der Außenseite des Parallelogramms: kürzere Schalthebelwege, aber höhere Kräfte.

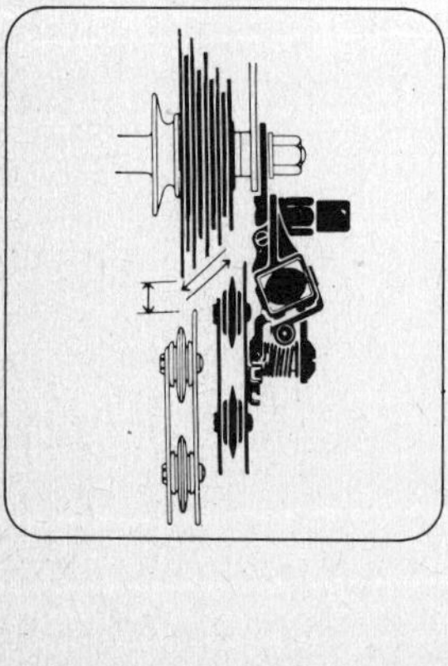

Schaltung mit Pantograph-Führung: Marke Sun-Tour der japanischen Firma Maeda. Die obere Rolle des Kettenkäfigs wandert in gleichem Abstand an der Böschung des Zahnkranzgebirges entlang. Dieser geneigte Pantograph ist ein Patent von Maeda. Die Schaltung arbeitet dadurch weicher.

Gänge können schon im Stand vorgewählt werden: Positron-400 von Shimano mit exakten Raststellungen für die 5 Gänge. Größte Zähnezahl hinten: 28. Größter Zahnwechsel vorn: 14. Servo-Panthograph-Mechanismus. 320 Gramm. Der ähnliche Schaltarm Positron-II kann bis zu 32 Zähnen schalten, wenn vorn nur *ein* Kettenblatt ist.

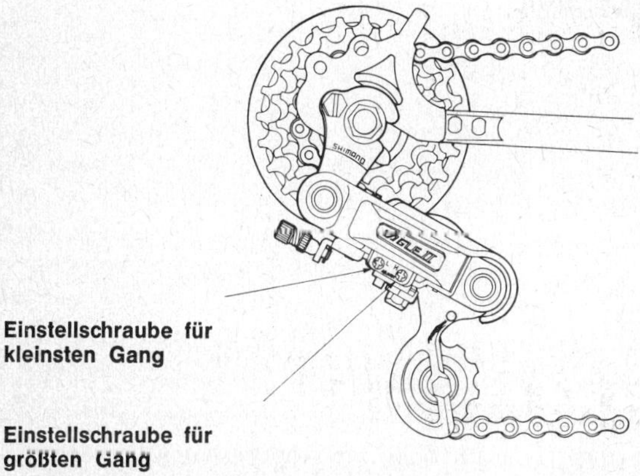

Schaltung mit Servo-Pantograph von Shimano: Unterhalb der Befestigung im Ausfallende hat sie ein gefedertes Drehgelenk, das je nach verfügbarer Kettenlänge den Kettenkäfig und damit die obere Rolle so bewegt, daß sie stets in gleichem Abstand von den Kettenritzeln läuft (unten links). Selbst wenn jemand die Reihenfolge der Kettenritzel vertauschte, würde die Rolle getreu folgen (unten rechts).

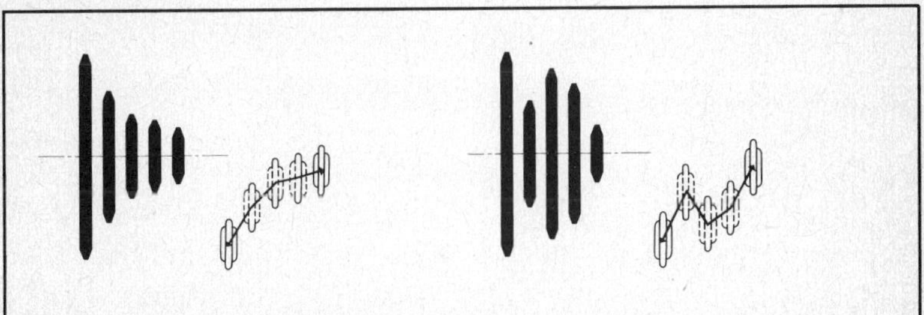

Zwei Spitzenschaltungen für die Radtouristik: Sun-Tour Cyclone GT (links) und Huret Duopar. Modernste Kaltschmiedetechnik und Legierungen ermöglichen das geringe Gewicht von 190 bzw. 265 Gramm. Die langen Kettenkäfige können bis 34 Zähne hinten aufschalten und ermöglichen auch große Zahnunterschiede bei den Frontkettenblättern.

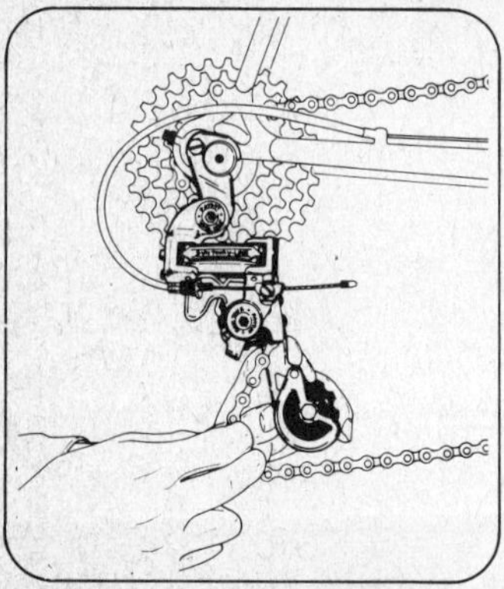

Bei den meisten Schaltungen ist die Kette im Kettenkäfig gefangen. Bei größeren Reparaturen muß sie mit dem Kettennietentferner geöffnet werden. Ausnahmen: offener Kettenkäfig bei Sun-Tour (links) und aufklappbarer Kettenkäfig bei dem Schaltarm 600 EX von Shimano.

Rennfahrer können ihn nicht brauchen, aber jeder Fahrer, der im Sitzen die heimatliche Steigung hinauftreten will: Fünffach-Zahnkranz FC-300 von Shimano. 14 – 17 – 22 – 28 – 34 Zähne ergeben einen Übersetzungsbereich von 2,43. Zur Schalterleichterung ist bei den großen Ritzeln jeder 2. Zahn ausgelassen (alternate teeth). ►

Schmale Schaltungsketten haben kein Kettenschloß – hat man bisher geglaubt. Das «Super-Link» aus Messing läßt sich aufschrauben; der Schraubenzieher paßt in den Geldbeutel. Bei Radsportversand Brügelmann, Frankfurt a. M. Etwa DM 12,–. (Mitte)

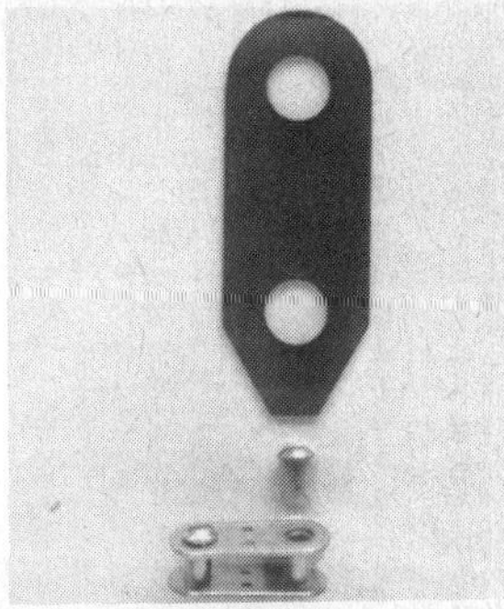

Die Kette ist immer noch der Fahrradantrieb, der die Energie am wirkungsvollsten auf das Hinterrad überträgt. Von oben: Sun-Tour Ultra, extrem schmal, Nieten stehen nicht über – mit ihr kann ohne Umbauten der Sun-Tour 6-fach-Zahnkranz eingebaut werden. Schaltungskette von Union. Uniglide-Kette von Shimano mit gewölbten Laschen, um das Schalten zu erleichtern. ▼

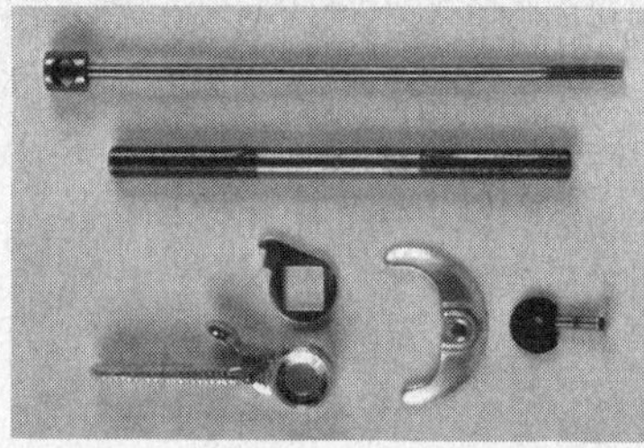

Der Leerlauf fürs Fahrrad ist da: Kettenaufhänger-Baukasten von Campagnolo, etwa DM 60,–. Während der Fahrt bringt man den Schalthebel in die extra gesicherte Leerlaufstellung. Die Kette springt auf den halbmondförmigen Aufhänger und bleibt dort. Wenn man dann anhält und den Schnellspanner umlegt, fällt einem das Hinterrad ohne Kette entgegen. Gut für Autotransport ohne Hinterrad.

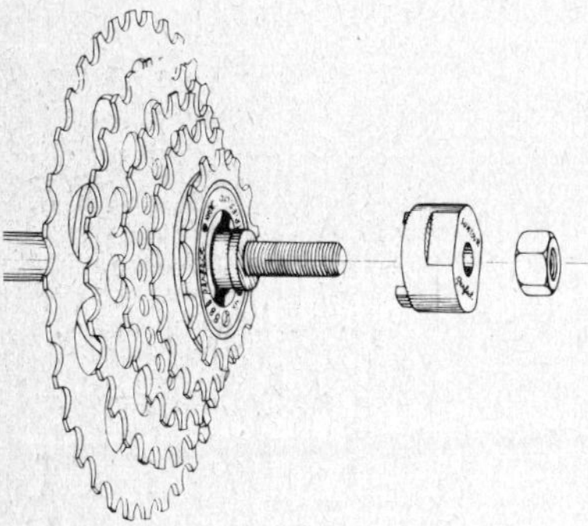

Der Freilauf steckt im Zahnkranz. Will man den Zahnkranz gegen den Uhrzeigersinn abschrauben, macht es daher nur «Klick-Klick-Klick». Ein spezieller Abnehmer muß passend zum Modell gekauft werden, um ihn im Schraubstock abschrauben zu können.

In seltenen Fällen kann man mit der Feile in der Hand sein Fahrrad auf den neuesten Stand der Technik bringen: Wo die Kurbeln im Totpunkt stehen und am wenigsten Spannung auf der Kette ist, sind zwei Zähne verkürzt, um das Abspringen der Kette zu erleichtern (Shimano).

An der rechten Kurbel sind die Kettenblätter befestigt. Für die besseren Versionen gibt es Kettenblätter zum Auswechseln. Für die billigeren zwar auch, aber die sind nicht zum Nachrüsten gedacht und kommen deshalb nicht in den Handel.

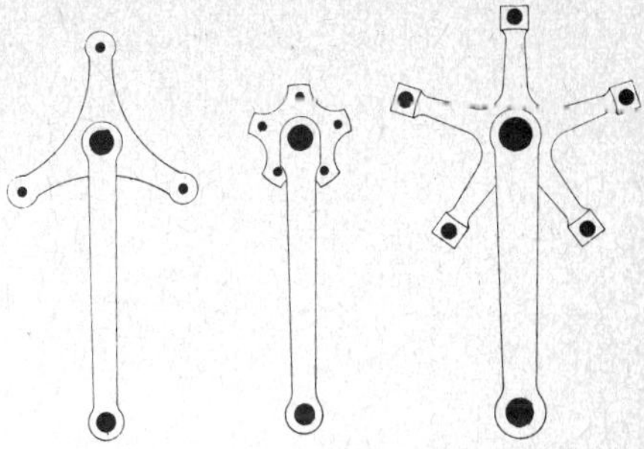

Wer sein altes Fahrrad liebgewonnen hat, aber ab sofort mit Kettenschaltung fahren möchte, kann jetzt problemlos umrüsten: Leichtmetall-Kettenradgarnitur von Thun für Keilbefestigung, mit schwarz-eloxiertem Schutzring. Zähnezahlen 52 und 42, Kurbellänge 170 mm, 0,84 Kilogramm. War vorher eine Stahlgarnitur vorhanden, ist die Gewichtersparnis beträchtlich.

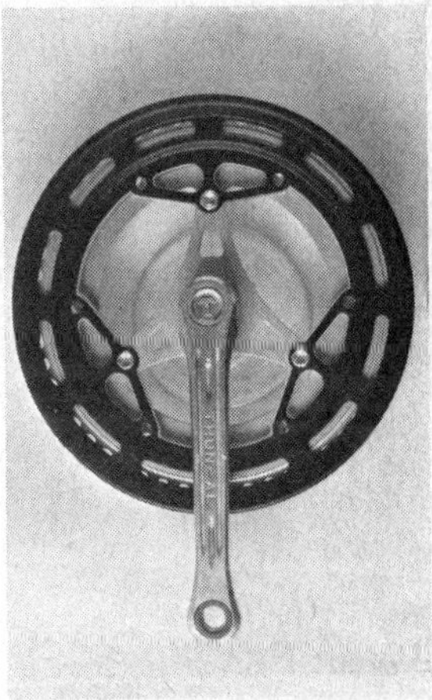

Freundin der Knöchel: Sicherheitskurbel Shimano 600 EX mit zurückgesetztem Kopf. Die Inbusschraube gestattet zugleich, die Kurbel ohne besonderen Abzieher abzuziehen. (Unten rechts)

Wessen Knöchel hatte nicht schon unangenehme Bekanntschaft mit ihm gemacht: dem Befestigungskeil im Keiltretlager. Keile schlechter Qualität sind extrem schwierig zu entfernen – es gibt da Sonderwerkzeuge, die an den Zahnarzt erinnern. Glocken- oder Thompson-Tretlager. ▼

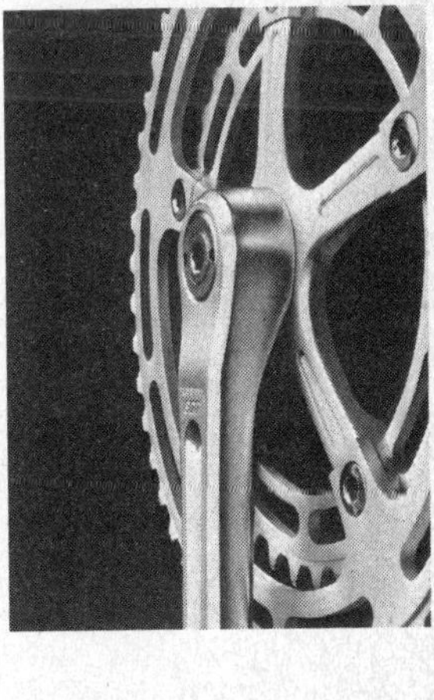

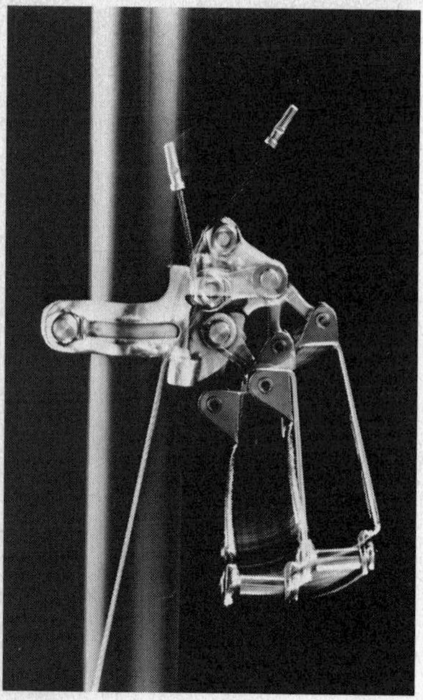

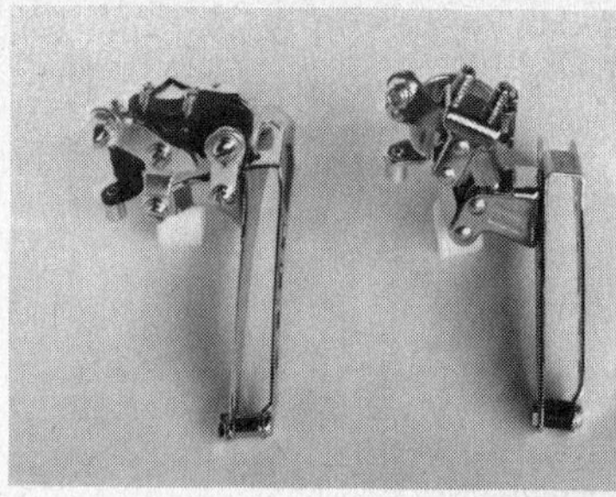

Oben: Die vorderen Kettenumwerfer haben keine rotierenden Teile. Ihre Schaltkapazität ist dadurch bestimmt, wie klein das kleinere vordere Kettenblatt sein darf, ohne daß die Kette an der Rolle reibt.

Links: Der Trapez-Schwenkmechanismus der neuen Frontumwerfer von Shimano gibt der Kette noch einen freundschaftlichen Tritt, statt sie bloß gegen das größere Kettenblatt zu quetschen wie die Parallelogramm-Führung.

Links: Die Bandage des Daumenschalters «Mighty Shifter» von Sun-Tour wird mit einer Kreuzschlitzschraube gespannt. Danach kann der Schaltzug eingefädelt werden.

Rechts: Bevor ein Daumenschalter eingebaut wird, muß der Gummigriff abgezogen werden. Mit heißem Wasser wird der Gummigriff geschmeidig gemacht, so daß er leicht abgezogen werden kann.

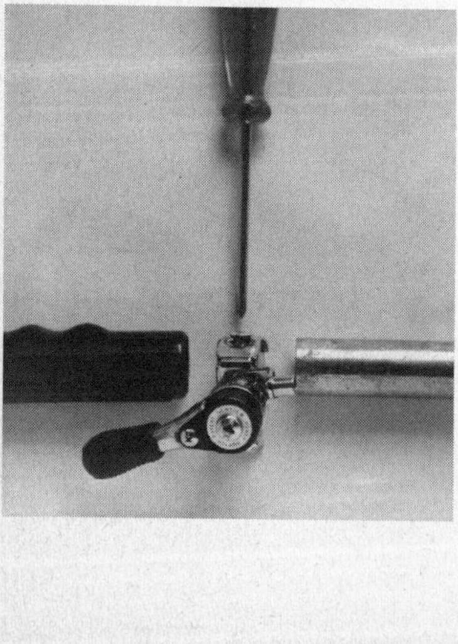

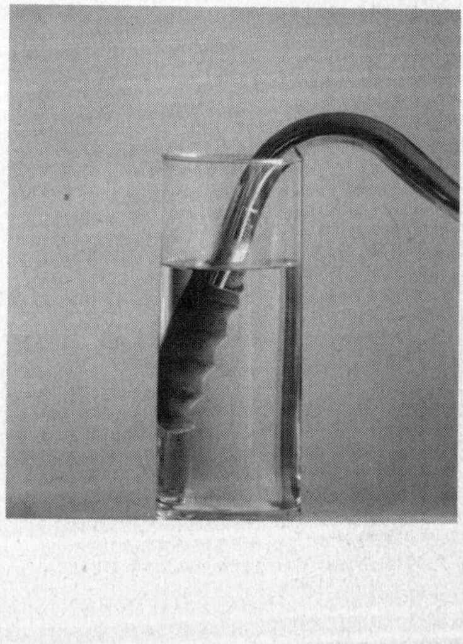

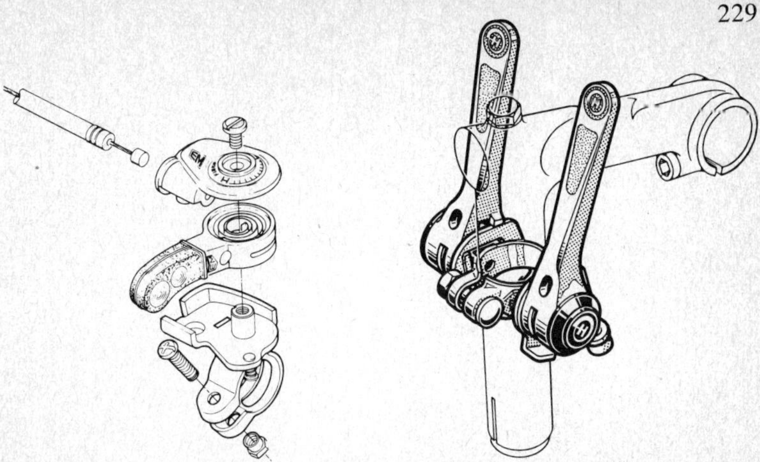

Links: Mit dem Daumen zu bedienen, ohne die Hand vom Griff zu nehmen: Daumenschalter Positron-EM des Positron-Systems von Shimano. Die Raststufen befinden sich im hinteren Kettenumwerfer. Bezugsquellen bei Lange & Co. Rechts: Je näher die Schalthebel bei der Griffposition sind, desto besser: Huret Ratchet für Lenkerkopfmontage. Ein Ratschenmechanismus mit vielen Positionen macht die üblichen Klemmschrauben überflüssig.

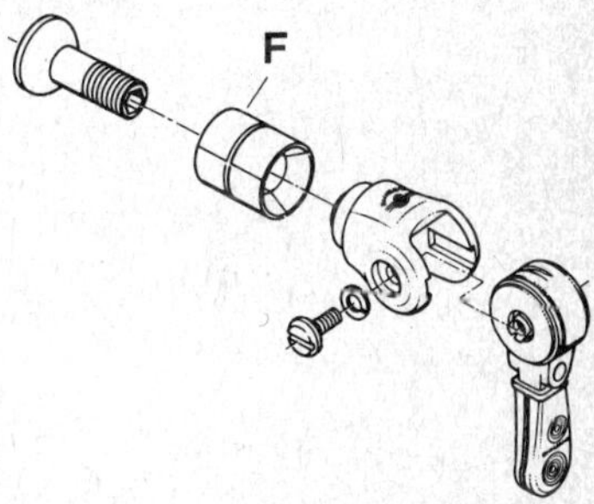

In die Enden von Randonneur- oder Rennbügeln einzubauen: Cross-Hebel von Shimano. Die eingebaute Feder fängt den Zug der Feder im hinteren bzw. vorderen Umwerfer auf. Dadurch ist weiches Schalten möglich, ohne daß die Hände vom Lenker genommen werden müssen. Paar etwa DM 15,– bei Radsportversand Brügelmann.

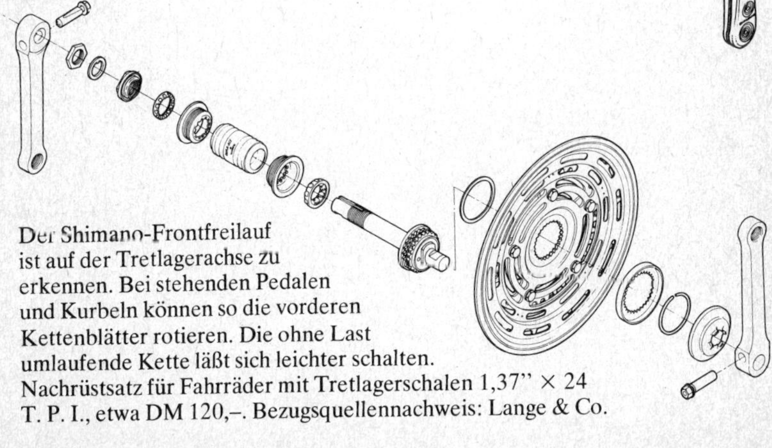

Der Shimano-Frontfreilauf ist auf der Tretlagerachse zu erkennen. Bei stehenden Pedalen und Kurbeln können so die vorderen Kettenblätter rotieren. Die ohne Last umlaufende Kette läßt sich leichter schalten. Nachrüstsatz für Fahrräder mit Tretlagerschalen 1,37" × 24 T. P. I., etwa DM 120,–. Bezugsquellennachweis: Lange & Co.

Umrüsten auf elliptisches Kettenblatt ist einfach, wenn man in die USA schreibt: Mr. Durham, 3944 Marathon Street, Los Angeles, CA 90029, liefert jede Befestigung nach Zeichnung. Er hat Alu-Ellipsen mit 48, 52, 54, 56 und 60 Zähnen. Gegen Voreinsendung von 30 Dollar kommt das Kettenblatt als Luftpostbrief ins Haus. Elliptisches Kettenblatt von Puch für Drei-Arm-Befestigung (unten). Elliptische Kettenblätter werden so eingebaut, daß beim Niedertreten der Radius groß, mit der Kurbel im Totpunkt der Radius klein ist: also große Achse senkrecht zu den Kurbeln. Ein elliptisches Kettenblatt mit dieser Kurbelanordnung vereinigt in sich zwei Kettenblätter: a = ein großes beim Niedertreten und b = mit den Kurbeln in den Totpunkten ein kleines. Für 2,38-mm-Kette.

Karosserien fürs Fahrrad sind bei höheren Geschwindigkeiten sinnvoll, wo der mit der Geschwindigkeit zunehmende Luftwiderstand an Bedeutung gewinnt – aber im Rennsport verboten. Die Human Powered Vehicle Association veranstaltet daher jährlich eigene Wettbewerbe auf einem Flugplatz. Die «Aeroshell» (Abb. oben) und der Fahrer Ralph Therrio hält mit 79,5 km/h den Rekord unter den Aufrechtfahrern über 200 m bei fliegendem Start. Den Weltrekord nach Renn-Reglement hält O. Phakadze (UdSSR) mit 67,2 km/h.

Unterhalb der Gangtabelle der Positron-Schalter mit den Rast-Stellungen: H(igh)-4-3-2-L(ow). Der Schalthebel links für den Frontumwerfer ist eine Ausführung, die nicht rastet.

Wer eine Rücktrittbremse fährt, braucht nicht weiterzulesen. Rücktrittbremsen sind so ziemlich das wartungsfreieste am Fahrrad. Kettenschaltungen verlangen aber nach anderen Bremsen.

Die Felgenbremsen sind vom Prinzip her ideal, der Ärger kommt im Detail. Während die teureren Modelle exakt funktionieren, sind bei den billigeren Kompromisse erkennbar. Die Rennfahrer benutzen überwiegend *Seitenzugbremsen*, die für Räder ohne Schutzbleche mit kurzer Ausladung gebaut werden können. Bei Notbremsungen zeigen sie harte und starke Bremswirkung. Die Mittelzugbremsen werden mehr für Räder mit Schutzblechen gebaut und haben eine größere Reichweite. Infolgedessen ist die Bremszange flexibler und die Bremswirkung weicher. Selbst bei gut eingestellten Bremsen geht ein Großteil des Bremsmoments durch Reibung in den Bremszügen, Flexibilität der Bremszüge und Verwindung der Bremszange verloren. Extra starke Bowdenzüge und Hüllen sind der Sicherheit wegen ein Muß. Beim Motorzweirad gibt es kunststoffbeschichtete Bremszüge, die wartungsfrei gleiten.

Infolge schneller Abnützung der Bremsgummis müssen Felgenbremsen laufend nachgestellt werden. Die üblicherweise vorgesehene Mutter plus Kontermutter sind meist so schwergängig, daß die Nachstellung von Hand unterbleibt. Eine Verbesserung dieser Situation ist die Semi-Automatic-Mutter von Weinmann, die bequem verstellt werden kann (allerdings auch, während man das Fahrrad irgendwo parkt). Noch weitergehend sind die Selbstnachstell-Vorrichtungen im Bremshandhebel von Raleigh – oder an der Bremszange von Shimano: Eine Spannmutter unter Federdruck rutscht nach, sobald beim Bremsen der Bremszug schlaffer wird.

Felgenbremsgummis sollte man nicht zu lange benutzen, da sie mit der Zeit aushärten und schlechtere Reibung zeigen. Einigermaßen gefährlich sind die einseitig offenen Bremsschuhe, die – falsch eingebaut – dazu führen können, daß bei einer Notbremsung die Gummis nach vorne herausgeschlagen werden. Die Sicherheitsnorm DIN 79100 verlangt, daß die Bremsklötze weder beim Vor- noch Rückwärtsbewegen des Fahrrads herausfallen können.

Backenbremsen (Trommelbremsen) sind vom Auto her bekannt. Wenn sie nicht naß werden, sind sie Felgenbremsen bei Nässe überlegen. Sie sind gegenwärtig noch erheblich leichter als die Scheibenbremsen fürs Fahrrad. Allerdings neigen sie zum Quietschen. Dieses Problem scheint durch die Dinex-Bremse von Bridgestone gelöst zu sein.

Scheibenbremsen haben eine bessere Wärmeabführung als die Backenbremsen und Felgenbremsen. Allerdings wird die Nabe, wenn noch ein Zahnkranz auf der anderen Seite steckt, recht schmal, so daß zur

Erhaltung der Stabilität bei großen Rädern extraschwere Speichen genommen werden sollten.

Die *Handbremshebel* sind oft für Kinder kaum greifbar. Die Sicherheitsnorm DIN 79100 verlangt einen Handhebelabstand von mindestens 62 mm bei Kinderfahrrädern, was aber für die meisten immer noch zuviel ist. In Frankreich, wo die Kinder ohne Rücktritt fahren, hat man den Kinder-Bremshebeln etwas mehr Augenmerk gewidmet. Letztlich aber sind es Hebelgesetz und Energiesatz, die bessere Kinderbremshebel vereiteln. Für die Randonneur-Bügel sind, wenn sie oben gegriffen werden, die «Guidonnets» praktisch. Es gibt sie auch in Kindergröße. Beim Benutzen der sog. Sicherheitsbremshebel am Rennlenker sollte man immer daran denken, daß der eigentliche Bremshebel und der Sicherheitshebel verschiedene Wege bis zum Anschlag haben können.

Bremstechnik

Genau wie die Motorradfahrer müssen auch Radfahrer stets damit rechnen, bei einem ungeschickten Bremsmanöver die Kontrolle über ihr Fahrzeug zu verlieren. Durch vorausschauende Fahrweise muß man versuchen, in kritische Verkehrssituationen erst gar nicht verwickelt zu werden. Bei Trockenheit ist der Bremsweg in etwa mit dem der Kraftfahrzeuge vergleichbar, das heißt, es empfiehlt sich, einen Sicherheitsabstand einzuhalten, der gleich der Tachoanzeige in Metern ist. Bei Nässe sollte man ihn für ein Fahrrad mit Felgenbremsen verdoppeln.

Die praktisch wartungsfreie *Rücktrittbremse* soll man nicht bis zum Blockieren des Hinterrads treten. Wie bei allen Fahrzeugen bremst ein noch rollendes Rad besser (400 %) als ein radierendes. Da sich aber mit einsetzender Verzögerung das Fahrradgewicht aufs Vorderrad verlagert, ist das bremsende Hinterrad nicht sehr wirkungsvoll. Es liefert eine Verzögerung von etwa 0,3 g. Auf langen Bergabfahrten mit dauerndem Bremsen kann die Nabe extrem heiß werden. Die Schmierung kann dabei so dünnflüssig werden, daß der interne Bremsmantel zu «fressen» anfängt. Heiße Nabe keinesfalls mit kaltem Wasser abschrecken. Durch einseitiges Zusammenziehen der abkühlenden Nabe kann sie zeitweise festgehen.

Die *Felgenbremsen* sind dagegen keineswegs wartungsfrei, sondern verlangen mitdenkende und besonnene Fahrer. Sie sind die Quelle ständiger Einstellarbeiten. Die Übertragung der Bremskraft hängt hier von vielen Faktoren ab: Unzureichend geschmierte Bremszüge und Bremszangen – abgefahrene, schlecht justierte oder lockere Bremsklötze, altersgehärteter Gummi – Verformung der Bremszüge und Bremszangen. Alle diese Effekte können dazu führen, daß nur noch die Hälfte des

Bremsmoments am Bremshebel bei den Bremsklötzen ankommt. Wenn man den Abstand der Bremsklötze von der Felge, der mit zunehmender Abnützung größer wird, nicht nachstellt, kann es schließlich dahin kommen, daß der Handbremshebel am Lenker anschlägt, bevor die volle Bremswirkung eintritt. Diesem Mangel begegnen die Selbstjustiereinrichtungen von Raleigh und Shimano.

Die Vorderradbremse ist beim Zweirad wirksamer als die Hinterradbremse, da das Vorderrad beim Verzögern noch stärker belastet wird. Aber auch hier ist das Blockieren zu vermeiden, da nicht nur die Lenkbarkeit bei radierendem Vorderrad verlorengeht, sondern auch unter ungünstigen Bedingungen mit einem Überschlag gerechnet werden muß. Gegenüber dem Auto hat das bemannte Fahrrad ja einen hochliegenden Schwerpunkt und kürzeren Achsabstand. Mit einem schweren Rucksack bergab fahrend sollte man daran denken und die Vorderradbremsung entsprechend dosieren. Ohnehin wird man mit Vorderrad- und Hinterradbremse gleichzeitig bremsen.

Bei Nässe zeigen sich die Felgenbremsen von ihrer schlechtesten Seite – die Bremswirkung kann bis auf ein Zwanzigstel des trockenen Wertes sinken. Selbst wenn man sich darauf verläßt, daß durch rechtzeitiges Bremsen die Felgenseiten trocken laufen werden, ist die Bremswirkung insgesamt nur halb so groß wie im ganz trockenen Zustand. Und wer garantiert bei einer Notbremsung, daß die Felge nicht sogar während des Bremsens wieder naßgespült wird? Also zwanzigfache Vorsicht bei Nässe. Felgenbremsen am abgestellten Fahrrad sind jedem Spaßvogel zugänglich. Man mache es sich zur lebenserhaltenden Regel, bei jedem Losfahren auf dem Fahrrad kurz eine Probebremsung vorn und hinten durchzuführen. Ein Nachbar erlitt einen Schädelbruch, als er zu spät bemerkte, daß ihm in der eigenen Garage die Bremsklötze abmontiert worden waren.

Unabhängig vom Bremsentyp ist die Reibung des Reifens auf der Straße ein weiterer Faktor. Beim Bremsen in der Kurve ist zu berücksichtigen, daß ein Teil der Reifenreibung schon dafür gebraucht wird, das Fahrrad auf Kurs zu halten. Bei einem Regenguß bilden Regenwasser und Abrieb auf der Straße einen schlüpfrigen Film, der die Reibung um mehr als die Hälfte senkt – zu berücksichtigen beim Lenken und Bremsen. Wenn die Straße dann reingewaschen ist, muß man bei schnellen Abfahrten an das Aquaplaning denken. Weitere Anzeichen für bevorstehende Gefahren: nasse Blätter, Schlammüberzug, Ölflecken, Rollsplitt, Sand, Heu oder Stroh auf der Straße. Der Radfahrer lernt, die Straße vor sich abzusuchen, lang bevor sie unter dem Vorderrad durchläuft.

Bei langen Bergabfahrten sollte man abwechselnd und nur kurz bremsen. Die Felgen können nämlich so heiß werden, daß vor allem aufgekittete Schlauchreifen sich lösen können – mit katastrophalen Folgen. Auch Hochdruck-Drahtreifen sind da nicht sicher: Zu stark erhitzt können die Schläuche platzen.

Links. Bremsentest im Labor. Entwicklungsabteilung der Firma Weinmann. Rechts: Bremsen-Testfahrrad bei künstlicher Nässe. Entwicklungsabteilung der Firma Weinmann.

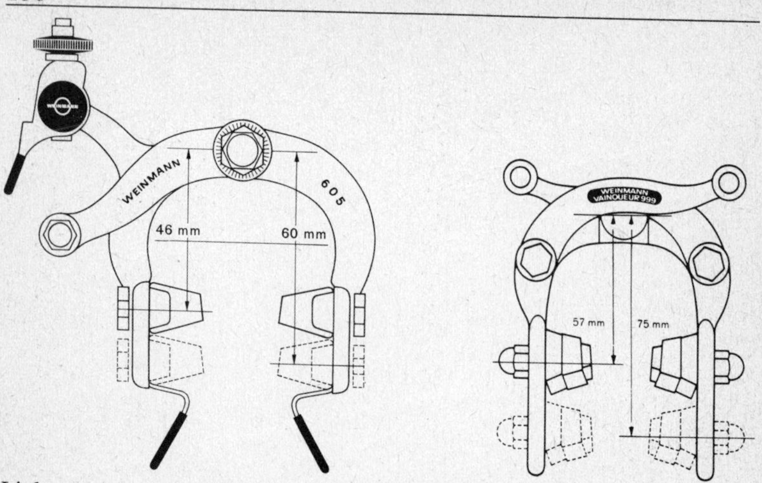

Links: Aufwendigere Seitenzugbremse Nr. 605 von Weinmann. Der Schnellauslöser links oben läßt die Bremsbacken auseinanderklaffen, damit beim Radausbau der Reifen die Gummiklötze passieren kann, ohne sie aus den Bremsschuhen zu heben. Beim Radeinbau sind zum selben Zweck die Radeinführhilfen sinnreich. Paar mit Rennhandhebeln etwa DM 55,–. Rechts: Weinmann-Mittelzugbremse Vainqueur, Modell 750. Die Zangenarme bis zu den Drehpunkten sind kürzer als bei einem vergleichbaren Seitenzug-Modell und daher verwindungssteifer. Paar mit Handhebeln etwa DM 20,–.

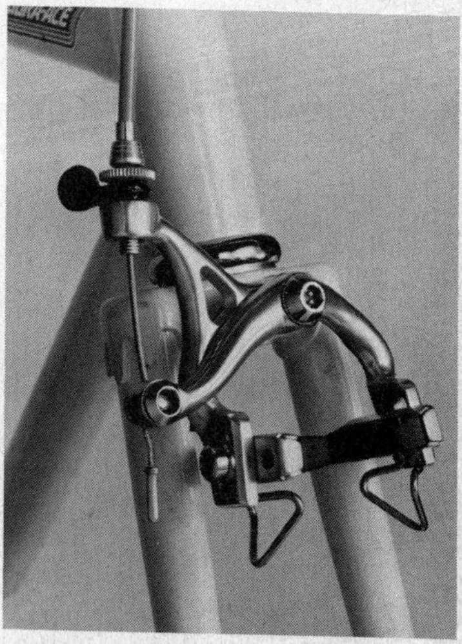

Extrem kurze Rennbremsen bilden eine verwindungssteifere Zange, aber für Schutzbleche ist kein Platz mehr. Alle Einstellungen mit 6-mm-Inbusschlüssel; Schnellauslöser. Shimano Dura-Ace-Ex, Paar etwa DM 210,–.

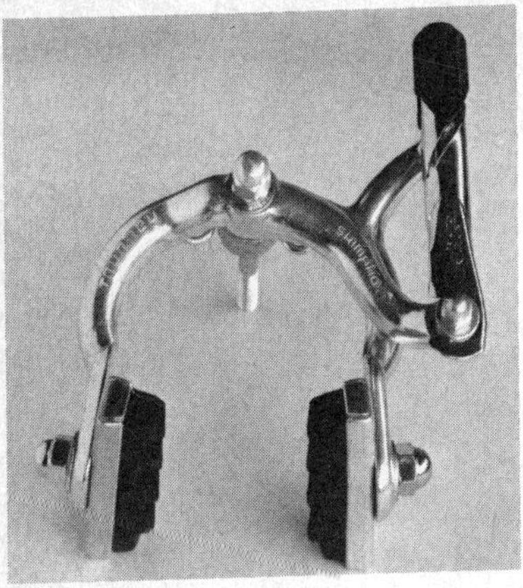

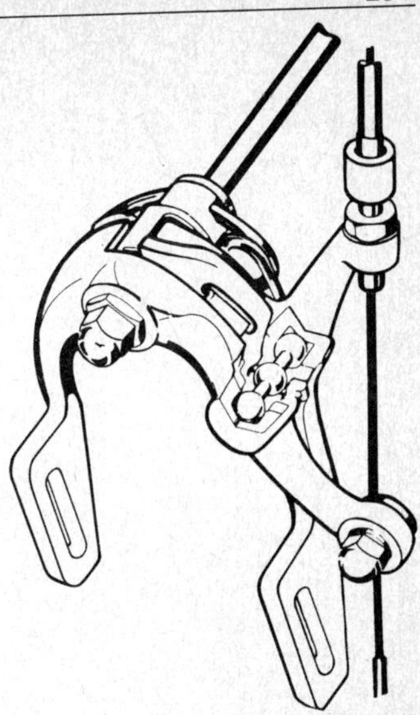

Links: Selbstnachstellung Shimano «Auto Adjust» an einer Seitenzugbremse (Shimano Tourney). Der Mechanismus kann auch einzeln bezogen werden. Rechts: Das Problem der einseitig schleifenden Felgenbremse ist gelöst: selbstzentrierende Felgenbremse SC der japanischen Firma Bridgestone. Einmal eingestellt, sorgt das hantelförmige Gebilde dafür, daß die Bremsschuhe immer symmetrisch zur Felge stehen. Paar etwa DM 40,– bei Jung & Volke, Postfach 4534, 4000 Düsseldorf.

Unten:

Links: Es besteht ein Trend, fertig montierte Bremsklötze als Ersatz anzubieten. Von links: Altenburger Bremsklotz, darunter Bremsklotz Dura Ace. Matthauser Bremsklötze, geklebt, gekrümmt und mit Kühlfinnen. Darunter: Fibrax Chromle-der-Bremsklotz, rechts oben: Bremsklotz mit Drehung um eine Achse (Pouliquen), darunter: loser Bremsgummi von Weinmann. Rechte Abbildung: Bremskraftverstärker Racer fürs Fahrrad von Mafac. Wird wie ein gewöhnlicher Bremsschuh installiert. Beim Bremsen reißt die Felge den abgeschrägten Bremsgummihalter nach vorn, wodurch die Bremszange auseinandergezwängt wird. Für gleichen Bremsweg ist dabei die erforderliche Kraft am Handbremshebel nur halb so groß. Gut auch für Tandems.

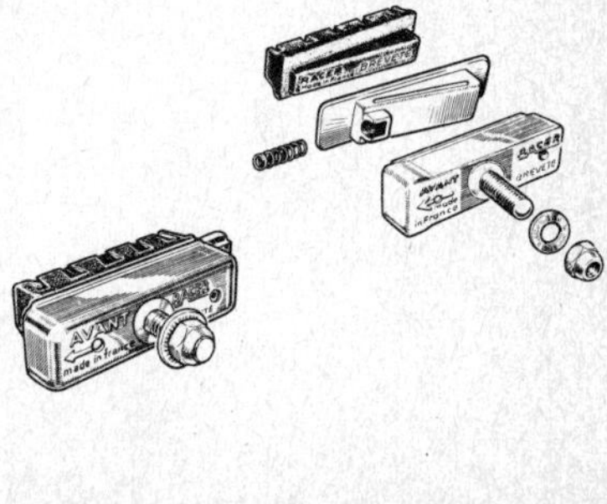

DIN 0079100:

Der Handhebelabstand ist der Abstand von der Mittellinie des Lenkerbügels zum Mittelpunkt der äußeren Grifffläche des Bremshebels in nicht gebremsten Zustand.

Der Handhebelabstand darf 75 mm, bei Kinderfahrrädern 62 mm, nicht überschreiten.

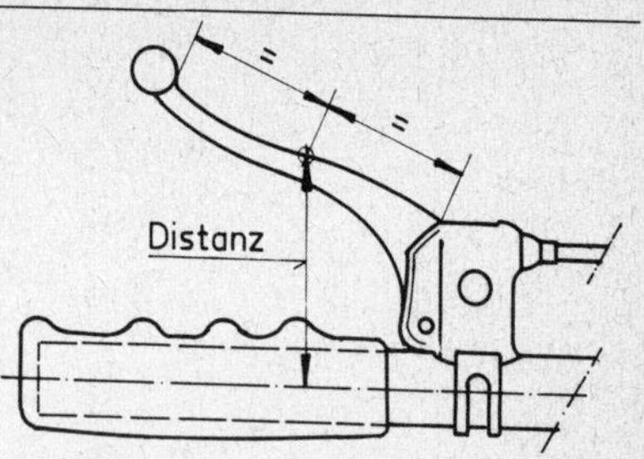

Für den Meister in der Fahrradfabrik gut zu greifen, aber nicht für die Kinder zu Hause. Kinderbremshebel sind für Kinder meist schlecht zu greifen.

Links: Backenbremse SBF von Sturmey-Archer fürs Vorderrad, 0,7 Kilogramm. Die Backenbremse V 705 von Fichtel & Sachs wiegt 0,83 Kilogramm. Etwa DM 20,–. Rechts: Hinterrad-Backenbremsnabe von Maillard für Tandems. Nimmt auf der Rückseite einen Fünffach-Zahnkranz auf.

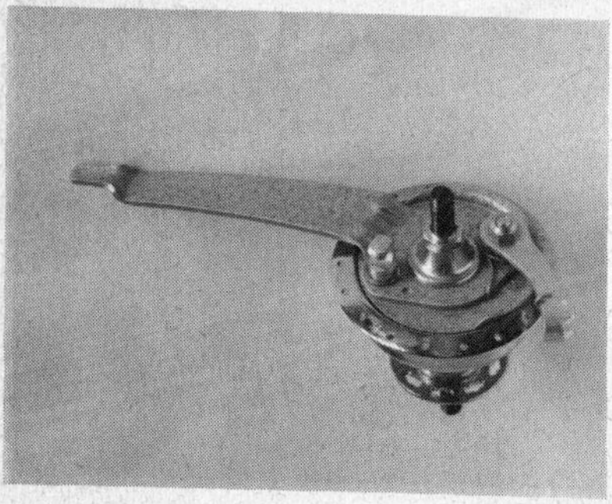

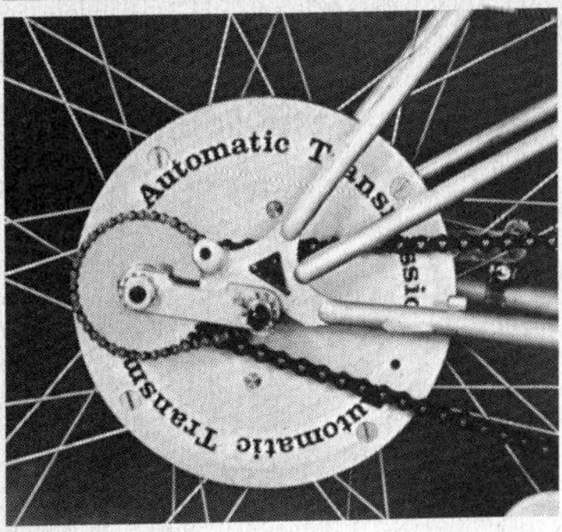

Die vollautomatische Nabenschaltung, die sich nach der Kurbeldrehzahl und dem Drehmoment einstellt, wird in den USA bereits in Fahrräder eingebaut. Entwickelt von der Firma AVCO, gefertigt bei der Bicycle Transmission Corporation of America, 1355 Central Street, Leominster, HA 01453.

Bei Nässe sind Scheibenbremsen den Felgenbremsen überlegen. Scheibenbremse von Shimano mit Selbstnachstellung. Mit Nabe für Fünffach-Zahnkranz, 1,4 Kilogramm. Etwa DM 60,–.

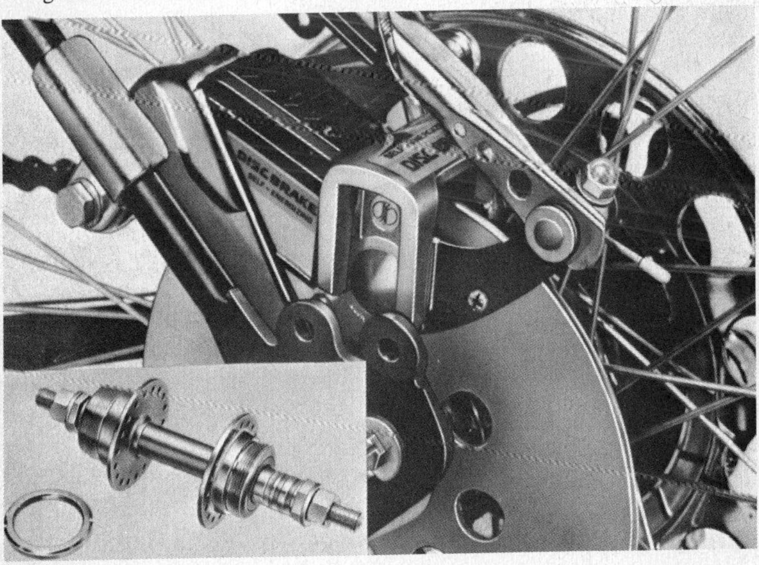

Beleuchtung:

Intelligentes Zubehör fürs Fahrrad ist in der Bundesrepublik Deutschland Mangelware geworden – das Ausland hat es nie aus dem Auge verloren. Die Bestimmungen für die Beleuchtungsanlage sind gerade (1978) im Fluß. Es scheint sich die Bordbatterie, wenigstens fürs Schlußlicht, durchzusetzen.

§ 67 der StVZO, Referentenentwurf (1978):

Lichttechnische Einrichtungen an Fahrrädern. (1) Fahrräder müssen mit einem nach vorn wirkenden Scheinwerfer für weißes Licht ausgerüstet sein. Der Lichtkegel muß mindestens so geneigt sein, daß seine Mitte in 5 m Entfernung vor dem Scheinwerfer nur halb so hoch liegt wie bei seinem Austritt aus dem Scheinwerfer. Der Scheinwerfer muß am Fahrrad so angebracht sein, daß eine unbeabsichtigte Verstellung nicht eintreten kann. Bei elektrischer Fahrradbeleuchtung sind nur Lichtanlagen für 3 W Nennleistung zulässig

(2) Fahrräder müssen an der Rückseite mit einer Schlußleuchte für rotes Licht und mit mindestens einem roten Rückstrahler ausgerüstet sein. Der untere Rand der Schlußleuchte muß mindestens 250 mm, der untere Rand des Rückstrahlers darf nicht höher als 600 mm über der Fahrbahn liegen. Schlußleuchten und Rückstrahler dürfen zu einem Gerät vereinigt sein. Beiwagen von Fahrrädern müssen mit einem roten Rückstrahler versehen sein. Satz 2 gilt entsprechend. «Die Anbringung eines nach vorn wirkenden weißen Rückstrahlers ist zulässig.» Satz (2a) lautet: «Fahrräder dürfen an der Rückseite mit einer zusätzlichen, auch im Stand wirkenden Schlußleuchte für rotes Licht ausgerüstet sein. Diese Schlußleuchte muß unabhängig von den übrigen Beleuchtungseinrichtungen einschaltbar sein.»

(3) Fahrradpedale müssen mit nach vorn und nach hinten wirkenden gelben Rückstrahlern versehen sein; nach der Seite wirkende gelbe Rückstrahler sind zulässig.

(3a) «Fahrräder müssen an den Längsseiten mit nach beiden Seiten wirkenden gelben Speichenrückstrahlern am Vorderrad und am Hinterrad oder
ringförmig zusammenhängenden retroreflektierenden weißen Streifen an den Reifen des Vorderrades und des Hinterrades oder
festangebrachten, ständig wirksamen gelben Rückstrahlern im Bereich des Vorderrades und des Hinterrades nicht höher als 700 mm (höchster Punkt der leuchtenden Fläche) über der Fahrbahn und mit gelben Speichenrückstrahlern am Vorderrad ausgerüstet sein. Zusätzlich zu der Mindestausrüstung mit einer Absicherungsart dürfen beliebige Sicherungsmittel aus den beiden anderen Absicherungsarten verwendet werden.»

(4) An Fahrrädern dürfen nur die vorgeschriebenen und die für zulässig erklärten Beleuchtungseinrichtungen angebracht sein; als Beleuchtungseinrichtungen gelten auch Leuchtstoffe und rückstrahlende Mittel. Die Beleuchtungseinrichtungen müssen vorschriftsmäßig angebracht und ständig betriebsfertig sein; sie dürfen weder verdeckt noch verschmutzt sein. Verdecken hinter Fahrrädern mitgeführte Anhänger die Schlußleuchte oder den roten Rückstrahler, so müssen die Schlußleuchte oder der Rückstrahler auch am Anhänger angebracht sein.

(5) Die Anbringung von Fahrtrichtungsanzeigern für gelbes Licht ist zulässig. Die Seiten der Fahrräder dürfen durch weiße rückstrahlende Mittel zusätzlich kenntlich gemacht sein.

(6) «Der Fahrradscheinwerfer darf nur zusammen mit der Schlußleuchte nach Absatz 2 einschaltbar sein.»

(7) In den Scheinwerfern und Leuchten dürfen nur die nach ihrer Bauart dafür bestimmten Glühlampen verwendet werden.

(8) Rennräder sind für die Dauer der Teilnahme an Rennen von den Vorschriften der Absätze 1 bis 7 befreit.

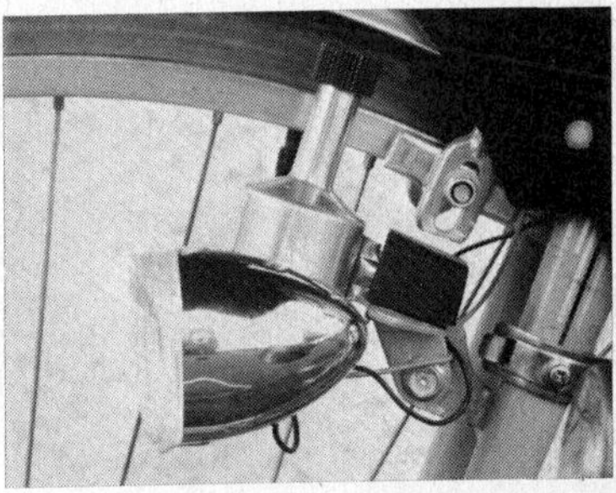

Links: Union-Dynamo mit Sprühschutz. Der Lichtmaschinenhalter ist an die Vordergabel angeschweißt. Rechts: Kombinierte Union Nonox-Anlage zur nachträglichen Ausrüstung von Rennrädern, auch wenn keine Anschweißlasche vorhanden. Eine eingebaute Diode verhindert, daß bei zu schneller Fahrt die Birnchen durchbrennen. Etwa DM 20,–.
Unten:
Links: Der Nabendynamo von Sturmey-Archer läuft immer mit, schwergängig wird er erst, wenn man den Scheinwerfer einschaltet. Von Rennsportlern zum Trainieren benutzt, da sie hierzu nur das Vorderrad zu wechseln brauchen. Komplettes Vorderrad etwa DM 75,– (Brügelmann, Frankfurt). Rechts: «Die Anbringung von Fahrtrichtungsanzeigern für gelbes Licht ist zulässig»: Mofa-Blinkanlage von Pagani mit 10-Watt-Blinkern. Der Akku kann unterm Sattel am Sattel am Sattelklemmbolzen befestigt werden. Etwa DM 80,–. Die sonst erhältlichen Fahrrad-Blinker sind gefährlich, weil die Kinder glauben, sie würden damit bei Tage gesehen.

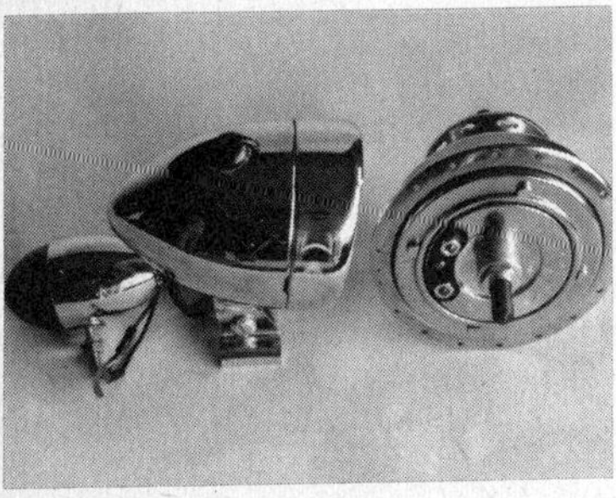

Anhang

Adressenliste von Firmen, deren Produkte in diesem Buch erwähnt sind

Altenburger KG, 7893 Jestetten/Baden
Angénieux CLB S. A., siehe Ingrid König
Arosos, Walter Hagen & Co GmbH, Pestalozzistr. 25, 4150 Krefeld
Atax-Philippe, siehe Eugen Stier & Co
Augusta Radsport-Vertriebs-GmbH, Postfach 112329, 8900 Augsburg

Belleri, siehe Ingrid König
Bieleveldt B. V., Postbus 54, Terborg, Holland
Bluemel, siehe Ingrid König
Ralf Bohle & Co, Postfach 1325, 5275 Bergneustadt 1
Bridgestone van Beek, Springweg 14, Utrecht, Holland

Campagnolo, siehe Eugen Stier & Co
Cannondale, 35 Pulaski Street, Stamford, Conn. 06902, USA
Christophe, siehe Max Vorbauer
Cinelli, siehe Eugen Stier & Co.
Clement, siehe Eugen Stier & Co.
Cyclo-Ateliers de Champirol, F-42270 St. Priest-en-Jarez
Cyclo-Pedalversetzer, siehe Holdsworthy (bei Versandhandel)

De Woerd B. V., Postfach 23, Barneveld, Holland
Paul Diekmann, Wilhelm-Busch-Straße 3, 5880 Lüdenscheid
Mr. Durham, 3944 Marathon Street, Los Angeles, CA 90029, USA

ED's Mirror, 631-A Billow Drive, San Diego, CA 92114, USA
ELDI Werkzeug Compagnie, Postfach 120224, 5630 Remscheid-Lüttringhausen
Franz Epple, Postfach 1430, 8940 Memmingen

Fichtel & Sachs AG, Postfach 1140, 8720 Schweinfurt 2

Geerinck, siehe Jung & Volke
Gitane, siehe Hübner & Koch
Ets. Goupil, B. P. 24, F-45190 Beugeancy (voraussichtl. im Großhandel)

Andrew Hague, CWM DRAW, Ebbw Vale, Gwent, Wales, Großbritannien
Willy Hakenberg, 133, Rue de Silly, F-92100 Boulogne-Billancourt
E. W. Hannington, 34 Marshland Square, Emmer Green, Reading, Großbritannien

Friedrich Hauenstein GmbH & Co KG, Postfach 2146, 8000 München 66
Walter Haverich, Postfach 3726, 4800 Bielefeld 1
Hübner & Koch, Halker Zeile 62, 1000 Berlin 49
Huret, siehe Max Vorbauer
Hutchinson, siehe Eugen Stier & Co

Idéale, siehe Eugen Stier & Co
Jung & Volke, Postfach 4534, 4000 Düsseldorf

KaWe, siehe Karl Wulfhorst
Heinz Kettler Metallwarenfabrik, Postfach 20, 4763 Ense-Parsit
Ingrid König, Vertretungen, Postfach 710529, 8000 München 71

Paul Lange & Co, Postfach 661, 7000 Stuttgart 1
Laprade, siehe Eugen Stier & Co
La Prealpina, siehe W. Meier

Maeda, siehe RTV
Maillard, siehe Max Vorbauer
Mecap, siehe Stölzle
W. Meier, Friedrichstr. 1, 7890 Waldshut

NOKIA AB, Finnische Gummiwerke, Postfach 10166, Helsinki 10, Finnland

Pagani, siehe RTV
La Prealpina, siehe W. Meier
Pedal Partner, siehe H. Wellbrock
Pivo, siehe Eugen Stier & Co
Porolastic, Büsing GmbH & Co, Postfach 43, 7410 Reutlingen

Raleigh Fahrräder GmbH, Postfach 54, 5520 Bitburg
Rampinelli, siehe Hübner & Koch
Regina Extra, siehe Augusta Radsport-Vertrieb
Ken G. Rogers, 71 Berkeley Avenue, Cranford, Hounslow, Middex, TN 4 6 LF, Großbritannien
Rocksattel, Vasad B. V. Postbox 19, Doetinchem, Holland (im Großhandel)
RTV Rennteile-Vertrieb, Haßbergstraße, 8601 Baunach

Sakae, siehe RTV Rennteile-Vertrieb
Sanyo, siehe RTV Rennteile-Vertrieb
Selle Italia, siehe Stölzle Zweiradteile GmbH
Shimano, siehe Paul Lange & Co
Simplex, siehe Willy Hakenberg
Staiger KG, Postfach 1169, 7000 Stuttgart 1
Steeco Metalwarenvabriek, B. V., Stroe, Holland
Eugen Stier & Co, Johannesstr. 11, 7000 Stuttgart 1
Stölzle Zweiradteile GmbH, Postfach 1124, 7970 Leutkirch 1

Sturmey-Archer, siehe Raleigh Fahrräder GmbH
Super-Champion, siehe Eugen Stier & Co
Sugino, siehe RTV Rennteile-Vertrieb
Sun-Tour, siehe RTV Rennteile-Vertrieb
Shallow, siehe Ralf Bohle & Co

Johann Thodt, Schwanenwik 12/14, 2000 Hamburg 76
Alfred Thun & Co GmbH, 5828 Ennepetal 13
ttt = techno tubo torino, siehe Augusta Radsport-Vertriebs-GmbH
Tunit, siehe Paul Diekmann

UNION Sils, van de Loo & Co, 5758 Fröndenberg/Ruhr

Villiger-Import, Weingartenstr. 9, CH-8803 Rüschlikon, Schweiz
Vitansel, Fiol, 7 Rue Jules-Ferrier, F-42140 Chazelles-sur-Lyon (im Großhandel)
Max Vorbauer, An der Dornwiese 1 b, 8032 Gräfelfing-Lochham
Vredestein N. V., Doetinchen, Holland

H. Wellbrock, Edgar-Roß-Str. 3, 2000 Hamburg 20
Weyer, Postfach 312, 5628 Heiligenhaus
Wolber, siehe Paul Lange & Co
Karl Wulfhorst, Postfach 3410, 4830 Gütersloh 1

Versandhandel

(Die Kataloge der Firmen per Post anfordern!)

gpi-Gesellschaft für Produkt-Innovation mbH, Saarlandstr. 110, 4600 Dortmund 1
Hera, Postfach 1/5, 8510 Fürth
Th. Mittendorf, Postfach 14, 6581 Herrstein
Quelle Fahrzeugbetrieb, 8832 Weißenburg
Radsport Leidlein, Wittelsbacher Allee 93, 6000 Frankfurt
Radsportversand Brügelmann, Philipp-Reis-Str. 83, 6000 Frankfurt 90
Rial, Altheimer Straße 4, 6800 Mannheim 52
Rufa-Sport, Hansaring 29, 5000 Köln 1
Ets. Andre Bertin, b. p. No. 4, F 62223 St-Laurent-Blangy, Frankreich
International Cycling Centre, Hookstone Park, Harrogate HG 2, 7 BZ, Großbritannien
The Holdsworthy Co Ltd., 132 Lower Richmond Road, Putney, London SW 15 ILN, Großbritannien

Rahmenbauer

Gerd Kalkühler, Hakenort 34a, 4800 Bielefeld 1
Hans Lutz, Postfach 1606, 7030 Böblingen
Th. Mittendorf, Postfach 14, 6581 Herrstein
Rowona, Rösrather Str. 671, 5000 Köln 91
Waja, Bohrainstr. 27, 7530 Pforzheim

Literaturhinweise

Bücher

Richard Ballantine: «Richard's Bicycle Book», Pan Books, London 1975
Fred Delong: «Guide to Bicycles and Bicycling», Chilton Book Co., Radnor, Pa (USA), 1978
W. Gronen, W. Lemke: «Geschichte des Radsports», Doepgen-Verlag, Eupen 1978; Gospert 7, B-4700 Eupen (Belgien)
E. Hartz: «Fahrradtechnik», Bielefelder Verlagsanstalt, 1962
Mike Hudson: «The Bicycle Planning Book», open books and friends of the earth, London 1978
M. J. B. Rauck, G. Volke, F. R. Paturi: «Mit dem Rad durch zwei Jahrhunderte (Das Fahrrad und seine Geschichte)», AT Fachverlag, Aarau–Stuttgart–Wien 1979
W. Wolf: «Fahrrad und Radfahrer» (Nachdruck der Ausgabe von 1890). Die bibliophilen Taschenbücher, Verlag Harenberg, Dortmund 1979

Zeitschrift

Le cycle (elf Ausgaben pro Jahr 110 Francs) 59, Avenue de la Grande-Armee, 75782 Paris, Frankreich
tour – rund ums rad (sechs Ausgaben pro Jahr DM 21,–), Fachverlag Lütze, Postfach 308, 7410 Reutlingen, Einzelheft DM 3,50 am Kiosk

Radwanderführer:

Benz-Widmann: Schwäbisches Radwanderbuch, J. Fink Verlag, Stuttgart 1972
Breider, T.: Radwandern im Münsterland (Pättkesführer), Aschendorff, Münster 1978
Breider, T.: Alte Wege neu entdecken, 1. Teil: Jütland, Schleswig-Holstein, Niedersachsen, Münsterland; 2. Teil: Münsterland bis Nordfrankreich, Aschendorff, Münster 1978 und 1979
Bürzer, H. P.: Radwandern in der Schweiz, Bern 1974
Maschner, F.: Mit dem Fahrrad unterwegs – Tips und Touren, Droemer, München 1975
Richardi-Ullrich: Münchner Radbuch, München 1971
Scharch, W. u. I.: Das große Radwanderbuch, Verlag Kesselring, Teningen 1972
Springgorum, L. und H. Sittl: Radeln von München aus – abseits vom Verkehr, München 1972
Viel, G.: Steig um und radle, J. Fink Verlag, Stuttgart 1971

Fahrradinitiativen

Grüne Radler Tempelhof	Peter Buckmann, Yorkstr. 84, 1000 Berlin 61
aktion grüne radler spandau	Fendler, Folkunger Str. 38, 1000 Berlin 20
Grüne Radler Berlin	Cherusker Str. 10, 1000 Berlin 62
Grüne Radler Hamburg	A. Mahlmann, Heiderstr. II, 2000 Hamburg 20
FI Kiel	M. Stoermer bei Hesse, Sternstr. 4, 2300 Kiel
BIW Berlin	Cherusker Str. 10, 1000 Berlin 62
Radlerinitiative Kassel	Ch. Wimmel, Schlangenweg 3, 3500 Kassel
BUDO	Marlene Fries, Emscherweg 15, 4600 Dortmund
Soester BI Umweltschutz gegen AKW	Anna Vennemann, Hessenweg, 4700 Soest
BUB – Fahrradinitiative	Peter Dummann, Adrianstr. 104, 5300 Bonn 3
FI Köln c/o Kölner Volksblatt	Palmstr. 17, 5000 Köln
FI Odenthal-Glöbusch	Axel Swodenk, Auf dem Broich 5, 5068 Odenthal
FI Heidelberg	Gerd Kaiser, Endemannstr. II, 6900 Heidelberg
Aktion Radfahren ohne Risiko	Günther Stiller, Liebfrauenstr. 50, 6370 Oberursel
FI Karlsruhe c/o BBU	Hellbergstr. 6, 7500 Karlsruhe 21
Bürgeraktion Umweltschutz Zentrales Oberrheingebiet AK Verkehr	Umweltschutzzentrum, Kronenstr. 9, 7500 Karlsruhe
Radlerinitiative Nürnberg c/o BUND	Kleestr. 16, 8500 Nürnberg
Pro Velo, Schweiz. Aktionsgemeinschaft für das Fahrrad	Werkstraße 1, CH-8910 Affolten o. A.

Sportverband

Bund Deutscher Radfahrer e. V.	Otto-Fleck-Schneise 4, 6000 Frankfurt 71 Organ: Wochenzeitung «Radsport» (Deutscher Sportverlag Kurt Stoof, Köln)

Bildquellennachweis

17 Schwinn Bicycle Co
22/23 O. Kynast GmbH + Co
24 H. Kettler Metallwarenfabrik
27 oben O. Kynast GmbH + Co
27 unten Wiener u. Co
28 oben Raleigh Fahrräder GmbH
28 unten Pantherwerke AG
31 oben O. Kynast GmbH + Co
31 unten Kalkhoff-Werke GmbH
32 Rixe & Co
33 oben Kalkhoff-Werke GmbH
33 unten Wiener u. Co
34 Staiger Großhandels KG
35 oben Nürnberger Hercules-Werke GmbH
35 unten Kalkhoff-Werke GmbH
36 Deutsche Motobecane GmbH
38 unten Archiv des Autors
41 oben K. Gudereit KG
41 unten Rixe & Co
42, 43 Archiv des Autors
45 oben O. Kynast GmbH + Co
45 unten Karl Wulfhorst
46 oben Ken Rogers
47 Ken Rogers
52, 53 Archiv des Autors
55 H. Kettler Metallwarenfabrik
56 Bieleveldt B. V.
57 Fichtel & Sachs AG
58 unten Fichtel & Sachs AG
71 Sakae Ringyo Co., Ltd.
86 oben Atax
86 Mitte links tecno tubo torino
86 Mitte rechts Cinelli
86 unten Andrew Hague
107 Metzeler Kautschuk AG
108 oben Ellinghaus & Dickmann
112 Tunit BV
114 Cannondale
116 oben Kalkhoff-Werke GmbH
116 unten Baronia Fahrzeugfabrik Grünfeld GmbH
117 oben O. Kynast GmbH + Co
117 unten Baronia Fahrzeugfabrik Grünfeld GmbH
120 Raleigh Fahrräder GmbH
122 oben Rixe & Co
122 Mitte Peugeot
122 unten Deutsche Motobecane GmbH
123 oben Deutsche Motobecane GmbH
123 Mitte Deutsche Motobecane GmbH
123 unten Deutsche Motobecane GmbH
128 links Archiv des Autors
130 oben links Shimano (Europa) GmbH
130 Raleigh Fahrräder GmbH
134 Tim Hughes
135 oben Tim Hughes
135 unten Andrew Hague
136 Mike Barneby
137 Hannington
139 Gandy Corp.
145 oben Tunit BV
145 Aroso (Walter Hagen & Co)
146 oben Goupil
146 unten La Prealpina
147 oben Vitansel (Fiol)
147 unten Geerinck
148 Archiv des Autors
156 Mitte und unten Huret
160 unten Bishop
180 Archiv des Autors
185 unten O. Kynast GmbH + Co
187 H. Kettler Metallwarenfabrik
192 Schwinn Bicycle Co
194 Continental Gummiwerke AG
194 unten Bernard Thompson
198 Archiv des Autors
199 Archiv des Autors
201 Archiv des Autors
222 oben und Mitte Fichtel & Sachs AG
222 unten Maeda Industries Ltd.
223 Shimano

224 Mitte Maeda Industries Ltd.
224 unten Shimano
226 Mitte Maeda Industries Ltd.
226 unten Shimano
227 unten rechts Shimano
228 oben links Shimano
229 oben rechts Huret, sonst Shimano
230 Steyr-Daimler-Puch AG
231 oben Archiv W. Gronen
235 Weinmann
236 oben Weinmann
236 unten Shimano
237 oben Shimano
238 unten rechts Maillard
239 oben AKO
239 unten Shimano
Alle übrigen Fotos: Renate Lessing
Graphik: Elspeth Kinneir

Achtung: Besorgen Sie sich bitte den neuesten Katalog «Fahrrad am Bahnhof» bei: Werbeamt der Deutschen Bundesbahn, 6500 Mainz 1, Rhabanuss Str. 3 T = 06131-151

Fahrrad am Bahnhof

Liste der Vermietbahnhöfe in der Saison 1979
(außerhalb 1.4–31.10. beim Bahnhof erfragen)
Mietgebühren: pro Tag und Fahrrad DM 8,–, für Bahnfahrer DM 4,–.

Postleitzahl	Name des Vermietbahnhofs	Telefon-Nummer
4597	Ahlhorn	04435/409
8890	Aichach	08251/2513
4234	Alpen	08202/2221
7297	Alpirsbach	07444/2218
7821	Altglashütten-Falkau	07655/229
4401	Amelsbüren	02501/5006
5952	Attendorn	02722/2646
8900	Augsburg Hbf	0821/326490
7960	Aulendorf	07525/437
7150	Backnang	07191/62588
8202	Bad Aibling	08061/2458
7841	Bad Bellingen	07635/476
7107	Bad Friedrichshall-Jagstfeld	07136/7346
3353	Bad Gandersheim	05382/2679
6430	Bad Hersfeld	06621/74625
6380	Bad Homburg	06172/16387
8730	Bad Kissingen	0971/2718
6123	Bad König	06063/1412
7912	Bad Krozingen	07633/4537 oder 3233
6990	Bad Mergentheim	07931/7516
6350	Bad Nauheim	06032/4848
3052	Bad Neundorf	05723/3472
8740	Bad Neustadt (Saale)	09771/2209
3280	Bad Pyrmont	05281/8950
6927	Bad Rappenau	07264/1034
8230	Bad Reichenhall	08651/5088
7953	Bad Schussenried	07583/2203
8170	Bad Tölz	08041/4404
7967	Bad Waldsee	07524/412
7107	Bad Wimpfen	07063/230
8532	Bad Windsheim	09841/614
8939	Bad Wörishofen	08247/4821
7292	Baiersbronn	07442/2214
3013	Barsinghausen	05105/1420
8163	Bayrischzell	08023/616
3002	Bennemühlen	05130/3302
6140	Bensheim	06251/2050
4442	Bentheim	05922/822 oder 823

Postleitzahl	Name des Vermietbahnhofs	Telefon-Nummer
8240	Berchtesgaden	08652/2864
8214	Bernau (Oberbay.)	08051/7469
7122	Besigheim	07143/5106
7616	Biberach (Baden)	07835/304
7950	Biberach (Riß)	07351/6366
3002	Bissendorf	05130/8701
7902	Blaubeuren	07344/6049
3417	Bodenfelde	05572/803
3123	Bodenteich	05824/1204
7085	Bopfingen	07362/7061
4280	Borken (Westf.)	02861/2026
8204	Brannenburg	08034/2705
7814	Breisach	07667/209
8733	Brückenau Stadt	09741/2226
3060	Bückeburg	05722/4521
4430	Burgsteinfurt	02551/3355
4711	Capelle (Westf)	02599/1038
4420	Coesfeld (Westf)	02541/71071
7180	Crailsheim	07951/22007 App. 399
8060	Dachau	08131/4048
6783	Dahn	06391/1689
4715	Davensberg	02593/260
6705	Deidesheim	06321/246
8901	Diedorf (Schwab)	08238/2312
8918	Dießen	08807/7391
4408	Dülmen	02594/4400
6930	Eberbach	06271/2220
8553	Ebermannstadt	09194/527
7930	Ehingen (Donau)	07391/2450
8833	Eichstätt Stadt	08421/4409
8821	Eisenärzt	08662/9418
7090	Ellwangen	07961/2332
8207	Endorf (Oberbay.)	08053/1221
7707	Engen	07733/2181
8058	Erding	08122/1754
2420	Eutin	04521/2666
3032	Fallingbostel	05162/2177
8501	Feucht	09128/3308
8975	Fischen	08326/367
2390	Flensburg (Fka!)	0461/86346
7564	Forbach-Gausbach	07228/2216
8550	Forchheim (Oberfr)	09191/13415
8228	Freilassing	08654/2021
8050	Freising	08164/5806
7290	Freudenstadt Stadt	07441/4554
8080	Fürstenfeldbruck	08141/92537

Postleitzahl	Name des Vermietbahnhofs	Telefon-Nummer
8492	Furth i. Wald	09973/516
8958	Füssen	08362/6313
7160	Gaildorf West	07971/244
8100	Garmisch-Partenkirchen	08821/50935
8085	Geltendorf	08193/201
8780	Gemünden (Main)	09351/8573
7614	Gengenbach	07803/4204
5530	Gerolstein	06591/3501
8901	Gessertshausen	08238/2225
3170	Gifhorn Stadt	05371/4330
8184	Gmund (Tegernsee)	08022/75438
8352	Grafenau	08552/1313
8018	Grafing Bf	08092/1945
8082	Grafrath	08144/261
8870	Günzburg	08221/8047
4358	Haltern (Westf)	02364/2133
4401	Handorf (Westf)	0251/32156
3510	Hann. Münden	05541/4021
7612	Haslach	07832/2206
6900	Heidelberg Hbf	06221/525343
7922	Herbrechtingen	07324/22/3
8562	Hersbruck (li Pegn)	09151/2560
8562	Hersbruck (re Pegn)	09151/2550
8036	Herrsching	08152/426
4403	Hiltrup	02501/3502
7824	Hinterzarten	07652/331
6755	Hochspeyer	06305/316
3035	Hodenhagen	05164/740
2115	Holm-Seppensen	04187/6927
4994	Holzhausen-Heddinghausen	05742/2217
8150	Holzkirchen	08024/851
7240	Horb	07451/2010
2901	Huntlosen	04487/207
6580	Idar-Oberstein	06781/22012
7717	Immendingen	07462/6207
8970	Immenstadt	08323/8706
8901	Inningen	0821/3265591
8045	Ismaning	089/4120/315
7972	Isny	07562/8545
5509	Kell am See	065091/268
8229	Kirchanschöring	08685/234
7815	Kirchzarten	07661/4127
7964	Kißlegg	07563/365
8710	Kitzingen	09321/5100
2261	Klanxbüll	04668/336
4190	Kleve	02821/25009–386

Postleitzahl	Name des Vermietbahnhofs	Telefon-Nummer
8113	Kochel	08851/213
4193	Kranenburg	02826/311
8151	Kreuzstraße	08024/2760
6740	Landau (Pfalz)	06341/6966
8910	Landsberg (Lech)	08191/2313
7994	Langenargen	07543/2417
7907	Langenau (Württ)	07345/6050
4474	Lathen	05933/303
8229	Laufen (Oberbay)	08682/225
7128	Lauffen (Neckar)	07133/7820
7958	Laupheim (Württ)	07393/3587
4274	Lembeck	02369/7169
8172	Lenggries	08042/8711
7970	Leutkirch	07561/2652
6250	Limburg (Lahn)	06431/8041
8990	Lindau Hbf	08382/78340
8998	Lindenberg	08381/1639
4450	Lingen (Ems)	0591/3671
7827	Löffingen	07654/366
7762	Ludwigshafen (Bodensee)	07773/5292
2427	Malente-Gremsmühlen	04523/2221
4421	Maria-Veen	02864/2190
7778	Markdorf (Baden)	07544/2320
8952	Marktoberdorf	08342/2309
7996	Meckenbeuren	07542/4671
3002	Mellendorf	05130/3300
3508	Melsungen	05661/2259
4470	Meppen	05931/6486
7418	Metzingen	07123/21672
8760	Miltenberg	09371/2510
7525	Mingolsheim-Kronau	07253/7209
7108	Möckmühl	06298/1208
2410	Mölln (Lauenb)	04542/2592
6950	Mosbach (Baden)	06261/5677
6785	Münchweiler	06395/226
4400	Münster (Westf) Hbf	0251/6915501
8110	Murnau	08841/1891
7157	Murrhardt	07192/8038
6903	Neckargemünd	06223/2460
8964	Nesselwang	08361/3137
8858	Neuburg (Donau)	08431/7666
7540	Neuenbürg	07082/2237
8574	Neuhaus (Pegn)	09156/230
8459	Neukirchen b Sulzb-Rosenberg	09663/205
3057	Neustadt a Rübenbge	05032/2608
6730	Neustadt (Weinstr)	06321/2761
2260	Niebüll (Schlesw)	04661/4233
2981	Norddeich	04931/8003

Postleitzahl	Name des Vermietbahnhofs	Telefon-Nummer
8103	Oberammergau	08822/513
8203	Oberaudorf	08033/422
7602	Oberkirch	07802/3336
8042	Oberschleißheim	089/3150104
8974	Oberstaufen	08386/329
8980	Oberstdorf	08322/3092
7772	Oberuhldingen-Mühlhofen	07556/8530
7110	Öhringen	07941/33133
8961	Oy-Mittelberg	08366/466
5960	Olpe	02761/2624
7631	Orschweier	07822/2213
6960	Osterburken	06291/8129
8962	Pfronten-Ried	08363/386
2320	Plön (Holst)	04522/3117
2308	Preetz (Holst)	04342/2511
8210	Prien	08051/2874
2418	Ratzeburg	04541/3272
4440	Rheine	05971/50001
8803	Rothenburg ob der Tauber	09861/2330
8222	Ruhpolding	08663/1713
8999	Röthenbach (Allgäu)	08384/301
7210	Rottweil	0741/99380
6641	Saarhölzbach (Mettlach)	06864/522
7880	Säckingen	07761/6013
6483	Salmünster-Bad-Soden	06056/1376
8151	Schaftlach	08021/213
7623	Schenkenzell	07836/316
8162	Schliersee	08026/6497
7826	Schluchsee	07656/227
3043	Schneverdingen	05193/394
7292	Schönmünzach	07447/327
7170	Schwäbisch Hall	0791/6100
8930	Schwabmünchen	08232/4412
7103	Schwaigern (W)	07138/5305
8124	Seeshaupt	08801/754
8221	Siegsdorf	08661/9418
7480	Sigmaringen	07571/3071
3040	Soltau (Han)	05191/2201
5960	Sondern	02761/2624 über Olpe
8972	Sonthofen	08321/2411
6720	Speyer	06232/75086
7742	St. Georgen (Schwarzw)	07724/7106
8130	Starnberg	08151/7557
7853	Steinen	07627/1420
6972	Tauberbischofsheim	09341/2219
8180	Tegernsee	08022/4467

Postleitzahl	Name des Vermietbahnhofs	Telefon-Nummer
7890	Tiengen (Oberrhein)	07741/2404
7820	Titisee	07651/8298
5580	Traben-Trarbach	06541/436
7400	Tübingen Hbf	07071/195333
8830	Treuchtlingen	09142/4041
7200	Tuttlingen	07461/71007
8132	Tutzing	08158/6328
8212	Übersee	08642/203
7900	Ulm Hbf	0731/102411
3104	Unterlüß	05827/380
3418	Uslar	05571/1700
6480	Wächtersbach	06053/9230
7808	Waldkirch	07681/5011
3030	Walsrode	05161/5526
7988	Wangen (Allgäu)	07522/21008
8992	Wasserburg (Bod)	08382/78338
8090	Wasserburg (Inn) St	08071/2391
6290	Weilburg	06471/2016
6992	Weikersheim	07934/315
8999	Weiler	08387/1045
6940	Weinheim (Bergstr)	06201/64151 od 12033
6980	Wertheim	09342/1341
8031	Weßling (Obb)	08153/513
6330	Wetzlar	06441/42582
7547	Wildbad	07081/2496
7277	Wildberg	07054/5186
3542	Willingen	05632/6338
2177	Wingst	04778/218
3041	Wintermoor	05198/225
7620	Wolfach	07834/215
7962	Wolfegg im Allgäu	07527/6267
8190	Wolfratshausen	08171/202
4232	Xanten	02801/3030
4232	Xanten 2 (Marienbaum)	02804/218
8372	Zwiesel	09922/2013